요시다식 II 구체관절인형 만들기

2014년 08월 28일 1판 1쇄 발행
2020년 03월 10일 1판 2쇄 발행

지은이 요시다 료(Yoshida Ryo)
역 자 정양희(Choung Yang Hee)
발행인 이은영
디자인 PND (031-916-5732)

펴낸곳 돌모아
주소 서울 송파구 가락로 240 203호 돌모아 (우편번호 : 05644)
전화 (02) 3432 - 4993
팩스 (02) 3432 - 4993
출력 인쇄 토탈컴텍
출판등록 제2008 - 74

ISBN 978-89-961720-7-9 03630

요시다식 Ⅱ 구체관절인형 만들기

YOSHIDA STYLE Ⅱ BALL JOINTED DOLL MAKING ADVANCED GUIDE

FORWARD

「요시다식 구체관절인형 제작기법서」. 긴 제목입니다만, 간략하게 「요시다식」으로 통하는 듯합니다. 「요시다식」이 Hobby Japan에서 단행본으로 발행된 것이 2006년 9월. 잡지 「월간 Hobby Japan」에서는 그보다 이전인 2004년 10월부터 19회에 걸쳐 「요시다 료 구체관절인형 제작노트」로 연재되었습니다. 벌써 10년 전이네요!

「요시다식」은 초심자를 위한 내용으로, 제가 주재하는 피그마리온에서 처음으로 인형을 제작하는 데 있어서의 기본적인 기법을 정리했습니다. 물론 초심자에게는 그리 간단하지 않지만, 최초로 구체관절인형을 제작하는 데에 커다란 실수가 없도록, 실물 크기의 제도를 그리고 종이에 본을 뜬 후 심재를 깎아 점토로 조형하고, 조형한 인형이 작품으로 완성될 수 있도록 설명했습니다. 이번에는 그 「요시다식」을 기초로, 저의 마음대로 만들어 보는 인형 조형에 상대해 주시길 바라며, 거기에 필요한 기법을 설명하고자 합니다.

제가 구체관절인형을 만들기 시작한 당시는 「유토」를 사용해서 원형을 만들고 그 원형을 석고로 틀(몰드)을 뜬 후, 틀 내부에 와지를 몇 장이나 겹쳐 바른 다음, 그 위에 호분으로 바르기를 되풀이하고 샌딩해서, 또다시 바르고 연마하고, 몹시 힘들게 한 체의 인형을 만들었습니다. 이른바 하리코 기법입니다. 지식도 기량도 없기에 시행착오의 연속이었습니다만, 상당히 즐거웠고, 작품이 완성되었을 때의 기쁨은 이루 말할 수 없었습니다.

그 이후 석분점토로 원형을 만들고, 실리콘고무로 틀을 떠서 섬유강화프라스틱 「FRP」로 완성작을 만들었습니다. 이 방법은 가볍고 강한 소재이기 때문에 큰 인형을 만드는 데 적합한 기법입니다. 틀(몰드)을 사용하는 기법은 복제품 제작이 가능하기 때문에, 일로써 작품을 만들어가는 데에 어떤 의미로는 전문가에게 필수불가결한 기법이라 할 수 있습니다.

이 책 「요시다식 II」에서는, 중·상급자를 대상으로 틀(몰드)을 사용한 기법을 해설하고 있습니다. 틀에서 뽑은 성형품의 소재를 고려해서, 오리지널 작품으로 마무리 짓는 공정과 각종 관절의 변형, 모델링캐스트를 사용하여 복제품을 만드는 공정 등, 몇 가지의 제작공정을 섞어 놓았습니다. 만드는 사람인 여러분이, 만들고 싶은 과정을 선택해서 제작에 참고하여 주세요.

초심자에게 틀(몰드)을 사용한 작품 만들기는 어려운 공정입니다. 인형 제작 경험이 적은 분은, 우선 성형품을 각색해서 마무리하는 데에 「요시다식 (초급편)」과 병용하여 이 책 「요시다식II」를 활용해 주세요.

이 책이 인형제작자 여러분들의 새로운 첫걸음에 도움이 되길 기대하겠습니다.

요시다 료

Flow Chart

「요시다식 Ⅱ」에서는, 처음부터 마지막까지 순서대로 만드는 것만이 정답은 아닙니다. 이번에 소개하고 있는 기법은, 전부 중급자 이상을 대상으로 합니다. 제Ⅰ장에서는 유토에 의한 원형제작을 설명하고 있습니다만, 석분점토에 익숙하신 분들은 석분점토로 만드셔도 좋고, 복제나 변형제작을 하지 않는 경우는 제Ⅵ장, 석분점토로 만들기 시작하려면 제Ⅱ장도 공정상 불필요하게 됩니다. 게재된 기법 모두를 활용할 수 없어도 인형은 만들 수 있습니다만, 이 모든 것을 할 수 있게 되면 즐거움이 매우 커지는 기술이며 조합 여하에 따라 창작의 자유도가 폭넓어지는 내용입니다. 기본은 「요시다식 (초급편)」을 다시 읽으면서, 이따금 이 「요시다식 Ⅱ」의 기법을 참고하시고, 더불어 시야를 넓히거나 무심히 작업해 왔던 부분을 확실한 것으로 바꿔 주세요.

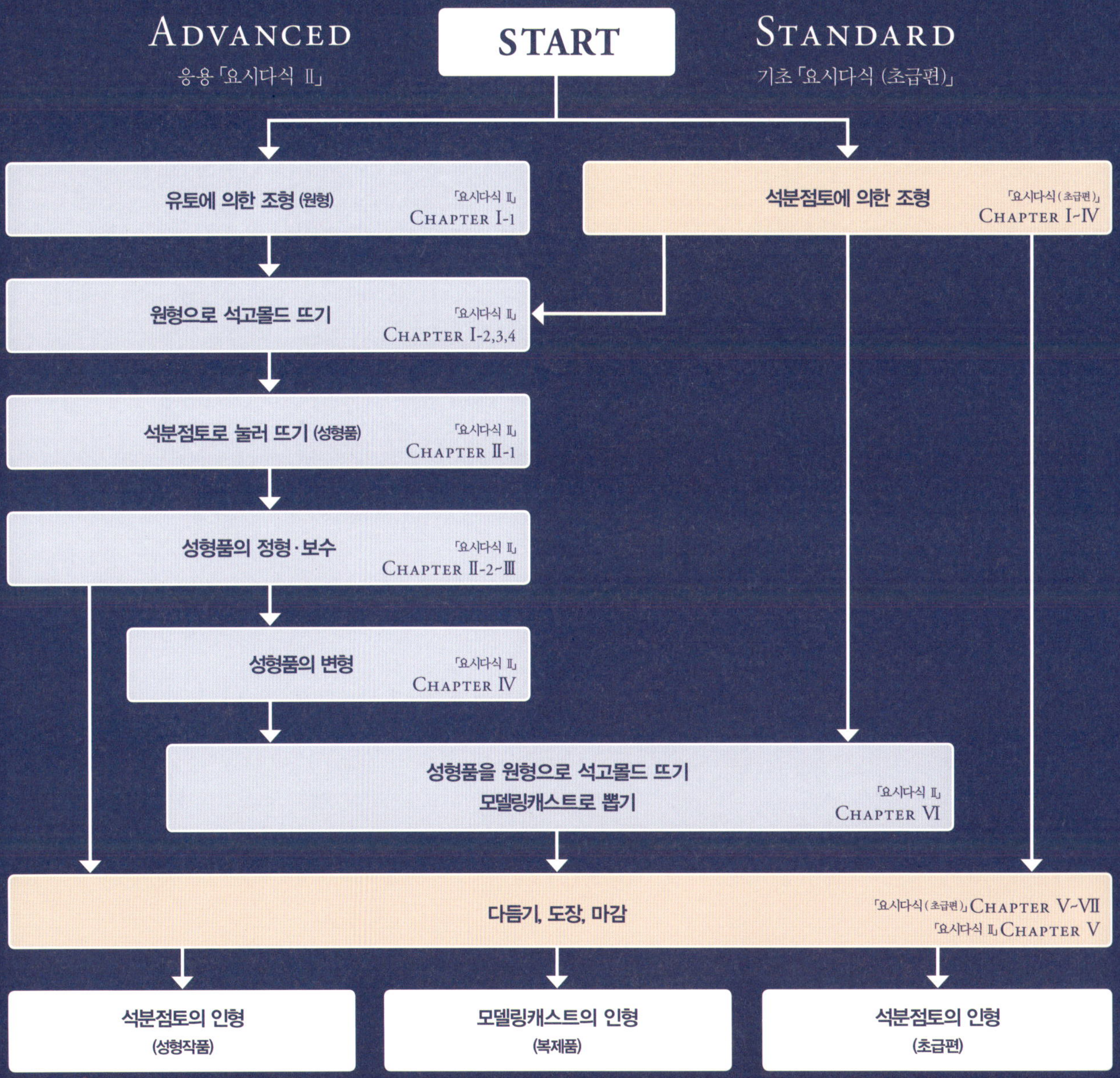

※ 본 책에서는 첫 번째의 「요시다식 구체관절인형 제작기법서」를 「요시다식 (초급편)」으로 표기했습니다

Contents

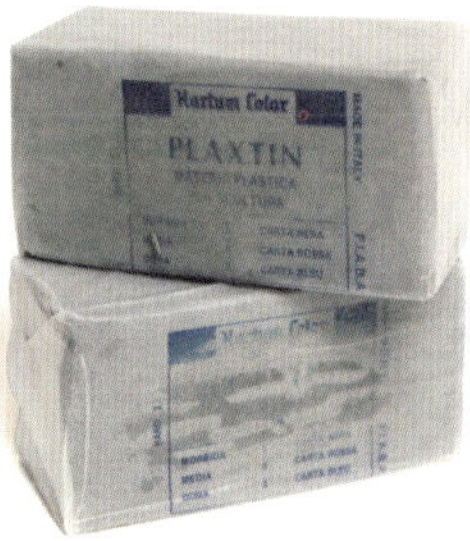

유토

조각이나 주물의 원형 제작에 이용되는 유성점토. 기본은 이태리 유토 「PLAXTIN」와 일반적인 국산 유토 「LEON 유토」시리즈(瀬戸製土株式会社)입니다. 온도에 따라 점성이 변하기 때문에 인형용이라면 지나치게 부드럽지 않고 딱딱한 것이 취급하기 쉽겠지요.

※ PLAXTIN이라면 #3, LEON 유토라면 하드타입의 노란 라벨이 적합합니다.

카루이유점토

유토의 독특한 향이 거의 없고, 끈적거림도 적은 교재용 경량유토. 저렴하고 종류도 풍부해서 학교에서도 자주 이용합니다. 매우 부드럽고 입자가 곱지 않기 때문에 섬세한 조형 대상은 아닙니다만, 다루기 쉬운 소재입니다.

스티로폼 구

발포스티로폼 구. 주로 사용하는 사이즈는 주변에 여러 개 두고 사용하면 편리합니다. 작은 것은 많은 양을 세트로 판매하고 있습니다만, 10cm 이상의 크기는 내부가 비워진 반구 상태의 것이 한 세트로 판매되고 있습니다.

석고

물과 반응해서 굳어지는 성질을 가진 하얀 가루 상태의 광물. 입자 크기의 품질이 모형 뽑기의 마감에 영향을 주기 때문에, B급 이하는 피하고 특급 · A급으로 사용해 주세요. 소량이 필요할 때는 작은 용량으로 구입하는 것도 좋겠지요. (→P.110)

계량 컵

석고와 물을 섞을 때 도움이 되는 눈금 그려진 계량 컵. 폴리 컵은 투명해서 용량 · 경화반응의 확인이 쉽고, 부드러워서 들러붙은 석고를 경화 후에도 벗겨내기가 비교적 쉽습니다. 저렴하고 취급이 쉬운 이점이 있습니다.

팔레트 나이프

물감 섞는 용으로 앞부분이 둥근 나이프. 유토를 자를 때, 석고반죽을 쌓아 올릴 때 등에 사용합니다.

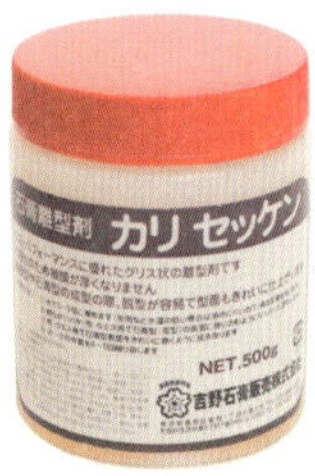

가리비누

수용성 젤리 상태의 칼륨비누. 이형제로 사용하는 경우는 조금 농도 있게 걸쭉한 정도로 사용해 주세요. 또한, 계면활성제가 들어 있는 중성세제라면 그 외에도 대용 가능하지만, 어느 것이나 희석 농도에 주의. 물론 우측의 왁스를 사용해도 상관없습니다.

수성아크릴 수지왁스

마룻바닥용 왁스. 이형제로서 전반적으로 사용할 수 있습니다만, 특히 모델링캐스트를 위한 틀 만들기에는 반드시 이것을 사용해 주세요. 피막이 강하고 깨끗한 틀 단면을 만듭니다. 구입하기 쉬운 가장 간단하고 확실한 이형제의 하나라 말할 수 있습니다.

나무망치(상), 고무망치(하)

나무망치는 머리 부분이 나무로 된 망치. 쇠망치보다는 닿는 면이 부드럽고, 고무망치보다는 타격이 강하기 때문에 유토를 두드려서 가다듬을 때 편리합니다. 반대로 석고몰드에서 모형을 뽑을 때, 부드러운 진동을 주기 위해 고무망치를 사용합니다.

CHAPTER I

유토원형

Primary original mold

§1 유토원형 만들기

Model a primary original mold

1. 상반신 조형 → 2. 하반신 조형 → 3. 두상 조형 → 4. 다리·발 조형 → 5. 팔·손 조형

여기에서는 틀 만들기를 위한 원형을 유토로 만듭니다. 유토의 소재 특성상 어느 정도의 경험자로 조형 실력이 있는 분이라면 다른 소재보다도 스케치 감각으로 형태를 만들 수 있습니다. 스티로폼 심을 사용하지 않아, 도중에 스트레스 없이 크기나 비율을 변경할 수 있으며, 납득할 수 있을 때까지 조형을 반복할 수 있습니다.

처음에는 틀을 만들기 쉽도록, 요철이 적은 단순한 원형을 생각해 둡시다. 여기에서는 급작스레 만들어 보았지만, 필요한 분은 각자 제도나 이미지 스케치를 준비해 주세요.

※ 조형에 아직 자신이 없는 분, 익숙하지 않는 분에게는, 유토 작업의 이점이 별로 없습니다. 원형 소재가 유토가 아니어도 상관없기 때문에, 익숙한 석분점토 등으로 자유롭게 만들어 주세요.

† 준비물

- □ 스티로폼 구
- □ 긴 젓가락, 대꼬치
- □ 점토용 대나무헤라 등
- □ 팔레트나이프
- □ 이쑤시개

1» 상반신의 조형

model an upper body

1 팔레트나이프로 유토를 몸통 토대로 사용하기 쉽게 잘라 줍니다.

2 복부관절로 적당한 스티로폼 구에 긴 젓가락 · 대꼬치 등을 관통해 놓습니다.

3 몸통용으로 잘라둔 유토에 심이 꽂힌 스티로폼 구를 푹 찔러 둡니다.

4 원주 상태의 토대에 유토를 덧붙이거나 깎아서 비율을 조정합니다.

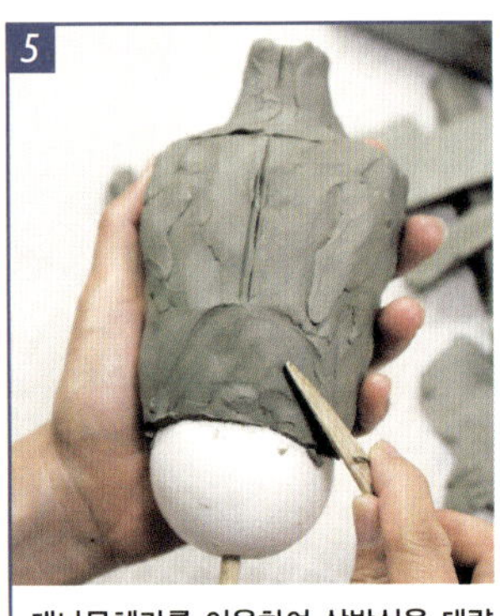

5 대나무헤라를 이용하여 상반신을 대략 조형합니다.

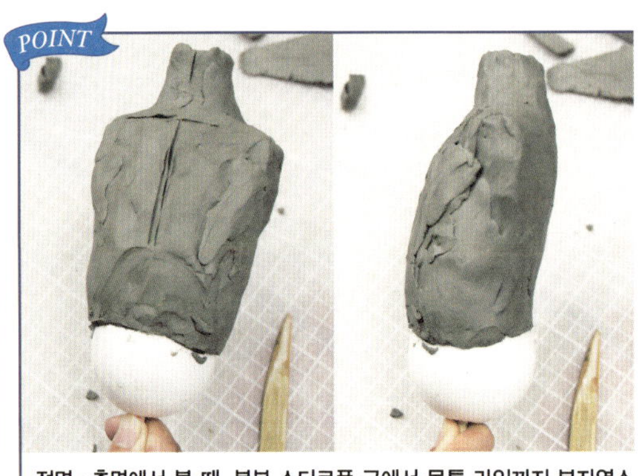

POINT 정면 · 측면에서 볼 때, 복부 스티로폼 구에서 몸통 라인까지 부자연스러워지지 않도록 주의해 주세요.

Advice

인체의 복부 단면은 본래 구 형태가 아닙니다. 복부를 구 형태로 함으로써 비만이나 임부의 형상이 되지 않도록, 몸통의 두께를 약간 두껍게 변형해서 조형하는 것이 요령입니다.

6

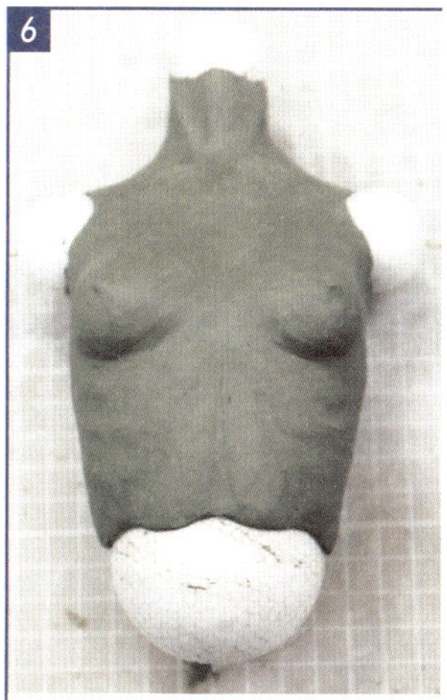

어느 정도 형태가 정리되면, 어깨 · 목 관절용으로 적절한 크기의 스티로폼 구를 설정해 주세요.

7

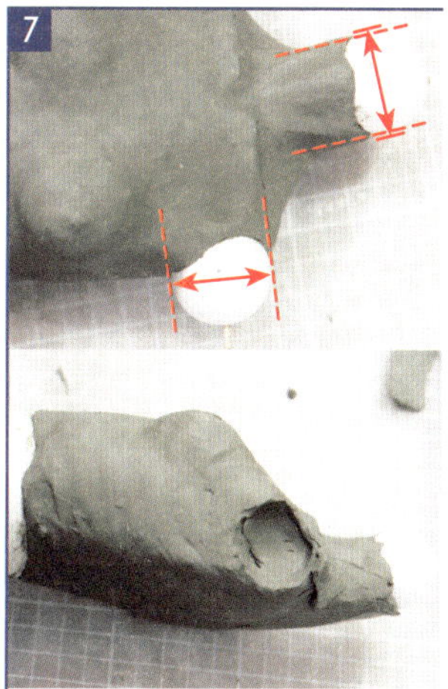

목은 목의 두께보다 약간 두꺼운 정도, 어깨는 팔과의 접합부에서 가장 큰 직경의 스티로폼 구를 설정해 주세요.

2»

하반신의 조형

model a lower body

1

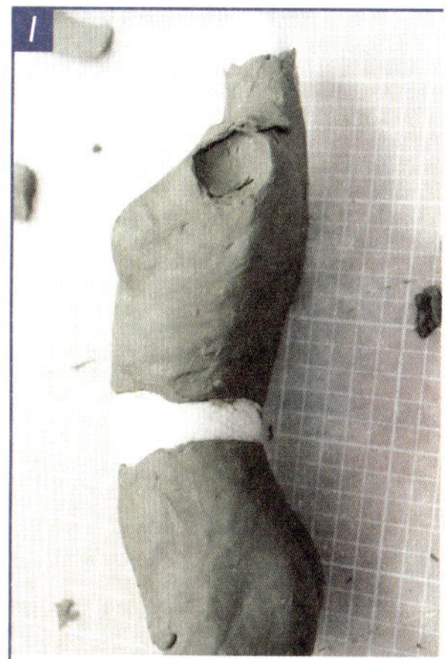

하복부는, 상반신과 같은 요령으로 하복부의 구 아래에 유토를 붙여서, 신체 라인이 부자연스럽지 않도록 대략적으로 조형을 합니다.

2

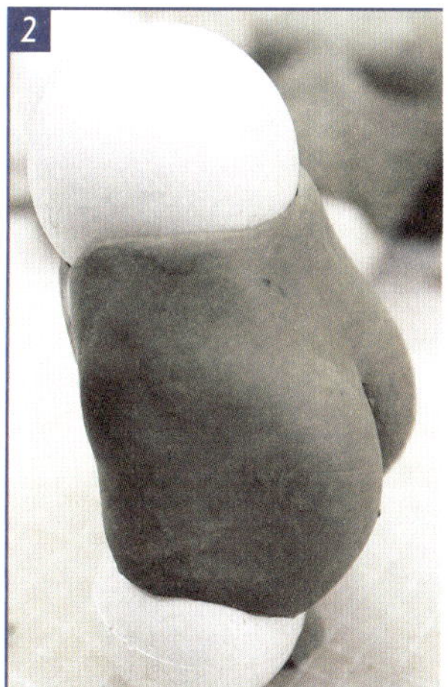

상반신과 하복부를 분리해서, 상반신과 같은 지름의 스티로폼 구를 사용하여 작업합니다.

3

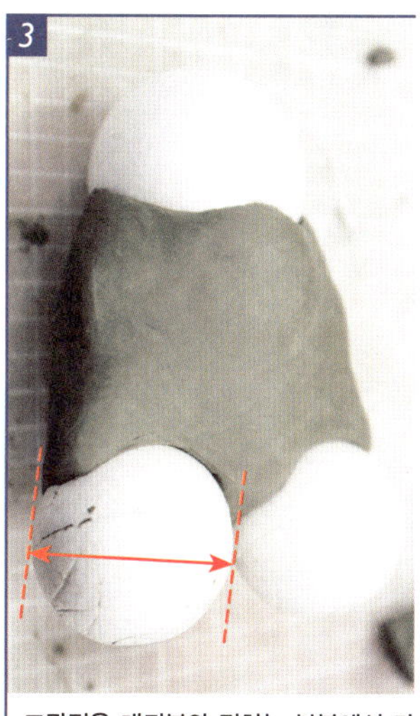

고관절은 대퇴부와 접하는 부분에서 가장 두꺼운 직경으로 구를 설정합니다.

4

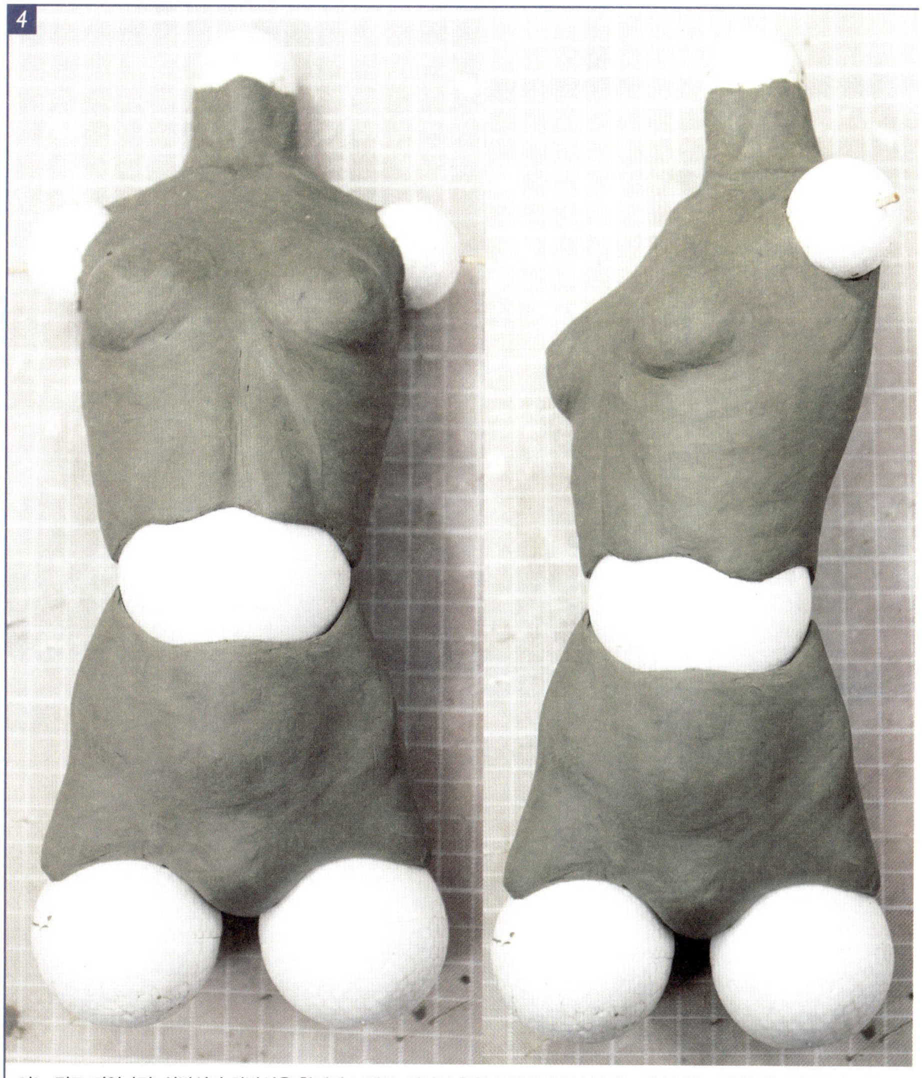

어느 정도 되었다면, 상반신과 하반신을 합체해 보세요. 상하를 합친 몸통의 밸런스를 체크해 주세요. 상반신을 복부관절로 움직여 보세요. 반듯한 상태, 비틀어 본 상태, 모두 자연스런 라인이 되는지 확인합니다.

Advice

이번에는 조형의 전 단계부터 스티로폼 구의 관절구가 있었기 때문에 그것에 맞춰서 신체의 각 부분을 조형해 봅시다. 스티로폼의 색에 비해 유토가 짙은 색이므로 관절 주위의 잘린 선도 보기 쉬울 겁니다.

3» 두상의 조형

model a head

1

목과 같은 직경의 스티로폼 구를 목 관절에 맞춰서, 두상 전체의 크기를 정했다면 유토로 적당히 만듭니다.

POINT

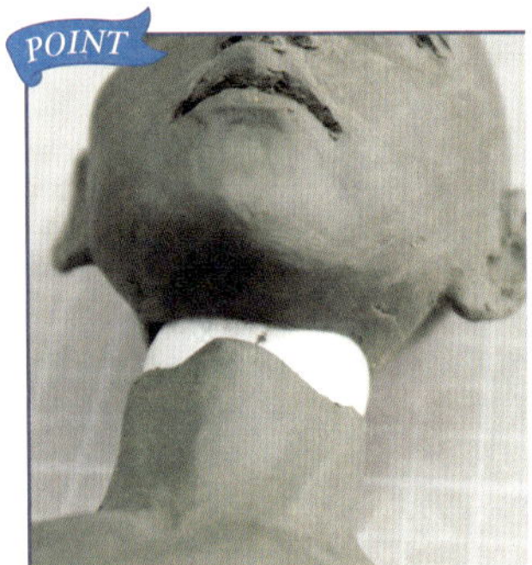

크기나 밸런스는, 두상, 목 관절구, 몸통을 합체해 보면서 판단하는 것이 확실합니다.

2

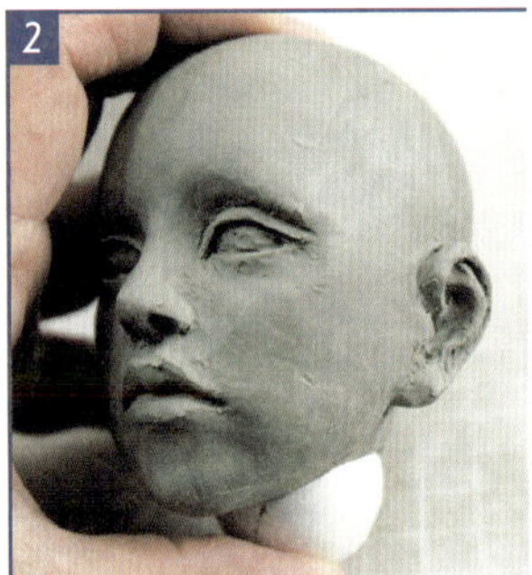

밸런스를 보면서, 생각해 둔 얼굴을 만들어 주세요. 정면 · 좌우 · 상하 · 각 방향에서 입체적으로 봅니다.

3

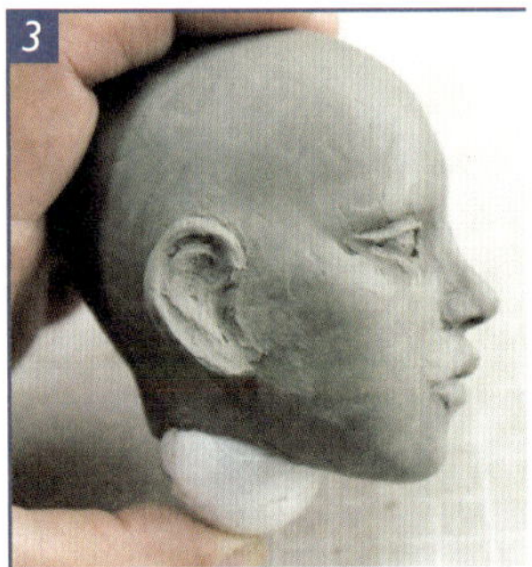

이번에는 복부관절의 허리를 가늘게 만들었기 때문에 생김새도 조금은 어른스럽게 해 보았습니다.

4

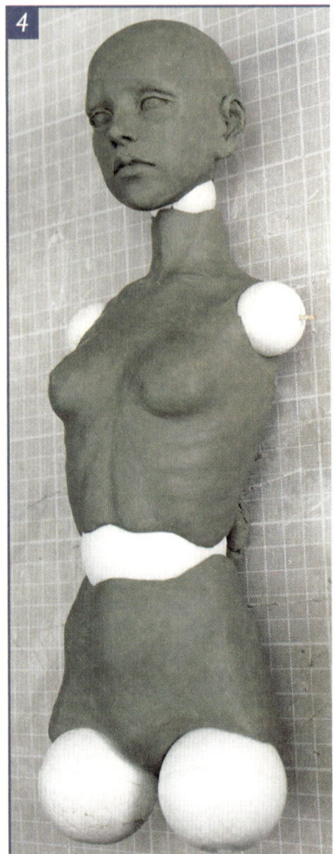

몸통과의 밸런스가 납득될 때까지 몇 번이고 체크해 주세요.

4» 다리·발의 조형

model legs

1

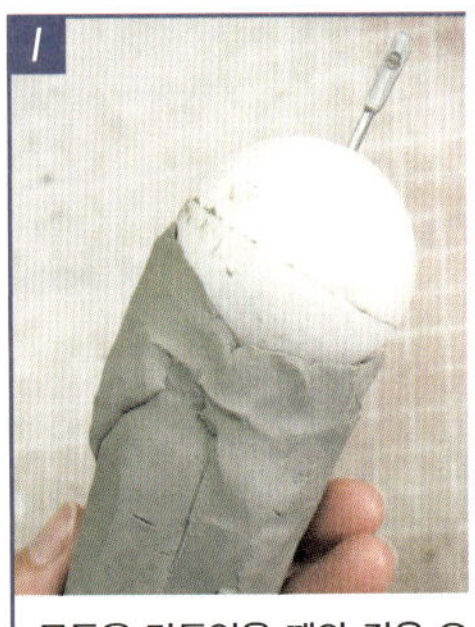

몸통을 만들었을 때와 같은 요령으로 다리의 굵기로 유토, 스티로폼을 준비하고, 심이 되는 꼬치로 고정합니다.

2

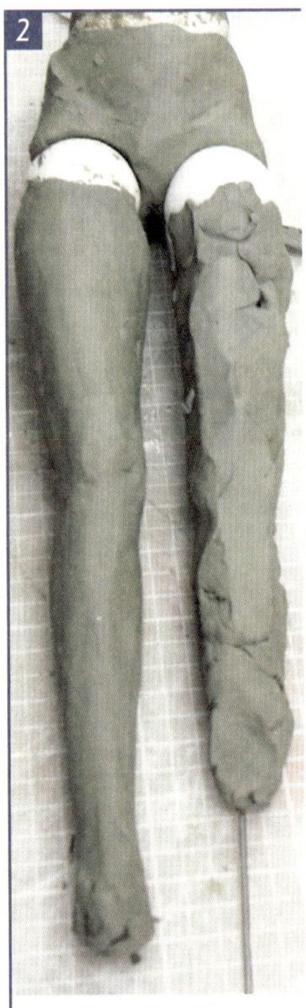

다리의 길이, 무릎의 위치 등을 결정하면서 발끝까지 한 번에 만듭니다.

3

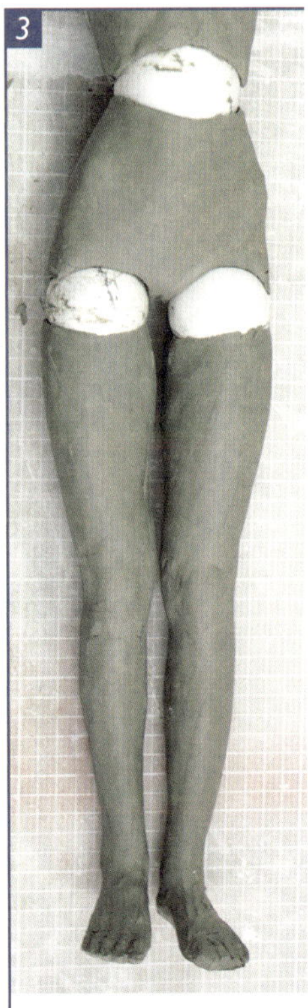

이번에는 다리를 길게 쭉 뻗은 형태로 했습니다. 양 다리가 만들어지면 꼬치를 뽑아냅니다.

4

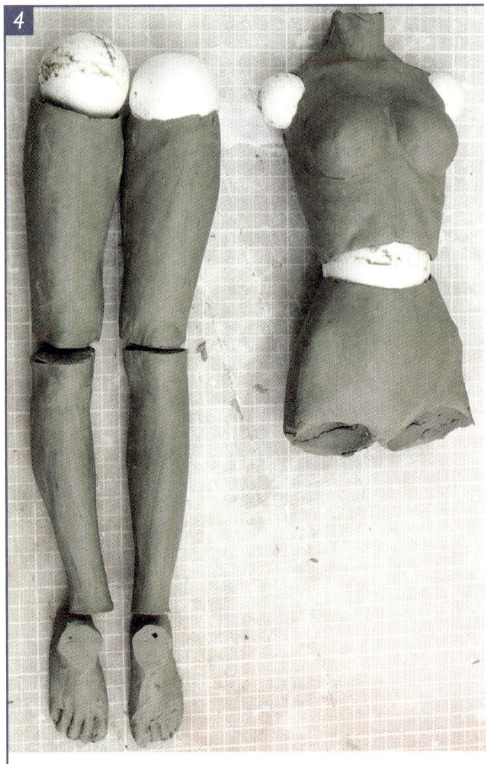

형태가 일단 만들어졌으므로, 몸통에서 떼어내어 관절 설정을 위해 무릎과 발목 중심을 자릅니다.

5

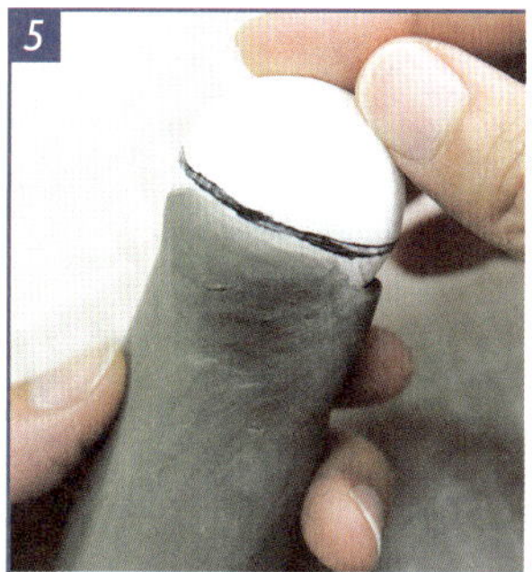

자른 무릎에 구가 들어가도록 구멍을 벌려, 무릎 관절용의 스티로폼 구를 넣습니다.

목 · 어깨 · 팔꿈치 등의 각 관절부에 스티로폼 구를 세울 때에는 이쑤시개를 이용합시다.

6

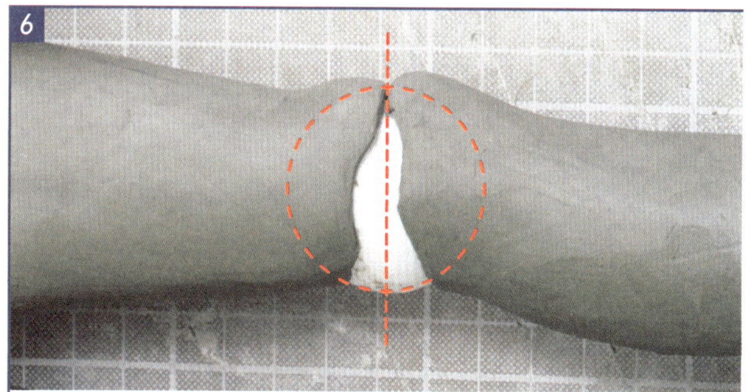

무릎 관절에는 무릎과 같은 두께의 구를 맞춰 보았습니다. 구의 중심선이 무릎의 잘린 선과 맞춰지도록 조정해 주세요. 5와 같이 구 중심에 커트라인을 그려 두면 작업하기 쉽습니다.

7

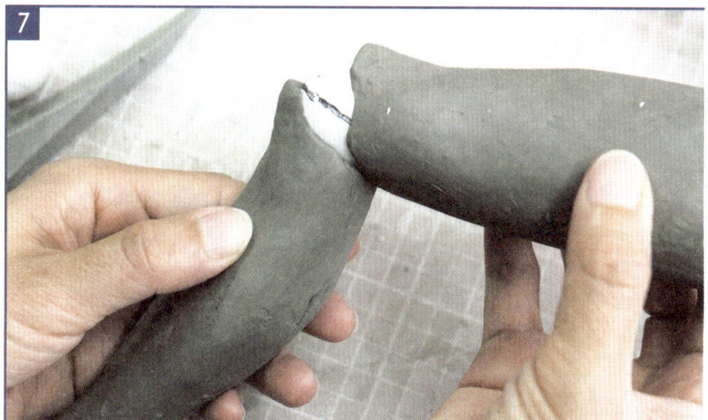

대퇴부와 함께 관절의 움직임을 확인하면서, 관절주위의 형태를 가지런히 합니다.

8

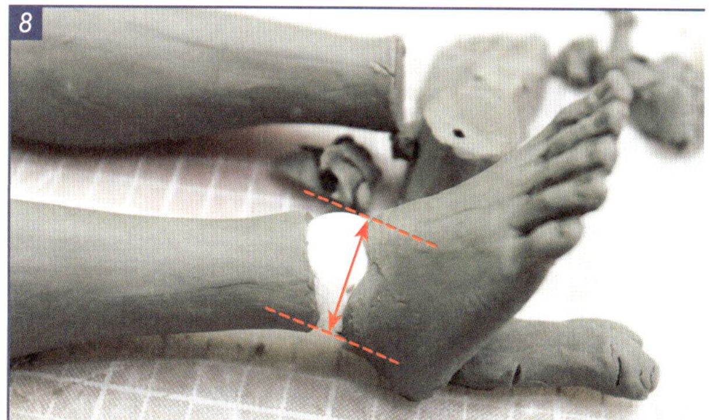

발목의 구는, 복사뼈 굵기의 구를 사용합니다.

9

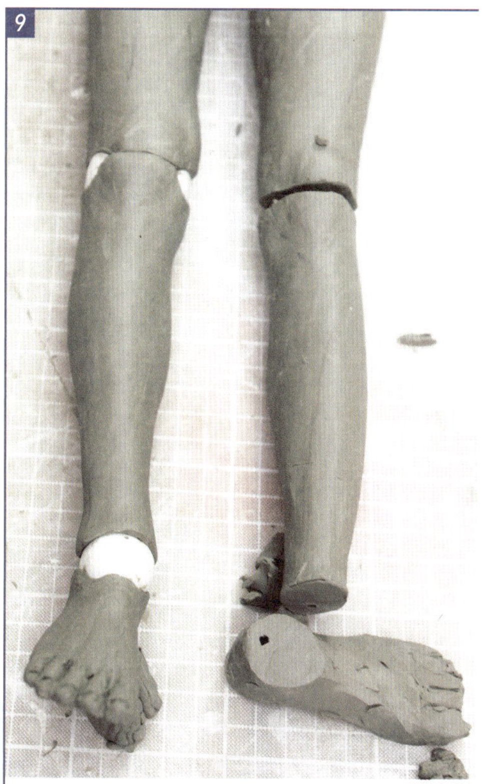

다리부터 발까지 합쳐 보았을 때, 무릎 · 발목이 정면에서 구가 보이도록 곡선적인 라인커트가 되어 있는 것을 알 수 있습니다.

10

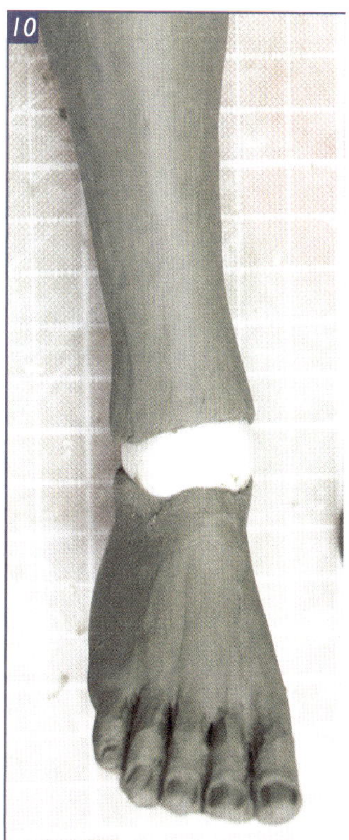

이 시점에서 발가락 끝까지 만들어 봅시다.

11

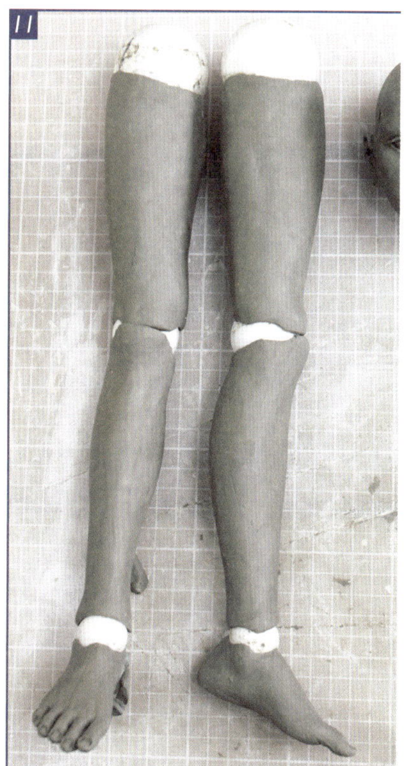

전체의 라인에 주의해서 밸런스를 재조정합시다.

5»

팔·손의 조형
model arms

1

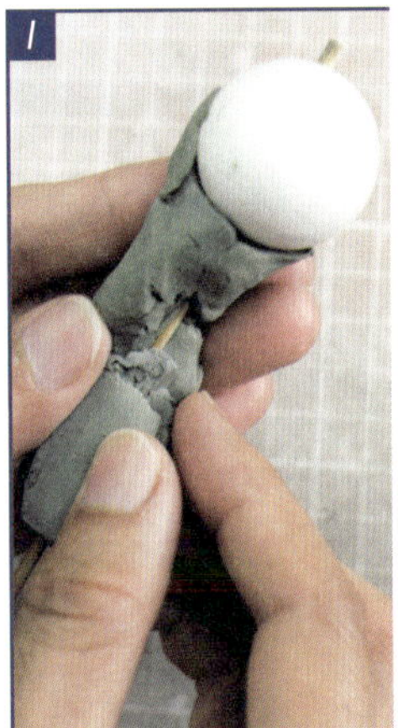

다리와 같은 방법으로, 팔의 토대가 되는 유토에 대나무꼬치로 스티로폼 구를 끼워 놓고 만듭니다.

2

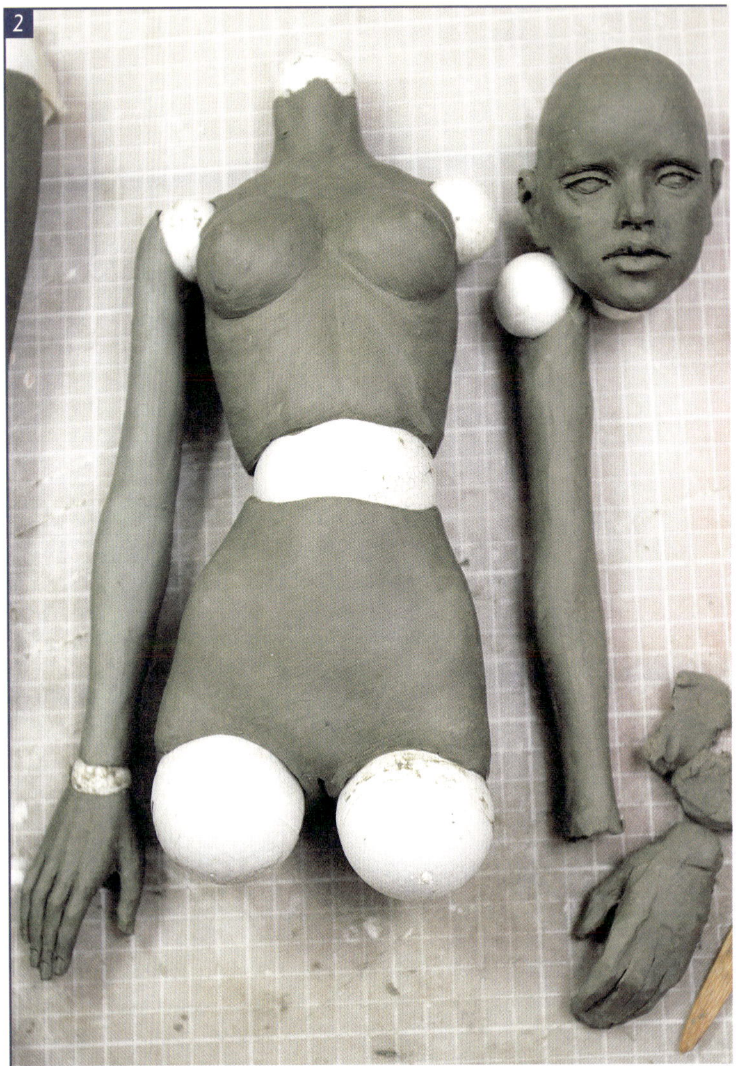

어깨부터 위팔의 굵기를 결정하고, 팔꿈치부터 손목까지 곧게 만듭니다. 팔의 길이는 손목이 몸통의 가랑이 위치에 오도록 합니다.

3

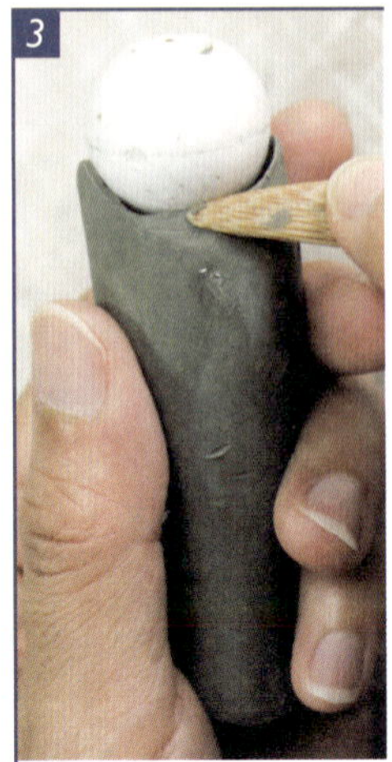

팔의 밸런스가 맞아서 완성되면, 팔꿈치 중심을 잘라서 스티로폼 구를 설정합니다.

4

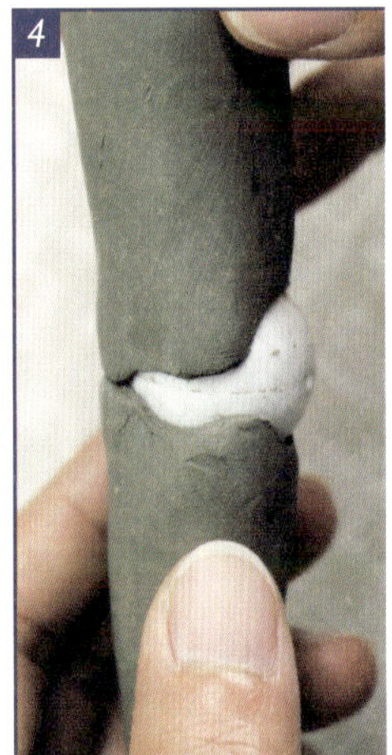

위팔에 맞춰 관절의 움직임을 체크하고, 구 중심과 팔꿈치의 커트라인을 맞춰 봅니다

5

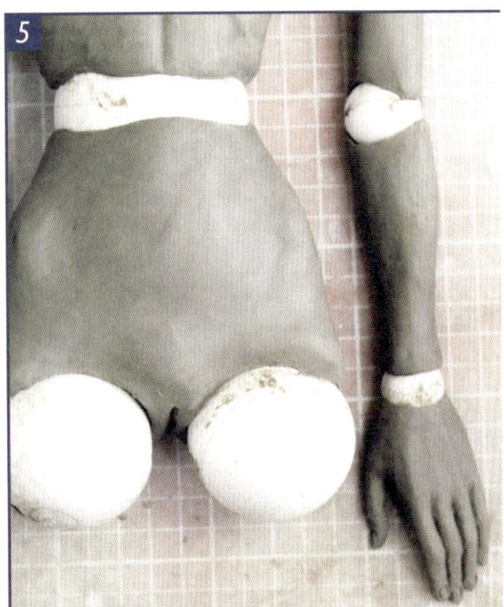

손은 팔에서 손바닥까지의 굵기, 손목 구에 맞춰진 손바닥 두께의 밸런스를 보면서 만듭니다.

6

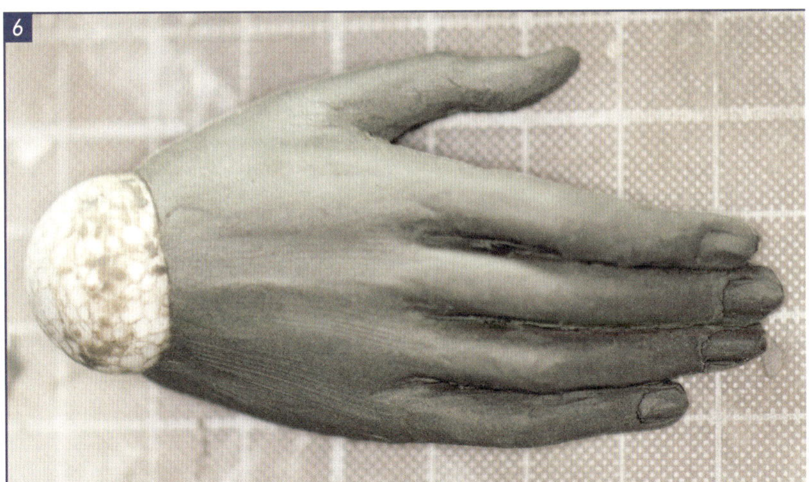

손가락의 움직임이 크고 복잡하면 틀 만들기가 곤란하므로, 여기에서 손가락의 표정은 단순한 조형으로 해 둡시다. 틀에서 뽑은 후에도 표정을 바꿀 수 있습니다. (P. 38 참조)

7

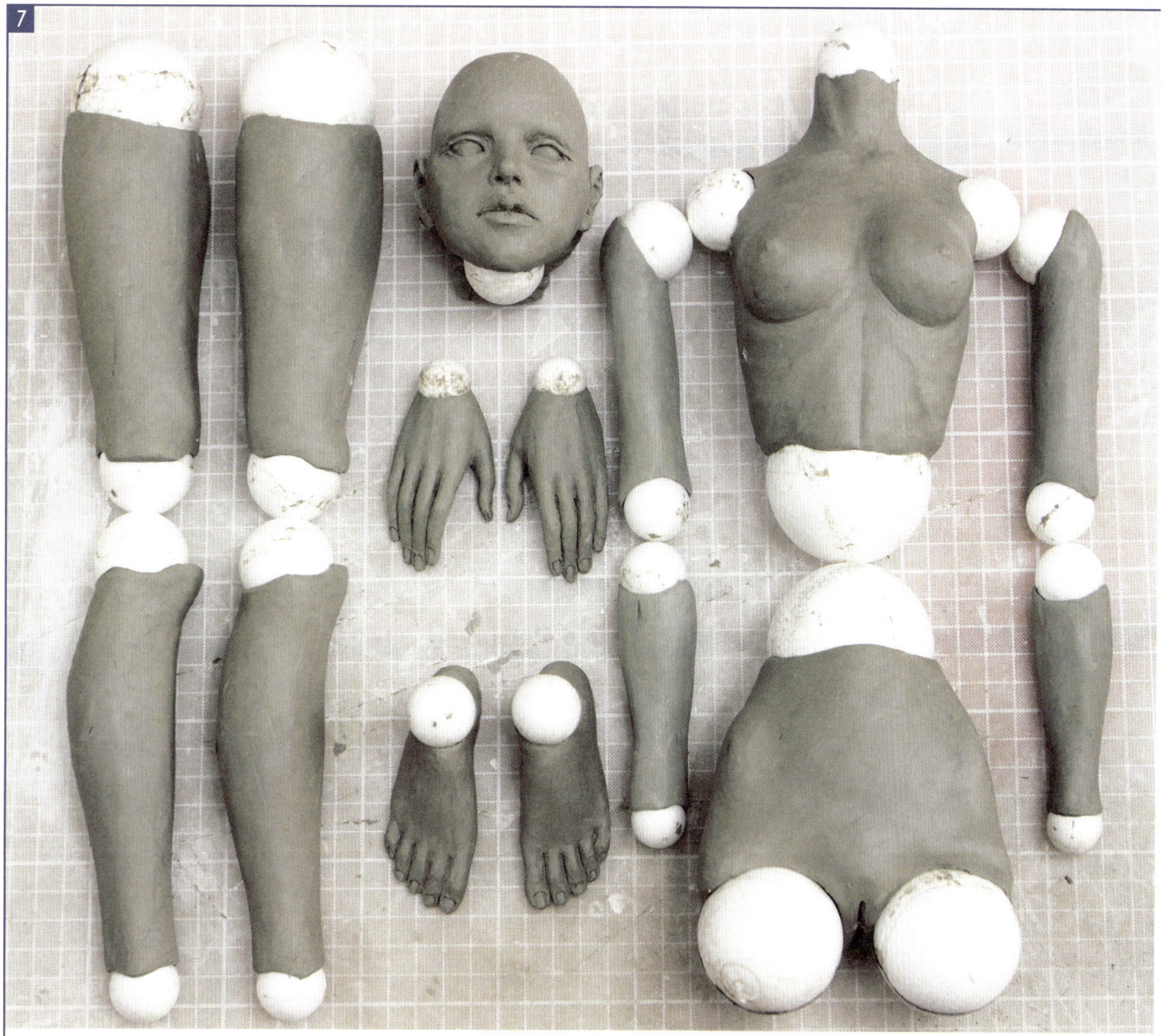

이상으로 유토로 원형이 만들어졌습니다. 아직 관절받침은 만들지 않고 양측에 구를 붙인 채로 틀 만들기를 진행합니다.

Advice

관절 부분 모두에 스티로폼 구가 붙은 상태는 조금 익숙하지 않을 것입니다. 모든 관절의 받침이 되는 부분까지가 구 상태이겠지요. 이것은 관절구 받침의 오목한 형태가 있으면 틀 만들기가 복잡해지므로 피하기 위해서입니다.
또한, 이렇게 해두면 관절구의 설정을 나중에 선택할 수도 있습니다. 예를 들면 고관절의 구를 다리에 설정할지, 몸통에 설정할지. 이 상태로 틀을 뜨면 석분점토로 성형품을 만들 때, 원하는 쪽의 구는 남기고 받침이 되는 쪽은 구 부분을 제거해서, 후에 관절구 받침을 만들 수 있습니다.

스티로폼 구에 관하여

관절구는 각 관절마다 다른 크기의 것이 필요하기 때문에, 사이즈는 종류별로, 구하기 쉬운 스티로폼 구를 사용합니다. 각자 인형 이미지에 맞게 크기를 선택하고, 구에 맞춰 각 관절을 만들어 주세요. 스티로폼 구는 다양한 종류를 주위에 구비해 두고, 적절하게 선택해서 사용할 수 있는 것이 제일이겠지요.
이번에 사용하고 있는 구의 사이즈와 개수는 우측에 표기한 대로입니다. 틀 만들기를 위한 원형이므로 본래 필요한 개수의 배가 필요합니다. 더욱이 복부관절을 설정하지 않는 경우에는 복부 구는 필요 없겠지요. 제작에 참고해 주세요.

사이즈 예)
- □ 목 (30mm)×2개
- □ 어깨 (30mm)×4개
- □ 팔꿈치 (25mm)×4개
- □ 손목 (20mm)×4개
- □ 복부용 (60mm)×2개
- □ 고관절 (50mm)×4개
- □ 무릎 (35mm)×4개
- □ 발목 (25mm)×4개

§2 틀(몰드) 만들기 준비

Make preparations for making a mold

1. 파팅라인의 설정　**2.** 틀 만들기용 토대

자유로운 조형을 즐기면서 유토원형을 완성했습니다. 그러나 유토 자체는, 만지면 형태가 변하는 소재이기에 그 상태로는 작품이 될 수 없습니다. 세부 표현이나 마무리는 석분점토로 틀에서 뽑아 사용합니다.
틀(몰드)에서 뽑기란 액체소재를 사용한 이미지가 강합니다만, 틀에 점토를 눌러 붙여서 뽑는 것도 가능합니다. 또, 틀이라면 실리콘을 연상하시는 분도 많습니다만, 현재 창작인형에서 많이 사용하고 있는 점토, 복제에서 사용되는 「모델링캐스트」나 비스크인형용의 「포셀린슬립」은 모두 수성소재로, 이들은 틀(몰드)이 수분을 흡수하는 소재가 좋기 때문에, 이번에는 실리콘이 아닌, 석고몰드로 틀 만들기를 해설하겠습니다.
우선은 석고몰드 만들기에 익숙해지기 위해, 가장 단순한 틀에서 뽑기를 전제로 한 틀(몰드) 만드는 방법이므로, 분할 설정에도 유토를 이용하겠습니다.

※ 유토로 외벽을 만들어 부어 넣지 않고, 분할 선에 얇은 금속판을 찔러 넣어서 석고를 쌓아 올리는 방법도 있습니다만, 이 분야도 익숙함이 필요합니다.

† 준비물

- □ 카루이유토 (상품명)
- □ 팔레트나이프
- □ 밀대
- □ 가리비누(이형제)
- □ 붓
- □ 점토 판 등

틀(몰드) 만들기와 파팅라인

모형과자나 피규어·모형에서도 행해지는 복제 방법으로 필요로 한 「틀 만들기」. 어느 형태를 본떠서 「틀」을 만들고, 거기에 복제 재료를 눌러 붙이거나, 흘려 넣어 굳히는 방법으로 성형품을 만드는 작업입니다. 방법은 여러 가지이나, 여기에서는 파츠를 상하로 끼워서 만드는 「양면틀」, 그중에서도 만들어 놓은 양면틀을 맞붙이는 것뿐인 무지 간단한 「붕어빵틀 방식」을 설명합니다.
이 틀을 뜰 때, 틀끼리 맞붙는 선, 파츠를 분할하는 선이 생기는데, 그것을 「파팅라인」이라 합니다. 붕어빵에서 말하는 「날개」 부분이지요.

※ 같은 석고몰드라도 섬세한 분할과 주입구 설정 등 복잡한 공정이 필요한 경우에는 P. 112부터 설명하고 있습니다. 하는 방법 자체는 같기 때문에, 작업 전에 그곳도 읽어 보세요.

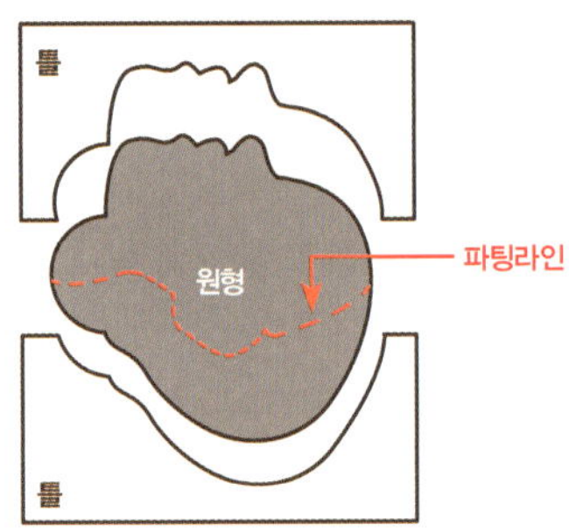

1» 파팅라인의 설정

draw parting lines

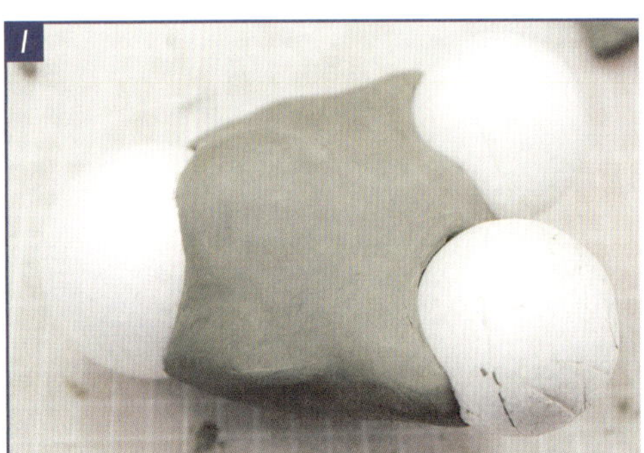

1 비교적 단순한 형태의 하복부는, 기본 뜨기인 앞뒤 2분할로 파팅라인을 정합니다. 파츠를 평평하게 둡니다.

2 하복부 측면에 수직으로 각재를 세워, 각재의 모서리를 허리의 측면에 맞대어 이동해 보세요.

3

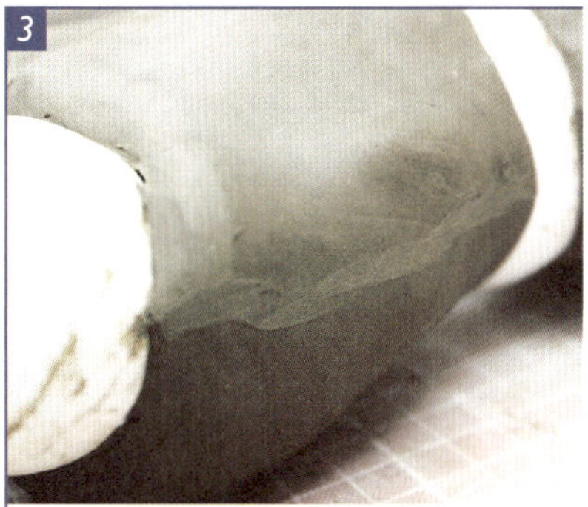

하복부 측면의 가장 높은 위치, 능선에 마찰한 흔적이 있습니다. 이 능선이 골반의 파팅라인입니다.

POINT

두꺼운 종이를 접은 모서리에 파스텔을 묻혀도 OK. 삼각자 등, 곧고 단단한 물건이라면 뭐든 가능합니다.

4

인형에 수직을 유지해서 원형 측면에 대고 스쳐 가면 확실하게 선이 그려집니다. 구는 중심선이 분할 선이 되겠지요.

5

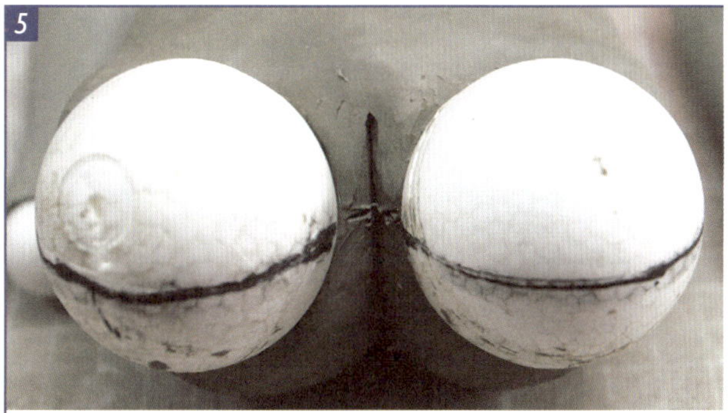

스칠 때 생긴 선은 위에 매직 등으로 확실하게 선을 그려 줍니다. 유토에 그리기 힘든 선은 꼬치 등으로 깊은 선을 그려 넣어 두세요.

POINT

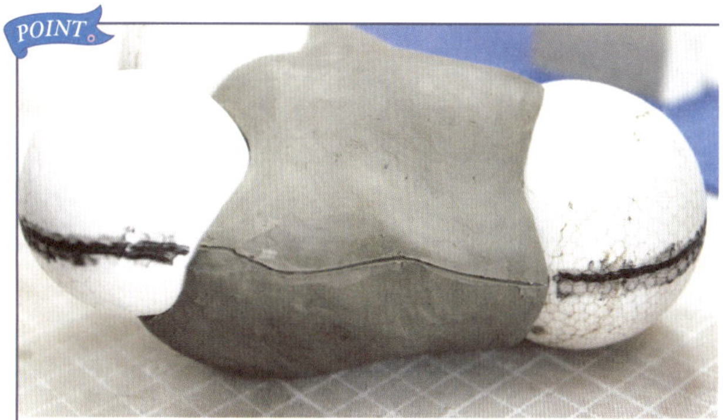

파팅라인은 눈에 띄지 않는 부분. 정면이 아닌 옆 라인을 연결해서 정해 주세요. 때에 따라 직선이 아닌 곡선인 경우도 많습니다.

Advice

파팅라인 설정은, 원형에서 오목한 형을 뜰 때 더욱 중요합니다. 이것을 엄밀히 지키지 않으면, 경질소재의 원형 (석고·나무·금속 등)에서 경질소재의 틀 (석고·금속·수지)이 분리되지 않습니다. 이번에는 원형이 연질유토이므로 최악의 경우, 원형이 뭉개져서 분리 안 되는 경우는 없습니다만, 틀을 만들 때에는 정확한 파팅라인을 유지해서 지켜 주세요.

6

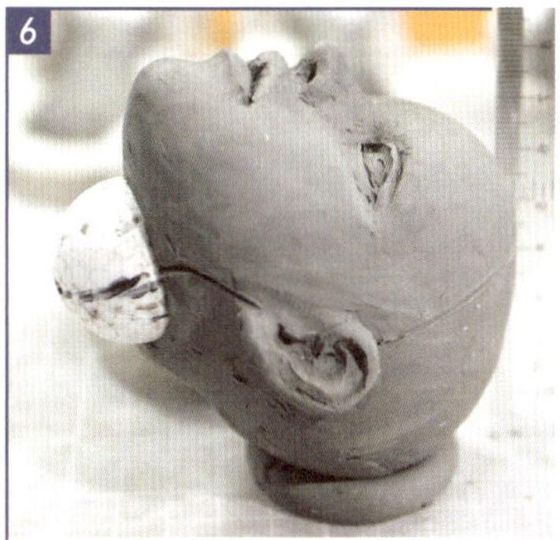

두상은 틀에서 뽑을 것을 생각하여 뽑기 쉬운 각도가 되도록 점토 위에 둡니다.

POINT

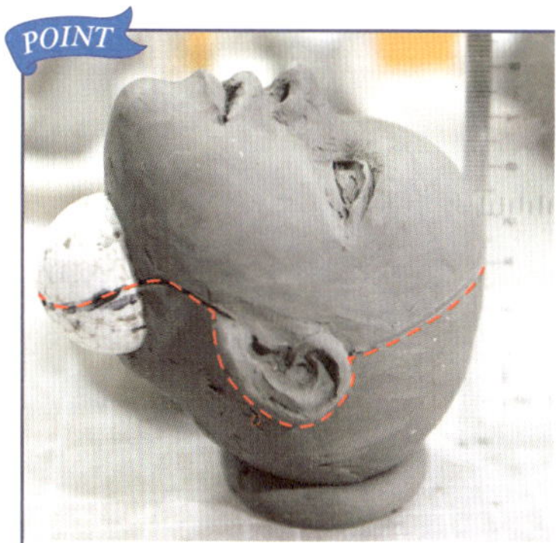

턱이 조금 위를 향한 것은, 콧구멍이나 입술의 요철이 빼낼 때 걸리지 않게 하기 위함입니다.

7

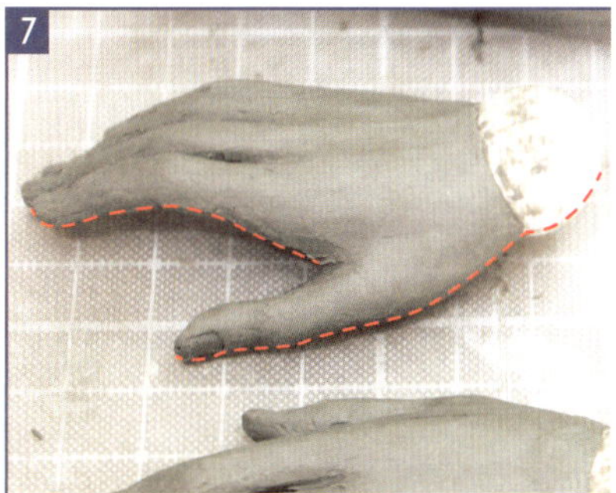

손발은 얼굴과 같이 요철이 많은 부분이기에, 좋은 각도를 찾아봅시다.

8

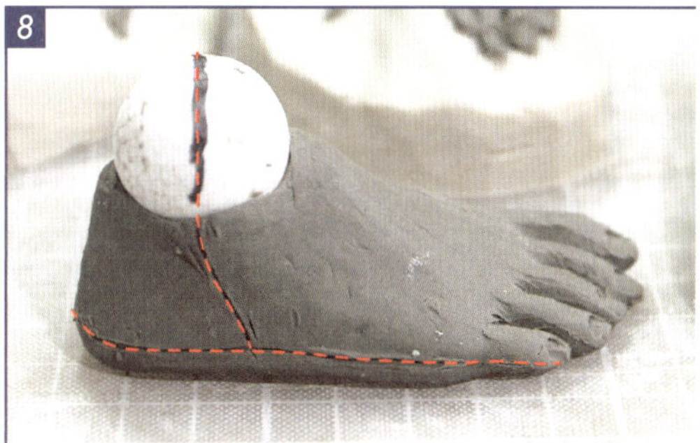

발 부분만, 어쩔 수 없이 3분할이 됩니다만, 원래는 2분할로 하고 싶었죠. 3분할 이상의 복잡한 선 긋기의 상세 설명은 P. 112부터 참고해 주세요

9

파팅라인의 설정이 완료되면, 유토원형에 붓으로 이형제인 가리비누를 발라 둡니다.

이형제

기본적으로 유토 자체가 석고에 붙는 경우는 없지만, 부드러운 유토의 경우는 들러붙는 경우도 있습니다. 그것을 막기 위해 바르는 것이 이형제입니다. 여기서는 가리비누를 사용하고 있습니다만, 수성 마루왁스의 원액도 가능. 가리비누는 미지근한 물에 걸쭉함이 있는 정도의 묽기로 붓으로 바릅니다. 익숙해질 때까지는 석고끼리 맞붙는 면에는 두 번 바르는 것이 좋습니다. 석고반죽은 이형제가 마른 후 흘려 넣어 주세요.

Advice

뽑기 쉬운 원형을 만드는 것이 이번의 포인트입니다. 복잡하게 뽑는 방식은 경험이 쌓인 후부터, 처음에는 2분할로 틀 만들기를 해 주세요. 2분할로 라인을 설정해도 능숙하게 선이 이어지지 않는 경우는 각도가 나쁘든가, 뽑기 힘든 원형이 됩니다. 그 경우 원형 쪽을 뽑기 쉽도록 고쳐 주세요. 형태가 섬세하고 복잡해질수록 세밀한 분할이 필요하기 때문에 틀 만들기를 의식한 원형 만들기가 중요합니다.
더욱이 이 책 P. 112부터 설명하고 있는 액상점토용의 틀 만들기에서는, 관절 받침 부분의 오목함이 있기 때문에 적어도 3~5분할이 됩니다.

2»

틀 만들기용 토대

base for making a mold

1
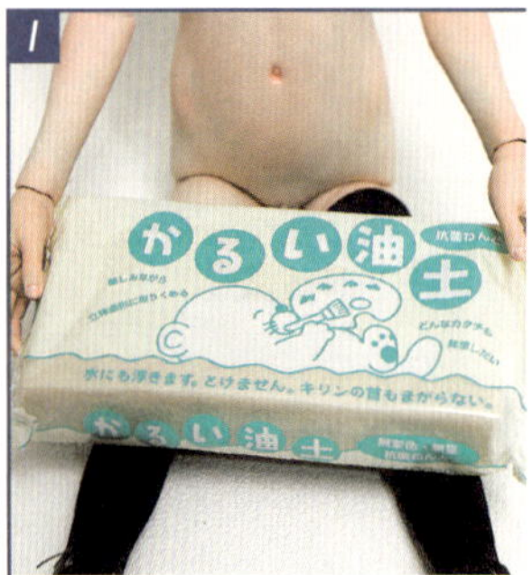

「카루이유토」를 준비합니다. 원형으로 사용한 유토와 색이 다르기 때문에, 섞이지 않고 작업하기 쉽습니다.

2

점토판 위에서 밀대를 사용해 카루이유토를 2cm 정도의 두께로 늘립니다.

3

늘린 카루이유토를 다시 2cm 폭 정도 양갱상태의 블록으로 잘라 주세요.

4
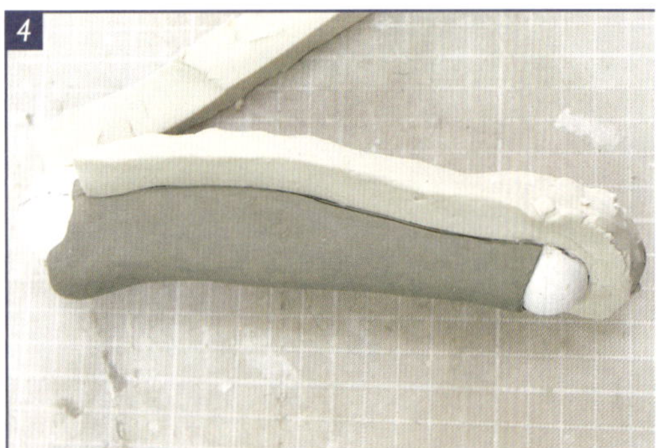
부위에 따라 잘라낸 블록으로 파츠 파팅라인에 맞춰 에워싸 벽을 만듭니다.

Advice

석고몰드는 원형의 반쪽 면씩 석고반죽을 부어 틀을 뜹니다. 그러려면 파팅라인을 경계로 원형을 카루이유토로 구분 지어 파묻어 둡니다.

5
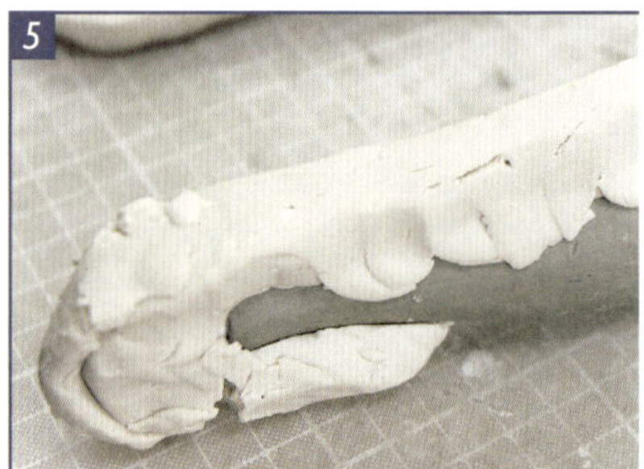
종아리 뒤편에서 본 사진

파팅라인에서 빗나가지 않도록 에워싼 후, 뒤 편에서도 눌러 고정해 주세요. 큰 원형에서는 블록 상태의 카루이유토를 충분히 눌러 주세요.

POINT
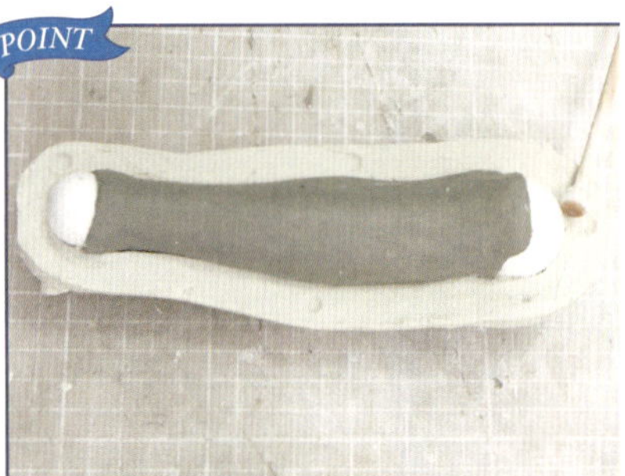
분리된 틀을 합칠 때에는, 어긋나지 않도록 굵은 면봉 등 앞부분이 구 모양인 물건으로 카루이유토의 틀에 암수가 맞물리도록 凹 표시를 여러 곳에 찍어 둡니다. 상하좌우의 최소 4~8곳에 해 둡니다.

6
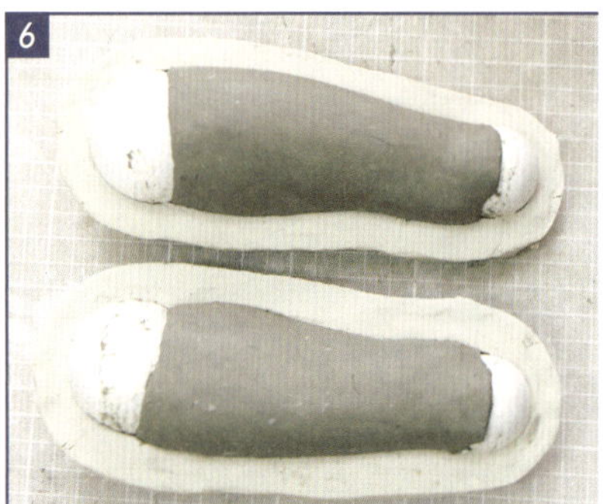
같은 방법으로 허벅지 토대도 만듭니다. 카루이유토로 벽을 만들어 절반을 파묻어 둡니다.

7
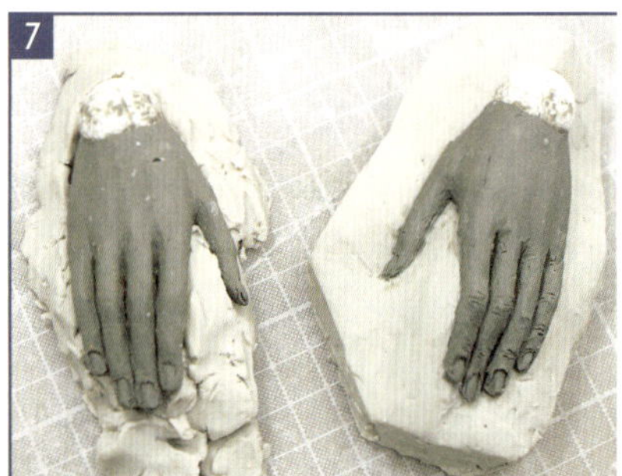
손가락 부분은 두께가 얇아서 민감합니다. 이와 같이 섬세한 부분은 파팅라인을 그은 곳에 조금씩 유토를 붙여 벽을 만듭니다.

8

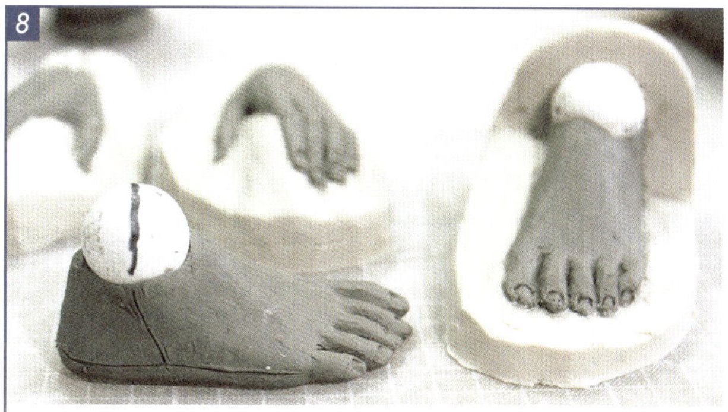

발은 바닥 · 뒤꿈치 · 발등으로 3분할입니다. 분할의 수, 즉 3회로 나눠 석고반죽을 쌓기 위해, 토대도 3개의 파팅라인마다 만들어 둡니다.

9

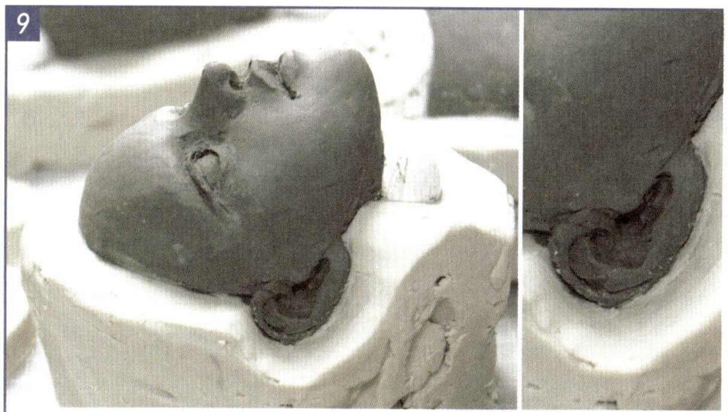

두상은 2분할, 귓구멍이 깊으면 뺄 때 걸리므로, 구멍의 조형은 다시 막아 두었습니다.

10

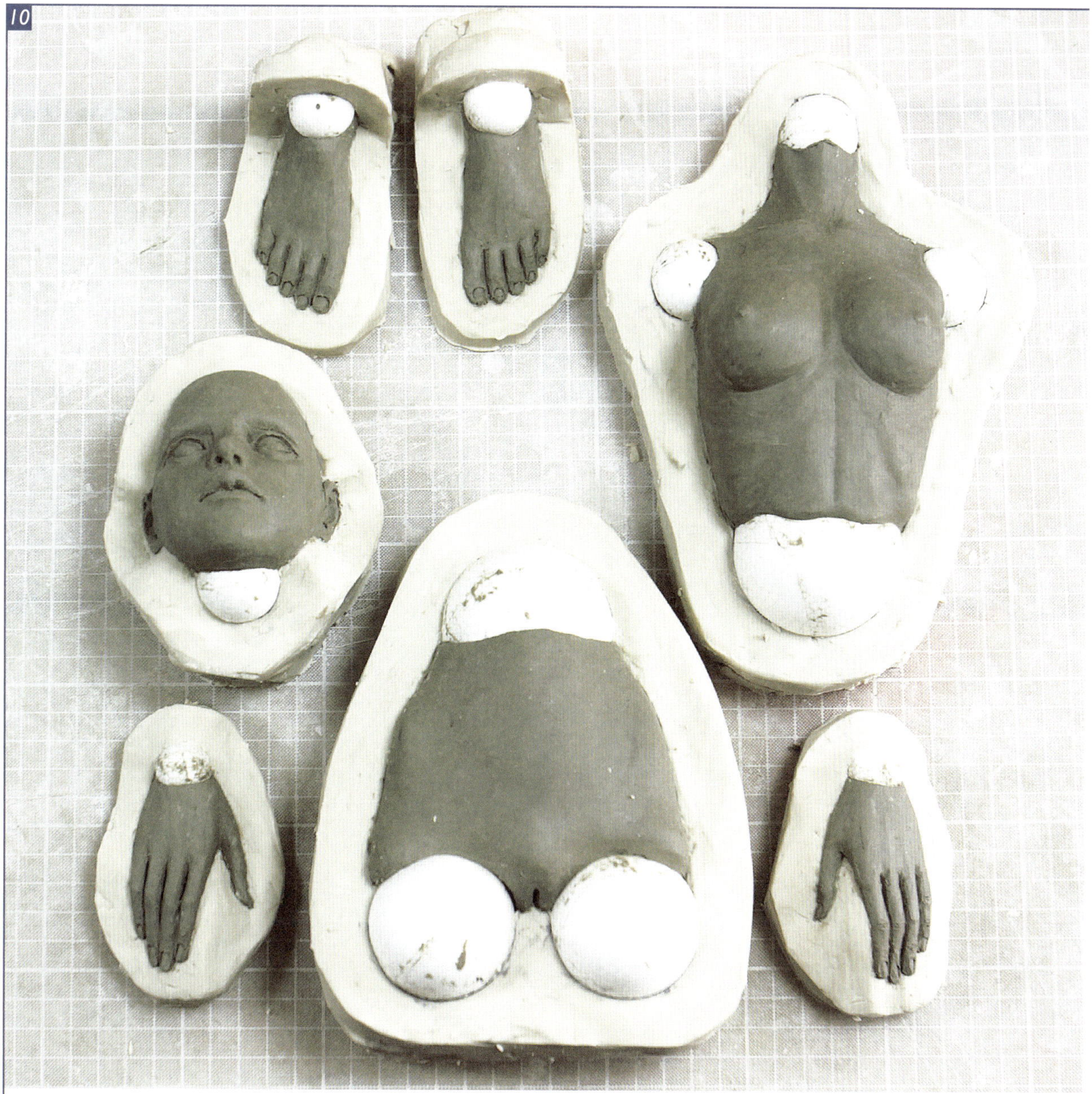

모든 부분을 같은 순서로 작업해 갑니다. 파팅라인의 설정은 여하튼 중요합니다. 정확하게 구분 지어 주세요.

§3 원형으로 틀 만들기

Make a mold

1. 틀 만들기 → **2. 원형 빼내기 (탈형)** → **3. 유토의 후처리**

- *I*» 외벽을 에워싸 석고반죽을 쌓아 올리다
- *II*» 높은 외벽으로 에워싸 석고반죽을 흘려 넣다
- *III*» 에워싸지 않고 석고반죽을 쌓아 올리다

파팅라인을 유토로 구분 지은 원형이 준비되었기 때문에, 틀을 만들어 석고반죽을 그 안에 흘려 넣고, 틀 만들기를 합니다. 여기에서는 3패턴의 방법으로 설명합니다.
석고반죽을 만들기 시작하면 곧바로 작업에 들어가 빨리 처리하는 것이 필요합니다. 우선을 흘려 넣는 방법으로 정해서 그 준비를 해둡니다. 사용할 때에 물을 섞기 시작하고, 흘려 넣습니다. 석고반죽을 만드는 법은 P. 28부터의 설명을 봐 주세요.

† 준비물

- □ 카루이유토 또는 유토
- □ 석고반죽
- □ 조각도, 나이프 등
- □ 팔레트나이프
- □ 가리비누(이형제)
- □ 붓
- □ 나무망치 등
- □ 점토 판 등

틀 만들기 종류

어느 방법도 다소 익숙함이 필요합니다만, 3개의 타입이 각각 장점과 쓰임새가 다르기 때문에, 가능하면 한 가지가 아닌 모든 방법의 틀 만들기를 경험해 보세요. 여기서는 석고에 익숙해지기 위해 보다 고도의 복제(P. 116)의 틀 만들기도 스무드하게 할 수 있도록 해야겠지요.

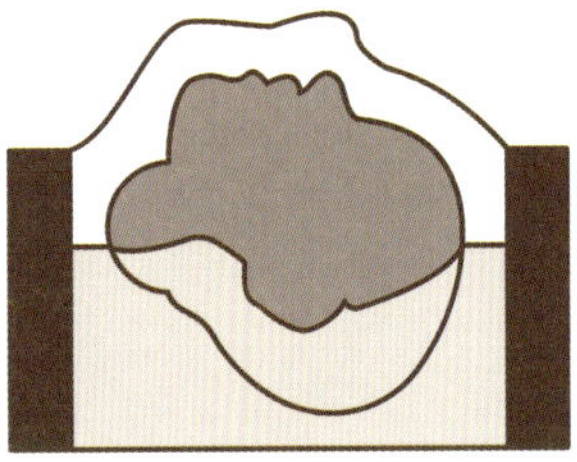

I) 외벽을 에워싸 석고반죽을 쌓아 올림

II) 높은 외벽으로 에워싸 석고반죽을 흘려 넣음

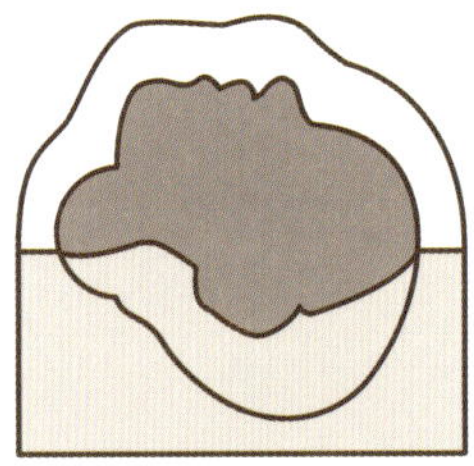

III) 에워싸지 않고 석고반죽을 쌓아 올림

1-I

외벽을 에워싸 석고반죽을 쌓아 올리다

make a mold I

외벽으로 에워싸 석고반죽을 쌓아 올리는 방법

최소한의 바깥 둘레를 만들어, 그곳에 석고를 흘려 넣은 다음 굳어 가는 석고를 쌓아 올립니다. 비교적 큰 부분에도 하기 쉽고, 석고의 사용량도 줄일 수 있는 방법입니다.

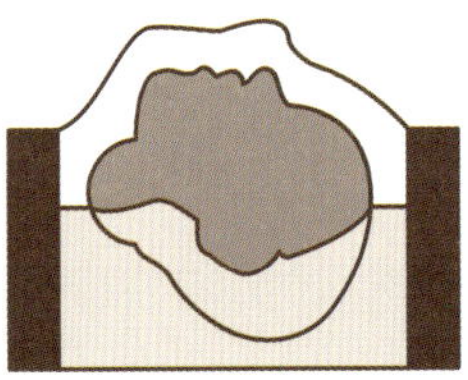

I

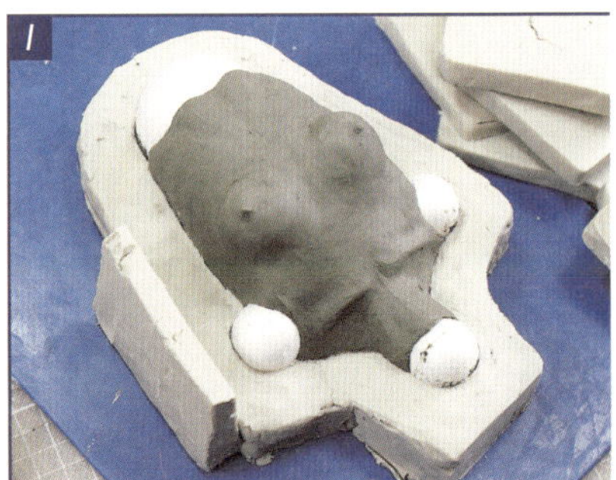

파팅라인의 벽 바깥에, 또다시 카루이유토로 흘림 방지의 벽을 만듭니다. 석고가 맞붙는 면에 이형제를 발라 말려 주세요.

POINT

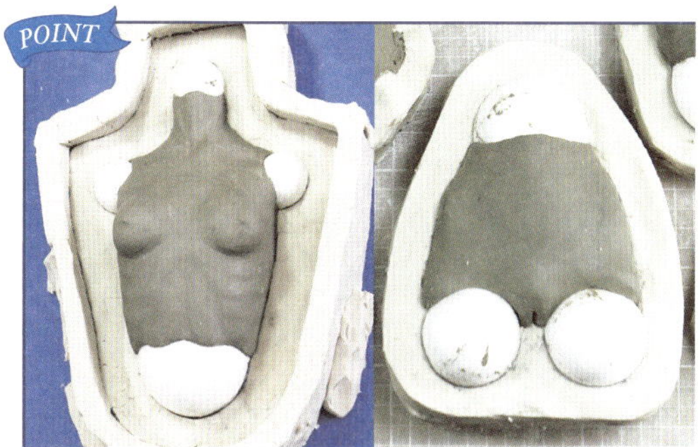

이번은 전 파츠가 15개로 많기 때문에 두 파츠씩, 몸통의 상반신 · 하반신의 앞면에 동시에 석고반죽을 넣습니다. 각각 둘레 외벽을 틈이 없이 감싸, 석고반죽이 새어 나오지 않도록 합시다.

Advice

이번 석고의 경우, 석고반죽 작업을 시작해서 흘려 넣을 때까지 필요한 시간은, 석고 투입 1분+물 넣기 1분+교반 시간 4분=6분 정도 소요됩니다. 순서를 기억해서 여유를 가지고 작업합시다.

2

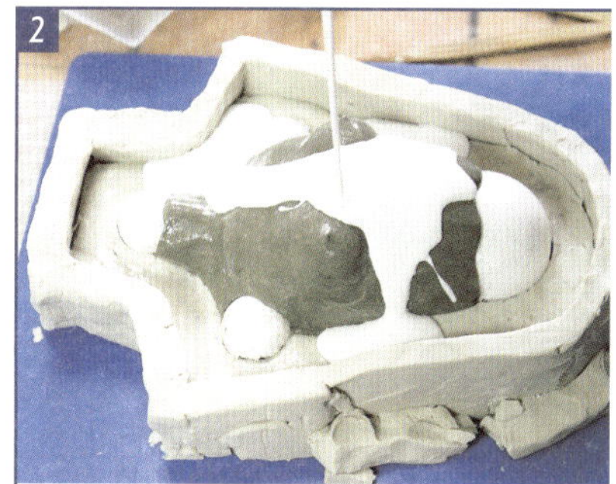

준비해 둔 석고반죽의 교반을 시작합니다. 물의 점도가 높아져 가므로, 충분히 점도가 오르면 원형에 걸치도록 해서 석고반죽을 흘려 넣고 쌓아 주세요.

Advice

교반의 초기 단계에는 점성이 없습니다. 이 상태로 사용하면 강도도 약하므로, 석고물의 점성이 증가된 후에 작업을 시작해 주세요. 섞을 때는 석고반죽 표면에 흔적이 가볍게 남는 정도가 점도의 기준입니다.

3

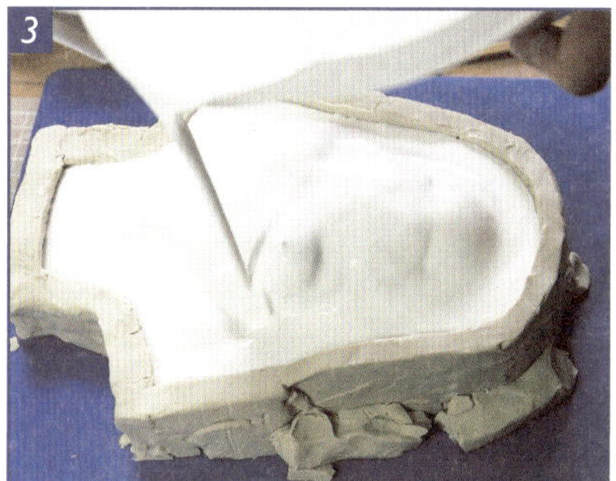

기포가 생기지 않도록 주의하면서 전체에 걸쳐 넣습니다. 방심하면 금방 굳어지기 시작하므로 유동성이 있는 동안에 작업하도록 합니다.

4

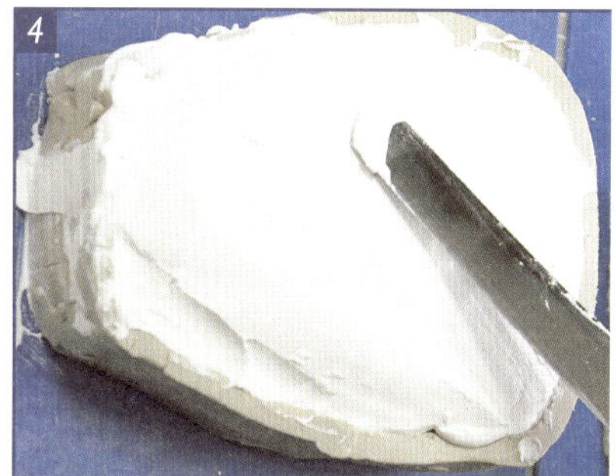

하반신도 같은 방법으로 석고반죽을 흘려 넣습니다. 굳어져가는 석고는 상부에 팔레트나이프로 쌓아 올립니다.

5

석고 층이 균등한 두께가 되도록 조정해 주세요. 앞면의 석고반죽이 굳어지면, 외벽과 파팅라인의 유토를 떼어냅니다.

6

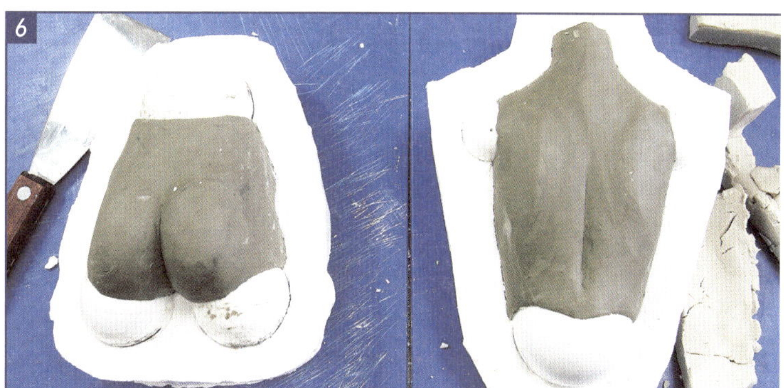

파팅라인에 붙어 있는 유토와 석고는 손이나 칼 등으로 다음과 같이 깨끗하게 해 주세요.

7

앞면의 석고몰드 측면에 맞춰서, 상반신 · 하반신 모두 재차 흘림 방지의 외벽을 만들어 주세요.

POINT

앞면의 틀에 암수의 오목 표시를 잊었을 경우에는 유토로 벽을 만든 후에 둥근 조각도로 凹을 만들어 둡시다.

8

앞면 석고몰드의 이음매와 원형에 붓으로 재차 이형제를 발라 둡니다.

Advice

석고끼리 맞닿게 되는 부분은, **절대로 이형제 바르는 것을 잊지 않도록!!!** 잊었을 경우, 두 개의 틀로 분리되어야 할 것이 단 하나의 덩어리가 되어 원형을 빼낼 수 없게 됩니다. 여기까지의 공정이 모두 무효가 됩니다!

9

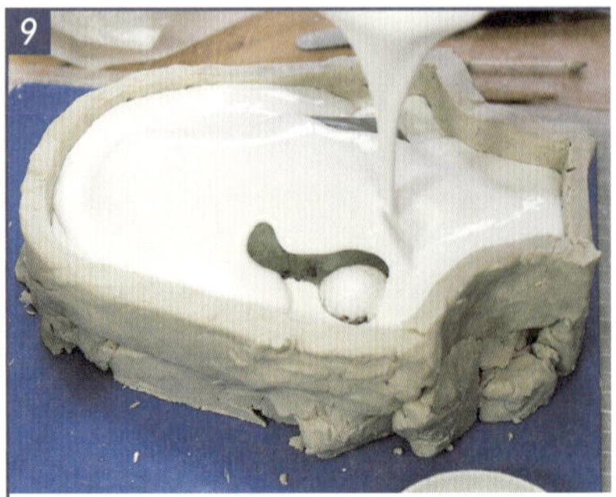

뒷면에 석고반죽을 흘려 넣습니다. 앞면과 같은 요령(1~5의 순서)로 석고반죽을 쌓아 올린 후, 경화를 기다려 유토를 떼어냅니다.

1-II

높은 외벽으로 에워싸 석고반죽을 흘려 넣다

make a mold II

높은 외벽으로 에워싸 석고반죽을 흘려 넣는 방법

원형의 가장 높은 위치에서 1cm 이상의 높은 외벽을 만들고 석고를 흘려 넣는 방법입니다. 초심자에도 가장 실패 없는 방법입니다만, 다른 것과 비교해서 꽤 많은 양의 석고가 소비됩니다. 단지 그 만큼 안정적이고 하기 쉬워서 깨끗한 틀을 만들 수 있습니다.

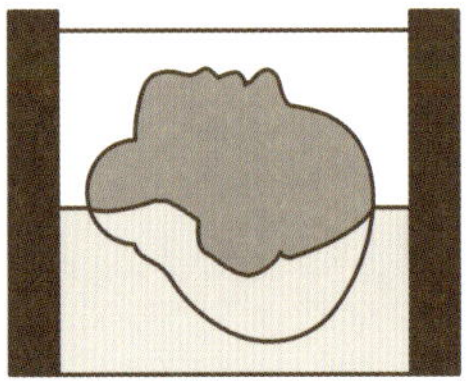

1

파팅라인의 틀 바깥에, 흘림 방지를 위한 높은 외벽을 만듭니다.

2

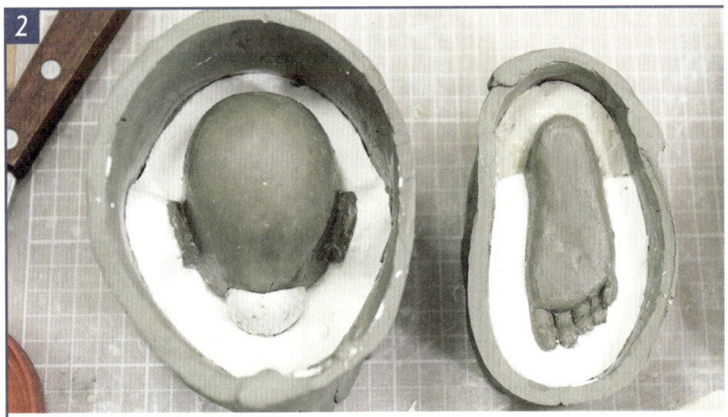

외벽은 보통의 유토, 카루이유토, 무엇으로 만들어도 상관없습니다만, 하기 쉬운 쪽을 선택하세요

3

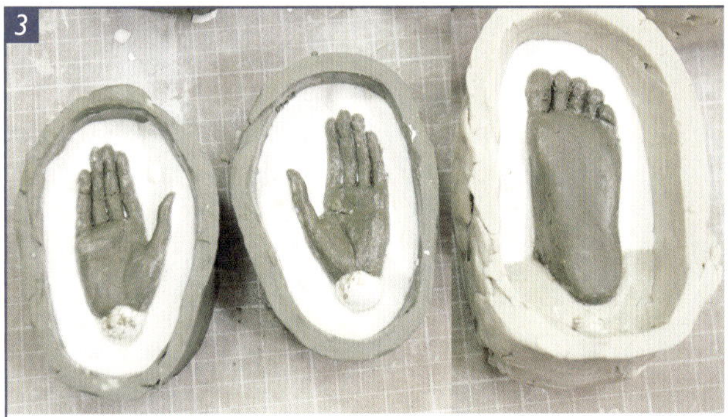

석고반죽을 흘려 넣을 때, 벽이 무너지지 않도록 벽 이음새를 확실하게 유토로 보강해 주세요. 석고면과 원형에 이형제를 발라 말려 둡니다.

4

석고반죽을 넣습니다. 기포가 없도록, 구석부터 차분하게 넣습니다.

5

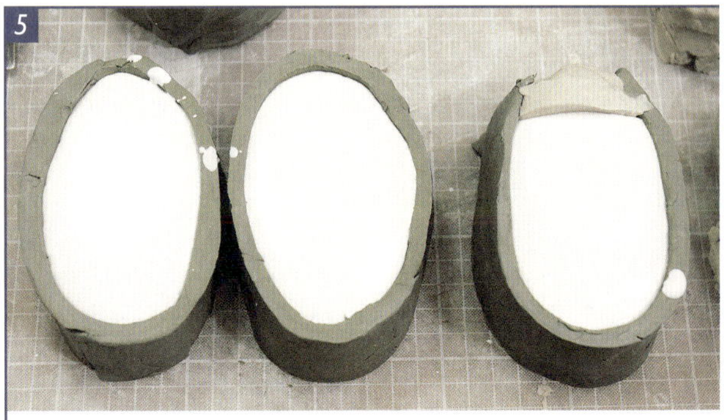

토대로 한 점토판과 작업판을 가볍게 흔들어 탈포해 주세요. 경화 후, 앞면부터 유토를 떼어내고 이형제를 바른 후, 뒷면도 같은 방법으로 작업해서 경화를 기다립니다.

1-Ⅲ

원형에 직접 석고반죽을 쌓아 올리다

make a mold Ⅲ

에워싸지 않고 석고반죽을 쌓아 올리는 방법

외벽을 만들지 않고 직접 원형과 카루이유토 위에 석고를 쌓아 올립니다. 석고의 경화가 시작하면 단시간에 처리해야 할 필요가 있기 때문에, 석고 취급에 익숙할 필요가 있습니다. 단지 석고 사용량이 가장 적으므로 익숙해질 경우엔 가장 간단한 방법이라 할 수 있습니다.

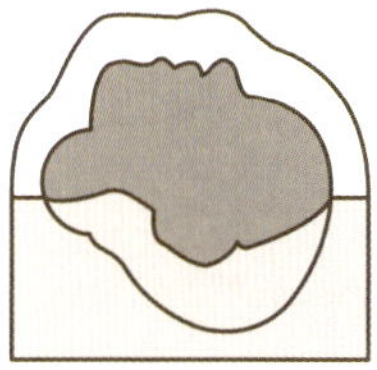

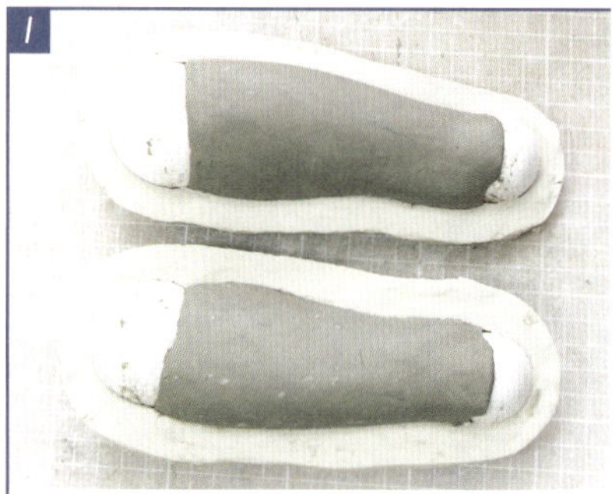

1 두상 · 팔 · 다리만 석고반죽을 직접 붓는 방법으로 틀 만들기를 합니다. 단순한 형태, 작은 파츠부터 친숙해져 봅시다.

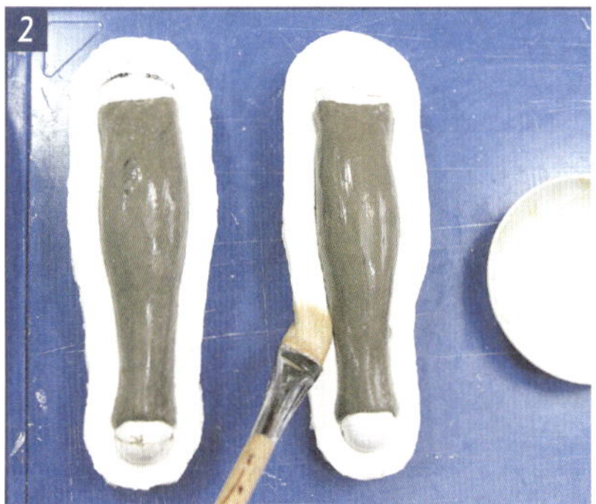

2 원형과 파팅라인의 벽에 이형제를 바르고 건조시킵니다.

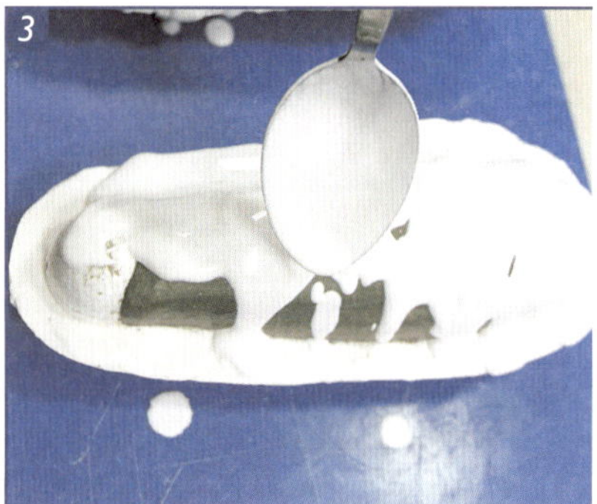

3 석고반죽을 스푼 등으로 떨어뜨리면서 소량씩 부어 줍니다. 기포에 주의해 주세요.

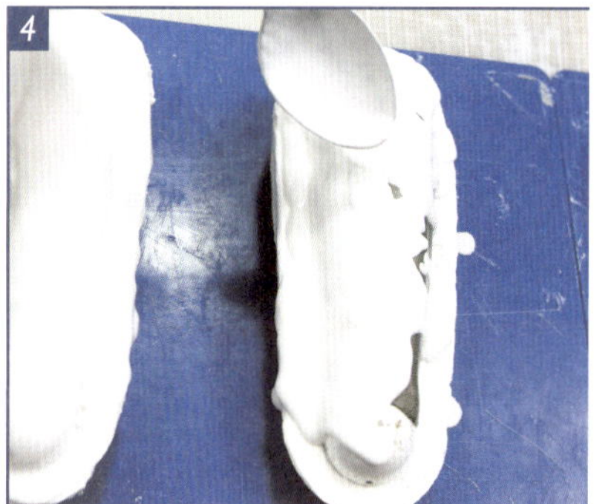

4 석고반죽이 서서히 딱딱해지므로, 흘리기 힘들 때 즈음 한꺼번에 두껍게 쌓아 올리세요.

5 팔레트나이프로 석고층이 균등한 두께가 되도록 정리합니다. 석고 경화 후 유토를 떼어냅니다.

6 다른 파츠도 같은 방법으로 진행해 주세요. 사진은 다리 파츠에 석고를 부은 후, 유토를 떼어낸 상태입니다.

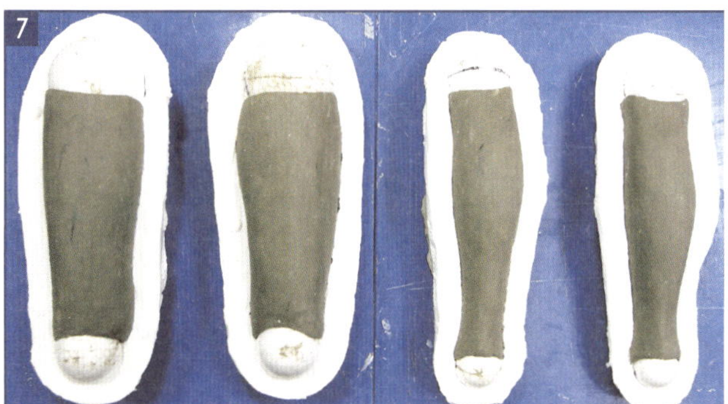

7 파팅라인에 붙은 유토나 석고층은 손이나 헤라로 이와 같이 깔끔하게 해 주세요. 이형제를 바르고 마르면 뒷면도 같은 방법으로 합니다.

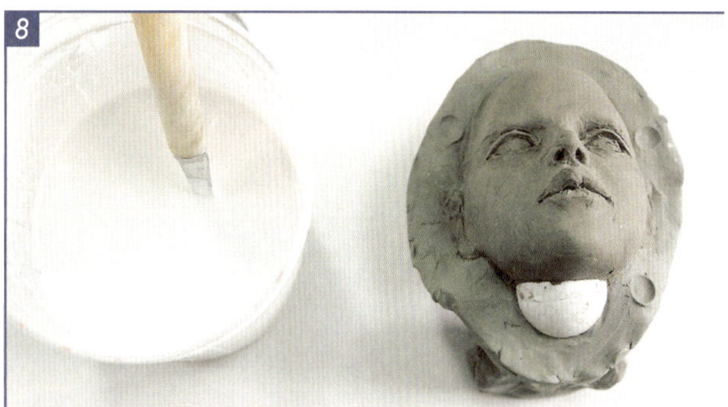

8 외벽을 에워싸는 방법으로 틀을 뜬 후, 두상원형을 조금 만졌으므로 다시 한 번 이 방법으로 틀을 만듭니다. 원형과 파팅라인 벽에 이형제를 발라 둡니다.

9

기포가 생기지 않도록, 석고반죽을 조금씩 부어서 얹어 주세요.

10

딱딱해진 석고는 한 번에 쌓아 올려 주세요.

11

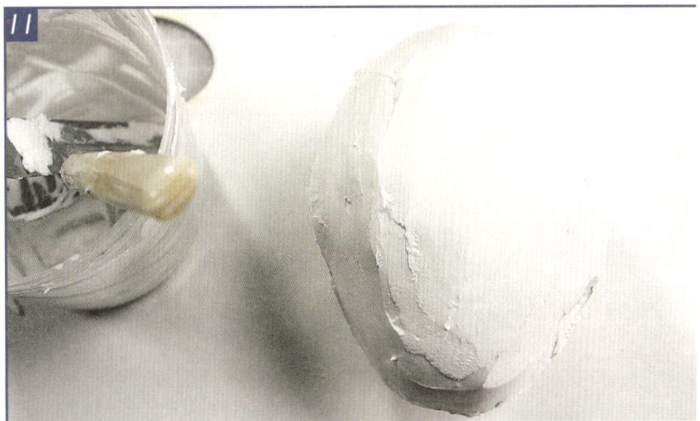

석고 표면을 균일하고 고르게 합니다. 안면의 석고가 완성.

12

석고반죽이 경화되면 유토를 떼어내고 이형제를 발라 뒷면도 작업하고 경화를 기다립니다. 경화 후, 유토를 떼어냅니다.

2»

원형 빼내기

(탈형)

forms removal

1

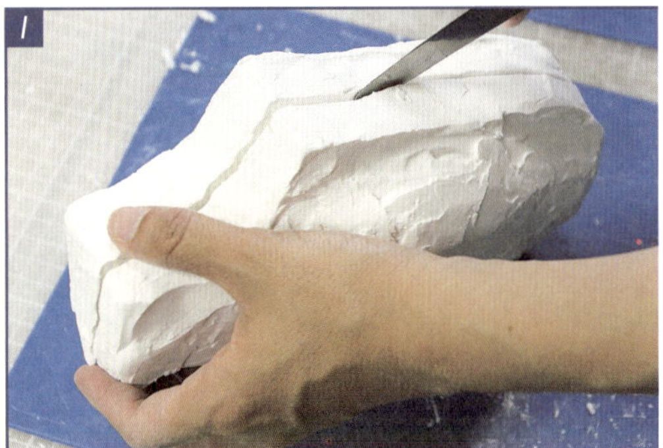

경화한 석고가 원형 전면에 둘러싸였습니다. 팔레트나이프를 파팅라인에 찔러 넣도록 해서 틀을 분리합니다.

2

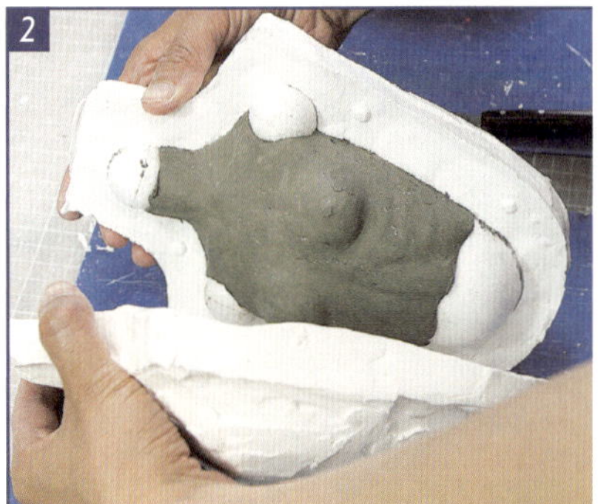

틀(몰드)에서 원형을 빼냅니다.

POINT

보통은 쉽게 벌어지지만, 벌어지지 않으면 나무망치 등으로 두드려 가볍게 충격을 가합니다.

3

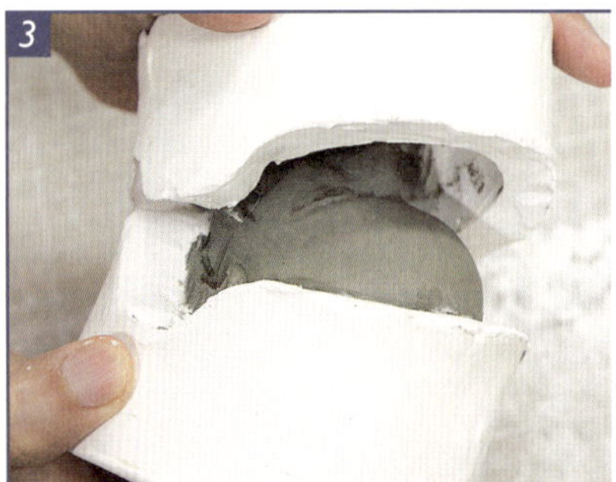

한 방향에서 무리하게 힘을 가하지 않고 여러 방향에서 조금씩 힘을 주어 벌어지도록 해 주세요. 석고틀이 깨지지 않게 원형을 빼내면 성공입니다.

Advice

경화할 때 40℃ 전후로 열이 납니다. 최고 발열 후 경화종료 직후가 가장 분리하기 쉽기 때문에 이 순간에 탈형을 해 주세요. 단지 석고의 종류에 따라 탈형에 적합한 타이밍이 다르므로 반드시 사용설명서를 잘 확인하고 작업해 주세요.

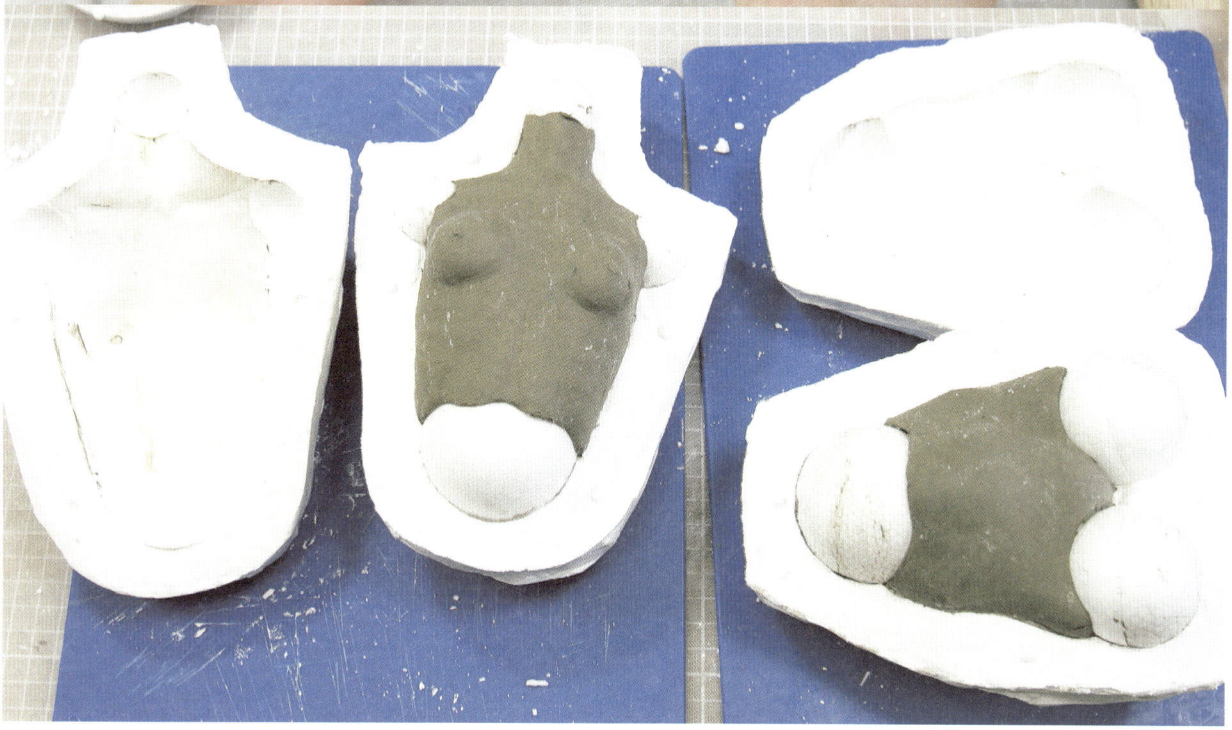

3 »

유토의 후처리

clear up
an oil-based clay

1 사용 후는 붙어 있는 석고 등을 제거하고 유토만 놓아둡니다.

2 유토를 나무망치나 고무망치로 두드려서 한 덩어리로 만들어 두면 다음 사용이 수월해지겠지요.

유토의 재사용

사용한 유토는, 기름기가 남아 있다면 이런 조각들도 반복해서 사용할 수 있습니다. 비닐 주머니에 보관해 두고 재사용해 주세요.

§4 석고반죽

Liquid plaster

1. 석고반죽의 준비 ▶ 2. 석고반죽의 후처리 ▶ 석고반죽의 양

석고반죽이란 공업 분야에서 사용되는 언어로, 정식으로는 석고죽, 또는 슬러리(slurry)라고 합니다. 석고가루와 물을 섞어 만드는 것으로, 주로 점성이 강한 걸쭉한 유동물입니다. 보통은 그다지 친숙하지 않는 것이라 생각하지만, 전용으로 필요한 도구도 특별히 없고, 냄새도 적기 때문에 가정에서도 도전하기 쉬운 소재 중 하나입니다. 석고반죽은 준비할 때도 사용할 때도 침착하게 취급하고, 기포가 들어가지 않도록 주의하세요. 또 반드시 어딘가에 반죽을 떨어트리게 되므로, 테이블에서는 신문지나 비닐 시트를 깔고 작업을 하세요.

† 준비물

- □ 도자기틀 재료용 석고, 또는 조소미술용 석고
- □ 물
- □ 볼, 국자, 스푼
- □ 점토판, 신문지 등

1» 석고반죽의 준비

get ready
a liquid plaster

1

틀 만들기용의 토대 벽을 만들고서(P. 22), 원형에 쌓을 석고반죽을 만듭니다. 더러워져도 괜찮은 작업 환경을 만들어 주세요.

2

「산에스도자기용석고특급–녹색」을 사용하기 때문에, 틀 만들기에 필요한 석고는 석고 1000g, 상온의 물 630g을 준비합니다.

3

석고를 국자로 덜어서 천천히 균일하게 덩어리가 생기지 않도록 물에 뿌려 줍니다. 석고 1000g을 1~2분 안에 물에 넣어 주세요.

4

볼을 흔들어 주거나 바닥을 두드려 기포를 빼고, 1분 정도 침전시켜 주세요. 만일 웃물이 생겼다면 물을 버려 주세요

POINT

사진 좌측은 사용할 물과 석고, 우측은 물에 석고를 넣어 1분 침전 한 상태의 것입니다. 정확한 분량끼리 섞으면 석고가 물을 흡수해서 수면과 같을 정도의 위치까지 차올라 웃물이 안 생깁니다. 합친 후의 용적이 그다지 증가하지 않는 것을 알 수 있습니다.

5

국자나 스푼으로 석고와 물을 섞어 둡니다. 기포에 신경 써서 솜씨 좋게 신중히 약 1~2회전/초로 휘저어 섞습니다. 이 경우 4분 정도 걸리겠죠.

2» 석고반죽의 후처리

clear away
a liquid plaster

1

웃물이나 석고를 섞은 물을 버리지 말고, 신문지를 깐 볼에 모아서 침전시킨 후에 남은 석고와 함께 처분합니다.

2

굳어지면 긁어내는 것이 힘들어지므로, 들러붙은 석고반죽은 신문지 등으로 재빨리 닦아 내세요.

3

석고반죽을 휘저어 섞은 볼 등은 석고반죽이 굳기 전에 고무헤라 등으로 닦아서 깨끗하게 해두세요.

석고의 후 처리

석고반죽, 석고의 웃물은 절대 배수구에 버리지 마세요. 굳습니다. 석고는 사용 전에도 후에도 불연성 쓰레기입니다. 반드시 지역마다의 쓰레기 배출 방법에 따라 처리해 주세요.

column»

석고반죽의 양

measure the quantity
of a liquid plaster

석고

틀 만들기용에 사용한 석고는, 도자기틀재료용 석고, 조소미술용 석고 등이 됩니다. 석고에도 등급이 나뉘고, 품질이 틀에서 빼낼 때 영향을 주기 때문에 특급·A급 이상의 것을 사용하길 권장합니다.
각각의 석고에 따라 적절한 물의 양이 다르기 때문에 사전에 취급에 관하여 물 양을 확인해 주세요.

▲요시노 석고A급
(요시노석고주식회사)

▲산에스석고도자기틀재료용
석고 특급-녹색
(산에스석고주식회사)

식1) 틀 만들기에 필요한 석고반죽의 양 구하기

틀 만들기에 필요한 석고반죽의 양 = [원형 + 각 주변 2cm 장방체의 체적 − 원형을 장방체로 환산한 체적] (석고반죽의 장방체로서의 체적) ×80% 쌓아 올릴 경우 / ×100% 흘려 넣을 경우

식2) 식1의 석고반죽을 만드는 데 필요한 물의 양 구하기

1)의 석고반죽을 만드는 데 필요한 물의 양 = 석고반죽의 양 ×2/3

식3) 석고반죽을 만드는 데 필요한 석고의 양 구하기

100 : 물의 혼합율 (%) = 필요한 석고의 양 X : 식2에서 구한 필요한 물의 양

그럼, 두상을 예로 쌓아 올려 틀을 만드는 경우의 석고반죽의 양을 구해 봅시다.

경험이 없다면 석고반죽이 어느 정도 필요한지 즉시 판단하기 어렵지요. 하지만 원형에 2cm의 두께로 석고반죽을 쌓는 것을 전제한다면, 원형의 가로(길이) ×세로 (폭) × 높이(두께)로, 대략적인 체적을 도출할 수 있습니다.

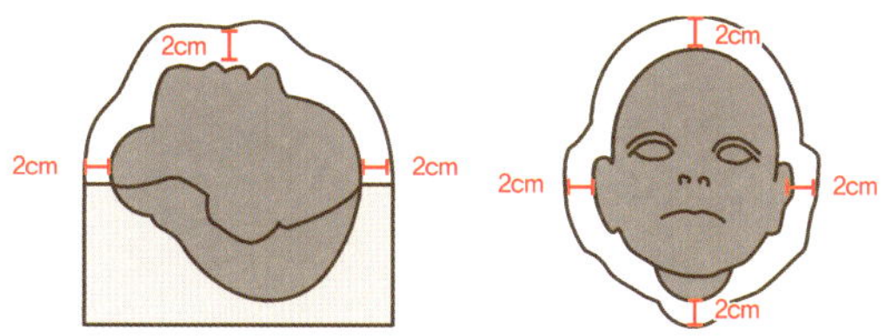

원형의 크기 + 각 주위 2cm 추가

이렇게 계산한 것이 틀의 대략적인 체적입니다. 여기에서 원형의 체적과, 형태상 불필요한 체적을 뺀 양이 필요할 석고반죽의 양이 됩니다.
그래도 아직 이해하긴 어렵지요. 그럼 두상을 예로, 구체적인 숫자를 넣어 봅시다.
작업은 한 면씩 진행하므로, 한번 만든 석고 양은 두상의 반쪽 분량. 가로와 세로는 각 2cm × 배, 높이는 한쪽 면이기 때문에 2cm 그대로 계산합니다.

〈두상원형을 장방체로 계산한 체적〉
가로 7cm × 세로 5.5cm × 높이 6cm = 231㎤

〈석고의 두께 분량, 각 주위를 2cm 더한 길이의 체적〉
(7+4)cm × (5.5+4)cm × (6+2)cm = 836㎤

〈여기에서 두상원형의 체적을 뺀 양〉
836㎤ − 231㎤ = 605㎤

이것은 장방체로서의 체적으로, 흘려 넣는 경우에는 대체로 이것과 같은 정도, 쌓아 올리는 경우에는 원형이 둥근 만큼 체적이 줄기 때문에 이 숫자의 80%로 판단합니다.

605㎤ × 80% (쌓아 올릴 경우) = 484㎤
대략적으로 필요한 **석고반죽의 양은 484㎤** 이 됩니다.

그럼, 석고반죽을 만들기 위해서는, 물과 석고의 양은 어느 정도 필요할까요. 석고의 양보다 필요한 물의 분량부터 계산합니다. 우선 만들어질 석고반죽에 대하여 사용되는 물의 분량은 2/3 정도이기 때문에,

석고반죽의 양 484㎤ ×2/3= 필요한 물의 양 322.66㎤

대략적으로 **필요한 물의양은 323㎤** 이란 걸 알 수 있습니다.

이번에 사용하고 있는 석고는 「산에스석고도자기틀재료용석고특급–녹색」으로 석고에 필요한 물의 혼합율(혼수율)은 63%입니다. 이것은 100g의 석고에 대해 63g의 물이 필요하다는 뜻입니다. 그래서, 위의 물의 양 323㎤와 물의 혼합율(혼수율) 64%로 역계산하면,

100 : 63(혼수율) = X(석고) : 323(물)
X(석고)=[323(물)×100])÷63(혼수율)
X(석고)=약512g

석고의 양은 약512g 이 필요합니다

이와 같은 계산도 참고해 가면서, 적당량을 정해 주세요. 적절한 양을 준비해서 수면 끝까지 석고를 떨어트려 휘저어 섞으면 제대로 석고반죽이 됩니다.
외벽의 형태나 원형의 형태에 따라 변화하기 때문에, 불안한 경우에는 조금 많이 만들어 두는 것이 좋겠지요. P. 116처럼 석고틀을 만든다면, 모형틀의 내경에 따라, 그 용적에서 원형의 체적을 뺀 양을 계산해 주세요. 익숙해지면 감으로 작업하는 것도 좋지 않을까 하고……ㅋ

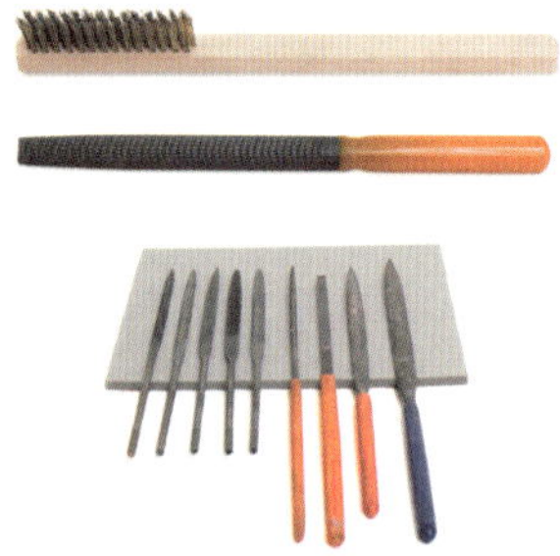

금속 줄, 와이어브러시

샌딩, 정형에 사용합니다. 줄은 가는 것, 굵은 것, 세밀한 것, 거친 것 등 다양하기 때문에 모든 종류를 구비해 두고 싶을 정도입니다. 와이어브러시는 금속칫솔로, 금속 줄을 손질할 때 사용합니다.

스펀지 사포

스펀지 상태의 사포. 곡면의 마무리 처리에는 매우 편리합니다. 미디엄이 가장 거칠어서 점토조형에는 사용하기 좋다고 생각됩니다. 점토로 메워지면 물에 씻어 재사용합니다.

끌

끌이 있으면 효율적입니다만, 보통은 둥근 조각도 등으로도 작업이 가능합니다. 끌을 큰 인형 작업에 사용하는 경우에는 P. 10에서 소개한 나무망치도 함께 있는 것이 효율적이겠지요. 둥근 칼이므로 취급 · 보관에 신경을 써 주세요.

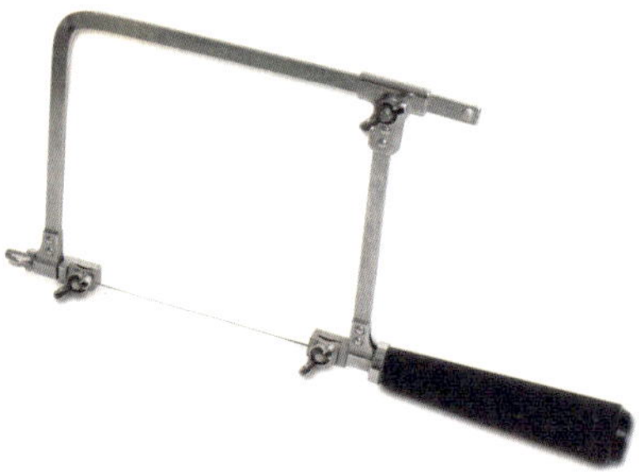

실톱

실 같은 날과 세트로 사용하는 톱. 원형 · 커브 등을 자르기 쉬운, 세밀한 작업 도구입니다. 교환 날의 종류가 여러 가지 있으므로 목적에 따라 구입하세요. 점토에는 가장 일반적인 것으로도 OK. 날이 팽팽한 상태에서 사용합니다.

라돌

창작인형에 가장 많이 사용되는 석분점토. 수용성으로 연마성이 좋고, 조형성과 강도의 밸런스가 좋은 일반적인 점토입니다. 비스크돌 등의 원형 제작에도 적당합니다. 사용 전에는 잘 반죽해서, 점토의 섬유를 사전에 부드럽게 해 두세요.

뉴-판도

마르면 딱딱하고 단단해지기 때문에 손가락 끝 등의 세밀한 조형작업에 적절한 석분점토입니다. 피규어조형 등에 애용되고 있지만, 라돌에 익숙한 분이면 늘어남과 찰기가 익숙하지 않아 조금 취급이 어려울지도.

클램프

재료를 작업대에 고정하기 위해 조이는 공구. 이 책에서는 형틀의 판을 눌러 고정하기 위해 사용합니다. 형틀의 폭을 고정할 수 있다면 어떠한 종류라도 OK.

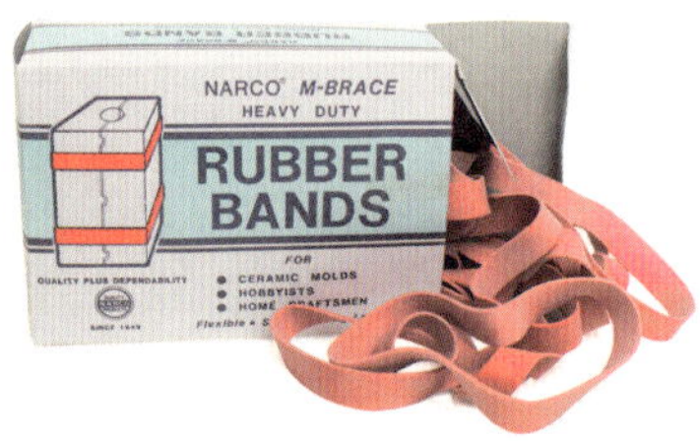

고무 밴드

고무로 된 두꺼운 밴드로 강도가 있고 사이즈도 다양합니다. 폭은 2cm 이상의 것으로 사용해 주세요. 굵을수록 힘이 균등하게 걸려, 틀의 부담도 줄일 수 있습니다. 비스크인형 용품을 취급하는 곳에서 판매합니다.

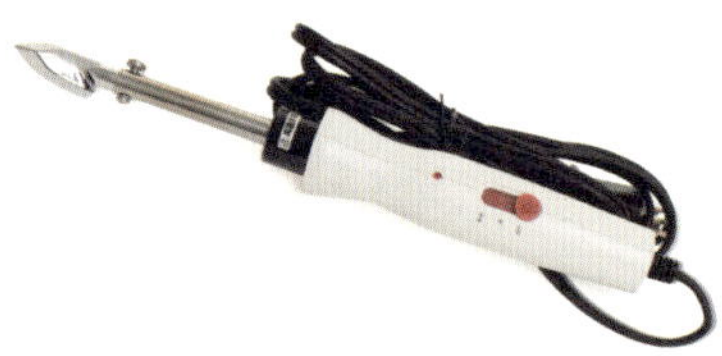

공예용 미니인두

앞 끝이 미니 다리미처럼 되어 있는 재봉용 전기인두. 매우 작은 인두처럼 헤어 세트로 가발을 만들 때 외에도 인형용의 드레스나 머리장식 등의 세부의 천 주름을 고치는 데에 사용합니다. 온도 조절이 가능한 것을 권함.

CHAPTER Ⅱ

모형 뽑기

Shaping with a mold

§1 석분점토로 눌러 뜨기

shaping with a mold

1. 틀 준비 → 2. 틀에 점토 넣기 → 3. 앞뒤 파츠의 접착 → 4. 틀에서 뽑기 → 5. 손발의 모형 뽑기와 변형

유토원형의 틀 만들기가 완료되었으므로, 여기에서는 그 틀을 사용한 「모형 뽑기」에 들어갑니다. 모형 뽑기 기법은 예로부터의 기법으로, 인형은 물론 도예나 과자 등 가지각색의 제작에 사용됩니다. 옛날부터 있는 히나인형(3월 3일 여아를 위한 장식인형)·고가쯔인형(단옷날 꾸미는 무사 차림 인형)·키매꼬미인형(나무인형에 비단옷을 발라 입힌 인형)·이치마츠인형(뱃속에 피리를 넣어 구운 인형) 등은 에도시대 즈음부터 장인들의 분업으로 만들어져 왔습니다. 머리·손발 등의 중요한 파츠에는 목각원형으로 틀을 만든 오목한 틀이 있어, 「生地師」라 불리는 전문장인이 거기에 오동나무분말과 아교를 반죽한 점토 상태의 소재를 눌러 붙여서 빼냅니다. 그 바탕에 「人形師」가 호분을 발라 성형·얼굴을 하고, 의상은 「着付師」가 입혀 완성합니다. 소재나 디자인은 변했어도 인형 만들기는 수작업으로, 그 공정은 예나 지금이나 같은 것 같네요. 「모형 뽑기」 작업에서는 완성한 틀의 양면에 균등하게 점토를 눌러 붙여, 점토를 넣은 상태로 두 틀을 맞물립니다. 내부의 점토가 접착되어 전후가 일체화되면, 점토를 틀에서 뽑아냅니다.

† 준비물

- □ 줄
- □ 붓, 또는 솔
- □ 베이비파우더
- □ 석분점토
- □ 점토판
- □ 밀대
- □ 대나무헤라
- □ 팔레트나이프
- □ 커터 등

1» 틀 준비

Prepare of the mold

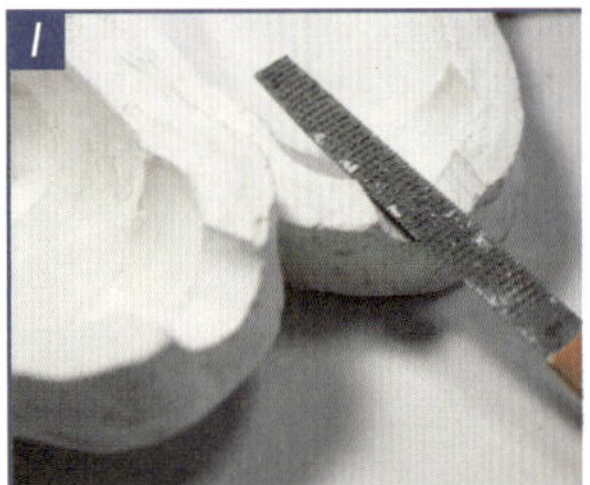

1 석고틀 상 · 하에서 원형의 구멍이 되는 부분 (목이나 손목 발목의 구 중심)을 깎아 구멍을 뚫어 둡니다.

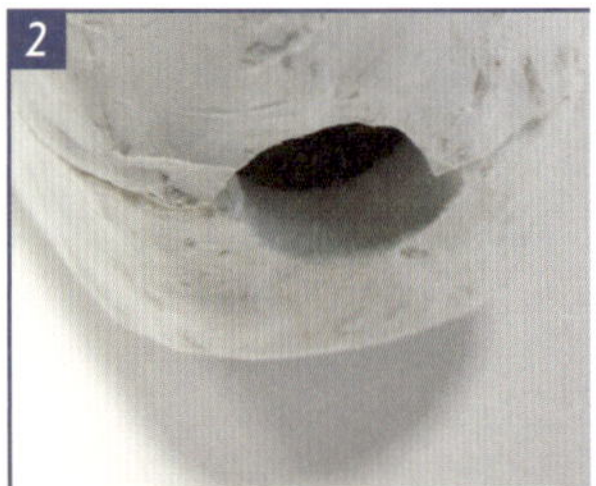

2 구멍을 만들지 않아도 되지만, 이 작업으로 틀이 맞물린 채 내부 점토를 건조시키는 경우 효율이 좋습니다

건조에 대하여

흙이나, 석분점토를 부드럽게 반죽해서 사용할 경우, 틀 안에서 잠시 점토를 건조시킨 후에 작업하는 것이 부서지지 않고 뽑기 쉽습니다. 그때 왼쪽과 같이 공기가 빠져나갈 통기구가 있는 것이 좋겠지요. 특히 아래 온풍기 등을 사용할 경우 이 통기구를 열어 두면 건조가 빨라집니다.

건조기에 관하여

점토 작업에서 건조기가 있으면 매우 편리합니다. 모형을 뽑을 때는 물론, 일반 석분점토의 조형작업에서도 유무에 따라 작업 효율이 달라집니다. 가정용 이불건조기와 골판지 상자를 이용하여 집에서도 마련해 봅시다.

† 준비물

- □ 가정용 이불건조기
- □ 골판지 상자, 테이프
- □ 와이어, 철망, 수건 등

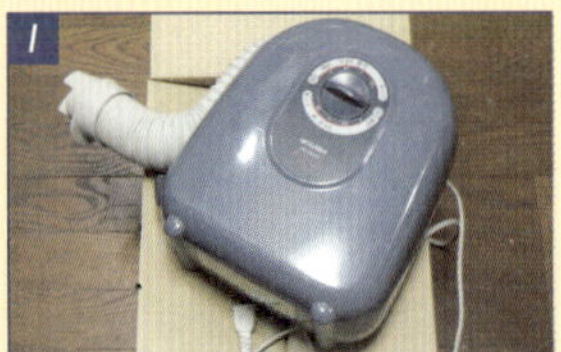

1 골판지 상자는 작업 환경과 인형 크기에 맞춰 선택합니다.

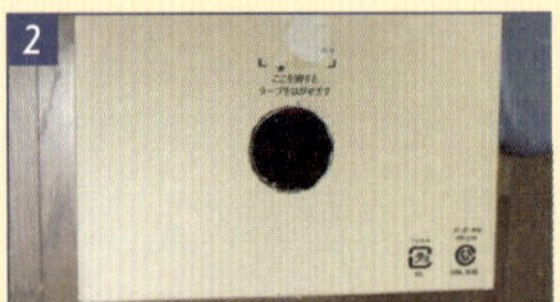

2 골판지 상자의 측면에 원형 구멍을 한 곳 뚫습니다. 이불건조기의 송풍기와 같은 직경의 원입니다.

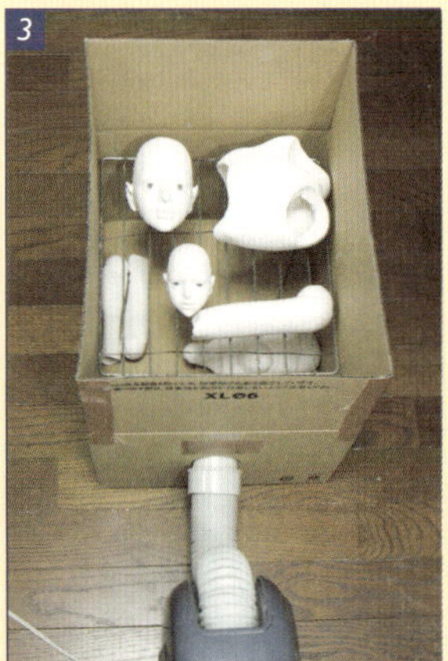

3 상자 뚜껑은 세워 테이프로 고정시켜서 상자의 용량을 키워 줍니다.

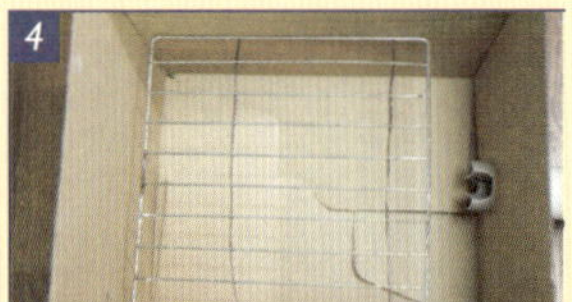

4 상자 중간 즈음에 와이어를 2개 정도 걸쳐 놓고 그 위에 철망을 놓으면 수납양도 커지겠죠.

5 사용 시 온풍이 빠져나가지 않도록 뚜껑대용으로 수건을 깔아 둡니다. 넣고 빼기에도 수월하고, 보온과 적당한 통풍으로 효율도 양호.

2»

틀에 점토 넣기

put clay into the mold

1

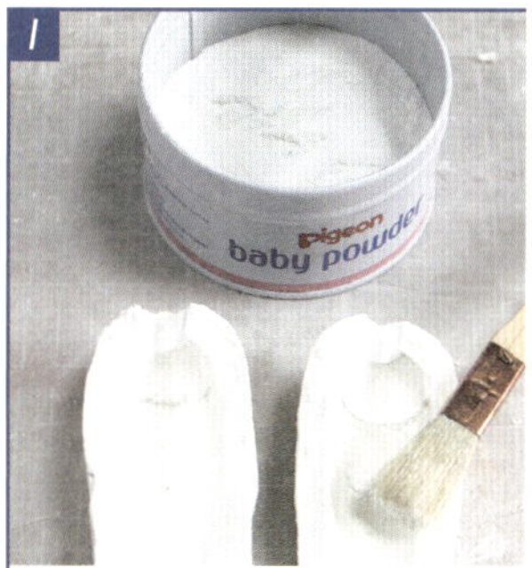

석고틀 내부와 틀이 맞물리는 곳에 솔이나 붓으로 베이비파우더를 바릅니다.

2

바른 부분에 얇은 가루 막이 만들어지는 것을 생각하며 도포해 주세요. 지나치면 좋지 않습니다.

이형제

틀에 도포하는 파우더는 눌러 넣은 점토와 석고가 유착되지 않도록, 틀을 떼어내기 쉽게 하기 위한 이형제입니다. 점토에 영향이 없는 가루라면 무엇이든 좋지만, 석분점토를 빼는 경우에는 가격도 적당한 베이비파우더가 자주 사용됩니다. 단지, 액상점토의 모델링캐스트를 사용할 경우에는 다른 파우더가 적합하므로 가려서 사용하세요. (P.124)

3

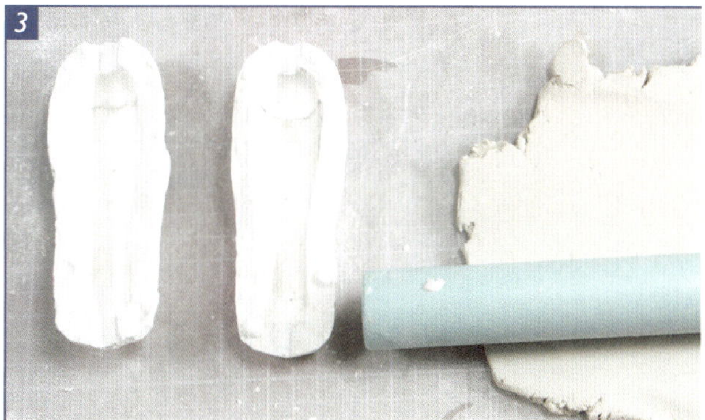

적당량의 석분점토를 밀대를 사용하여 5~7mm정도 두께로 늘립니다.

4

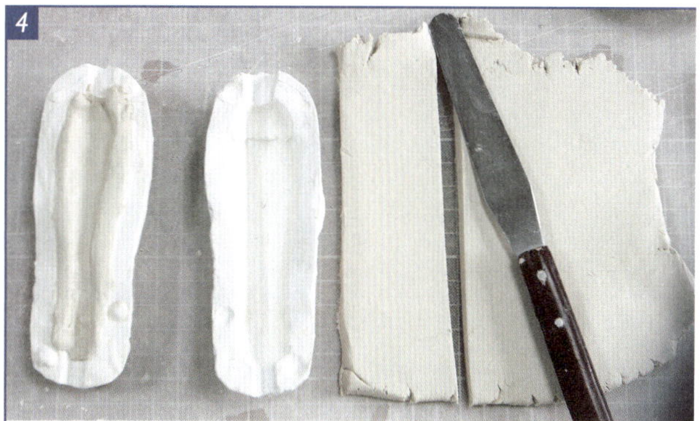

점토를 평평하게 늘렸다면, 틀에 눌러 넣기 쉬운 크기로 자릅니다.

Advice

석고틀에 넣을 석분점토는 라돌을 사용합니다. 점토는 틀에 눌러 붙일 때 늘어나서 얇아지기 때문에 반드시 어느 정도 두께가 유지되도록 주의하세요. 또 한쪽 면씩 건조시키면 비틀림이 생겨 능숙하게 맞출 수 없는 경우도 생깁니다. 가능한 한 동시에 작업해 주세요.

5

잘라둔 점토를 석고틀에 놓고, 물에 적신 손가락으로 늘려 붙여서 틀에 밀착해 주세요.

6

헤라를 사용하여 파팅라인에서 밀려 나온 여분의 점토를 제거해 줍니다.

3»

앞뒤 파츠의 접착

adhere the front and back

1

틀에 넣은 점토의 이음새에 미리 준비해 둔 「진흙」을 쌓아 올립니다.

진흙

물로 부드럽게 반죽한 찰기가 강하고, 끈적끈적한 상태의 점토를 도예용어로 「진흙」이라고 한다. 틀에 넣은 앞뒷면의 점토파츠를 일체화시키는 접착제가 됩니다. 방치해 두면 수분이 없어져 굳어지므로, 적당량 물을 넣어 반죽해 놓고 사용하지 않을 때에는 랩으로 덮어 둡시다.

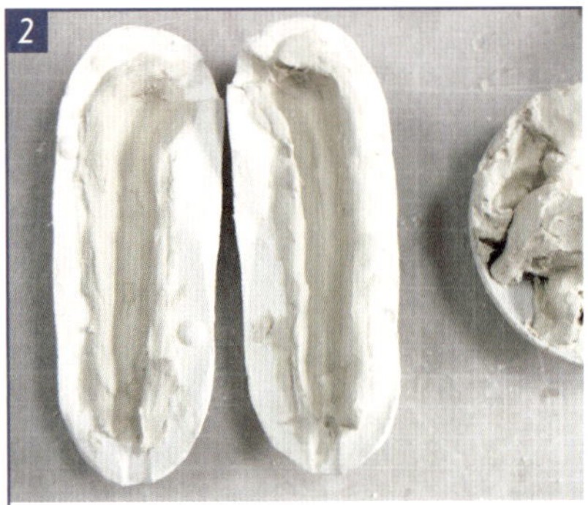

2 합쳐질 점토의 양면에 또 한 층 진흙을 올립니다. 파팅 라인보다 올라오도록 해 주세요.

3 틀 앞뒷면을 맞춰서 압착합니다.

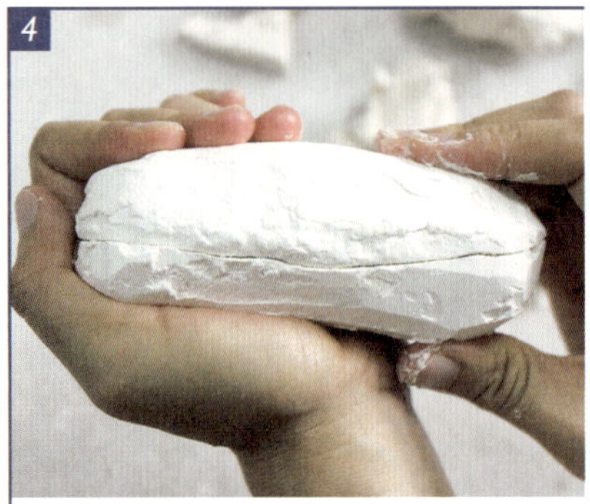

4 진흙을 접착제로, 틀을 확실하게 일체화합니다.

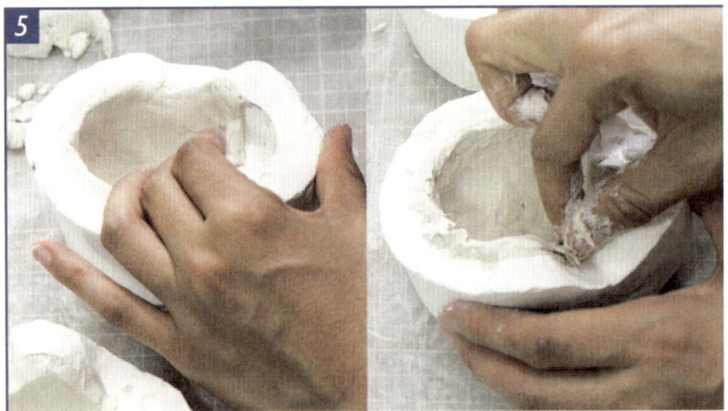

5 두상은 눈·코·귀처럼 섬세한 부분이 많아, 틀 자체에 깊이가 있습니다. 틀에 점토를 잘 눌러 넣고, 필요에 따라 부분적으로 보강해서 어우러지게 합니다.

6 두상의 틀입니다. 마찬가지로 몸 위치가 틀어지지 않도록 신중하게 꽉 맞춰 주세요.

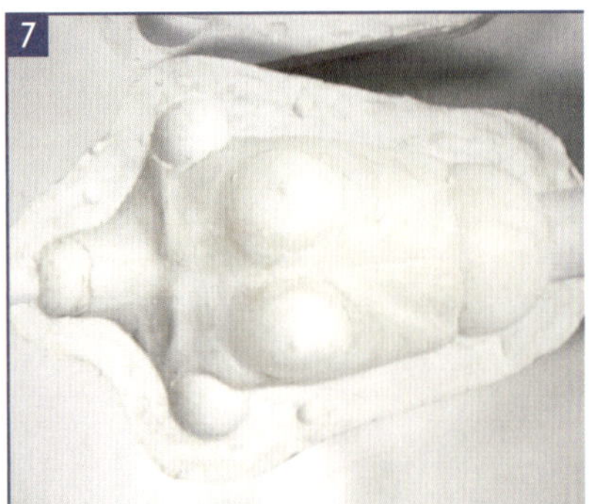

7 몸은 팔과 다리에 비해 면적이 넓기 때문에 조금 어려울지 모르지만, 신중하게 작업해 갑시다.

8 넓은 부분에는 솔, 좁은 부분에는 붓을 사용하여 파우더를 도포합니다.

9 한 장으로 늘린 상태의 점토를 능숙하게 틀에 눌러 넣어 밀착해 주세요.

10 확실하게 틀에 눌러 붙여 갑니다. 매끄러움이 나쁜 경우에는 손가락에 물을 적셔 가며 작업합시다. 흠뻑 젖지 않도록 주의해 주세요.

POINT

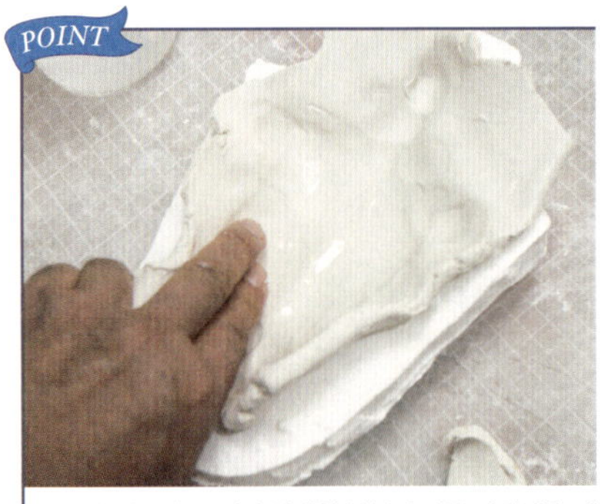

면적이 넓으면 그 안의 섬세한 부분이 너무 강하게 눌러져 점토가 얇아지기 때문에 주의하세요.

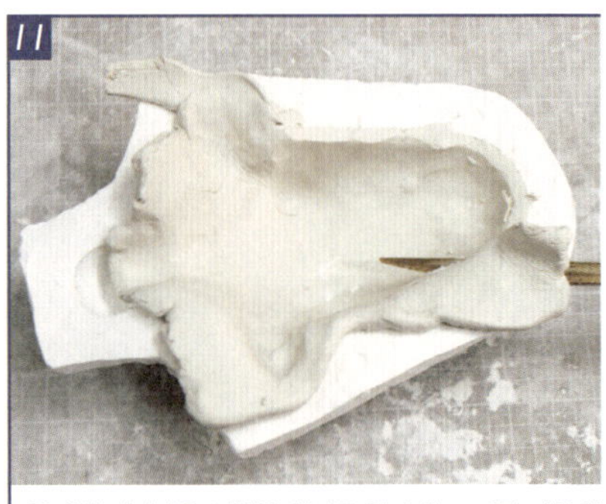

11 틀에서 삐져나온 여분은 헤라로 잘라내고, 다른 파츠와 마찬가지로 진흙을 사용하여 압착합니다.

4» 틀에서 뽑기

demold

1

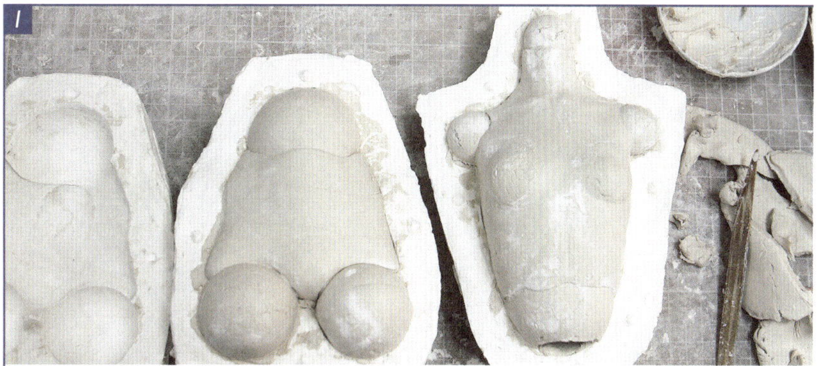

파츠마다 점토를 넣어 앞뒷면을 압축하고, 그것들을 확실하게 합체했다면 틀을 벌려 점토를 꺼냅니다.

2

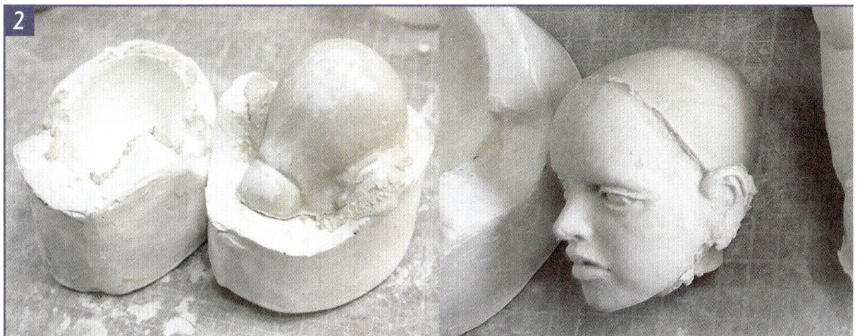

이형제 (베이비파우더)를 발랐기 때문에 간단하게 분리됩니다.

Advice

점토의 수분양이 많을 경우, 빨리 꺼내면 실패할 수가 있습니다. 그때에는 조금 건조시킨 후 틀에서 꺼내 주세요. 건조에 대해서는 P. 34의 '건조기에 관하여'를 참고해 주세요.

3

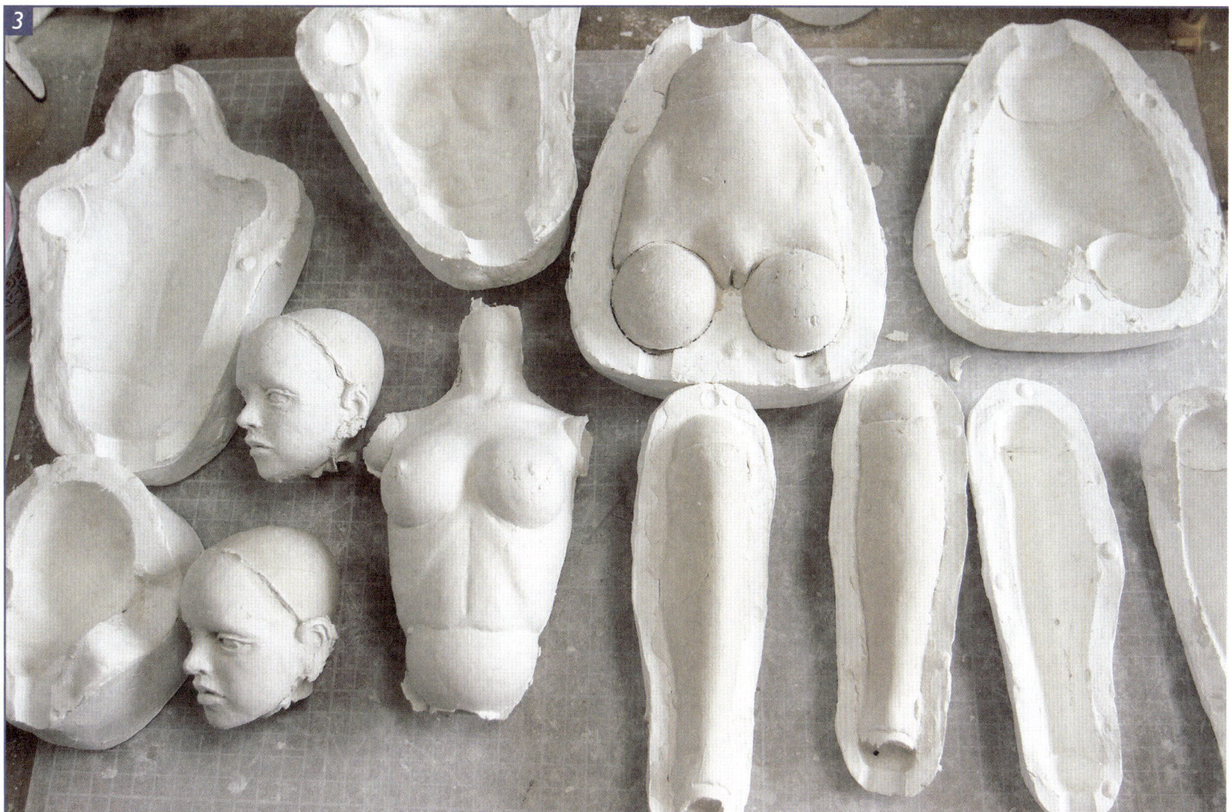

어느 정도 단순한 형태라면 양면의 틀을 압착시킨 후에 곧바로 틀을 분리해서 점토를 빼낼 수 있습니다. 틀 한쪽을 벗겨내고, 점토가 부드러울 때 헤라로 날개를 제거해 두면 편리합니다.

5 »

손발의 모형 뽑기와 변형
demold the hands and feet

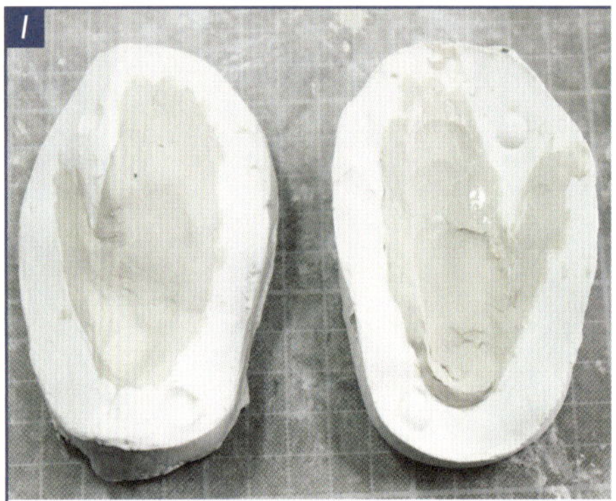
1 손 몰드에 베이비파우더를 도포하고 점토를 채워 넣습니다.

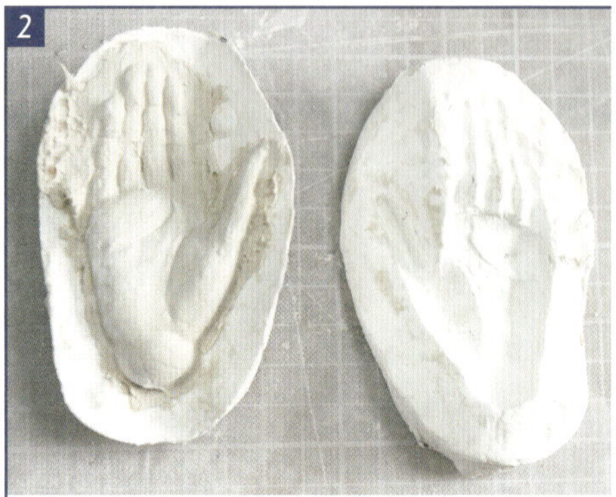
2 앞뒤에 진흙으로 붙여서, 점토가 일체화되면 틀에서 빼냅니다.

3 손끝 등은 다른 부위보다 얇고 섬세하기 때문에, 빼낼 때에도 신중하게 취급해 주세요.

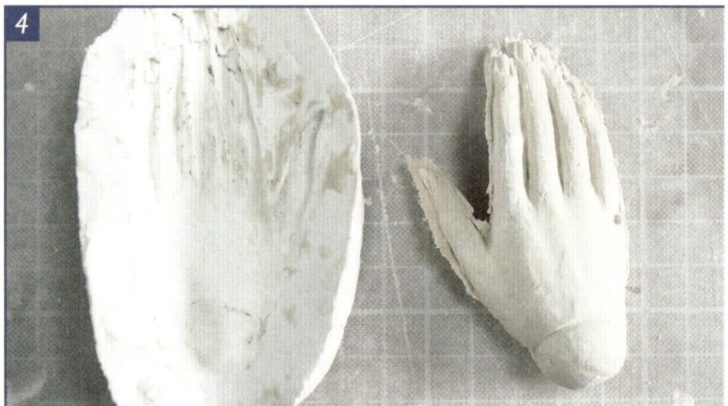
4 틀에서 빼냈습니다. 틀에서 뽑은 경우 단순 표정의 손이지만, 여기에서 조금 포즈를 바꿔 봅시다.

성형품의 변형

점토를 이용한 성형품은, 작은 부위의 경우 말라서 단단해지기 전에 모양을 약간 변형할 수 있습니다. 큰 형태를 바꾸는 경우는 또 다르겠지만 (P. 78참조), 손 끝 표정을 바꾸고 싶거나 발꿈치부터 발끝까지의 각도를 바꾸는 등, 약간의 변형은 이 단계에서 손질해 보세요.

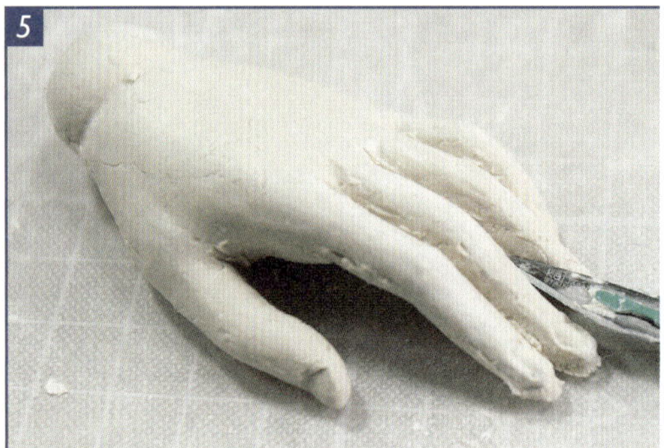
5 연결된 네 개의 손가락 사이를 칼로 파 놓습니다.

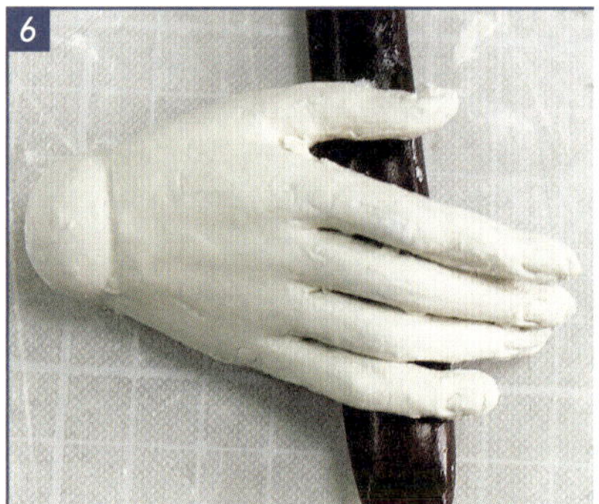
6 손가락 관절을 조금 구부려 각도를 정해서 고정합니다.

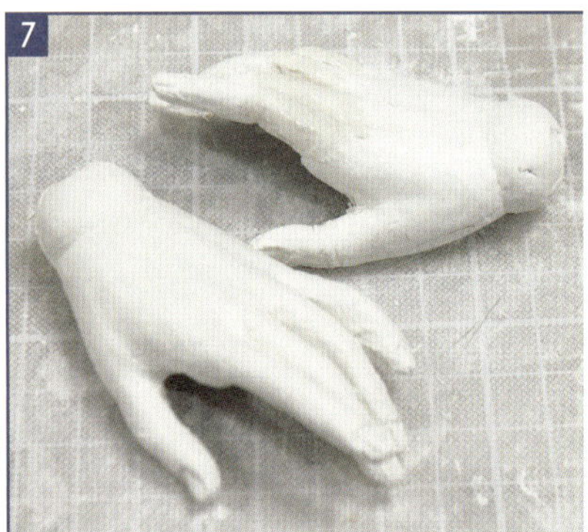
7 손 표정이 만들어졌습니다.

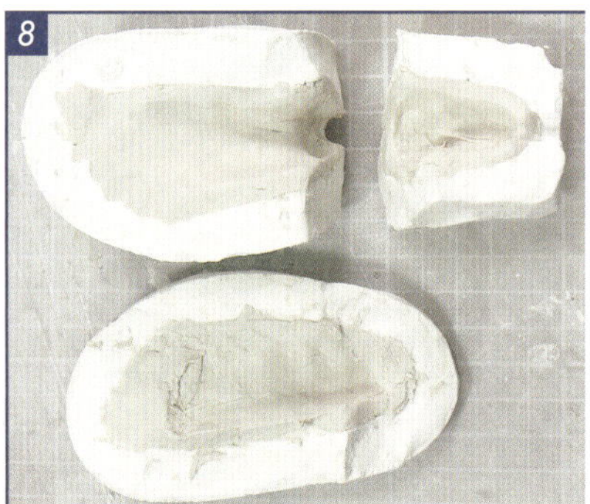
8 발의 형태를 3블록으로 나눠 만듭니다. 각각의 몰드에 파우더를 바르고 점토를 채웁니다.

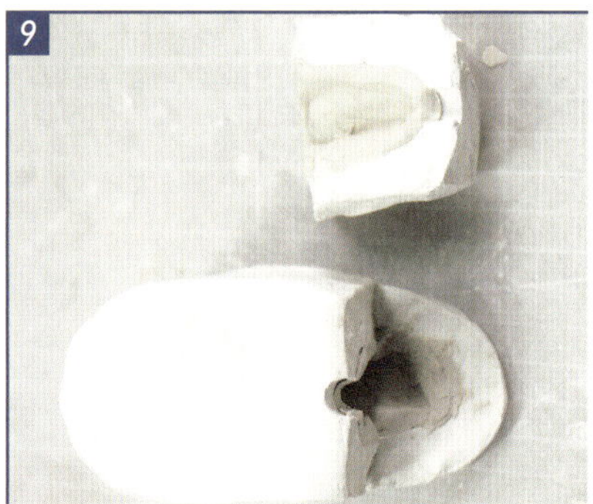
9 우선은 발바닥과 등이 되는 블록을 맞춥니다. 그때 바닥과 등의 접착 면에 진흙 바르기를 잊지 마세요.

10

합친 후에 이음새에 빠져나온 진흙은, 살짝 적신 붓으로 뭉개 줍니다.

11

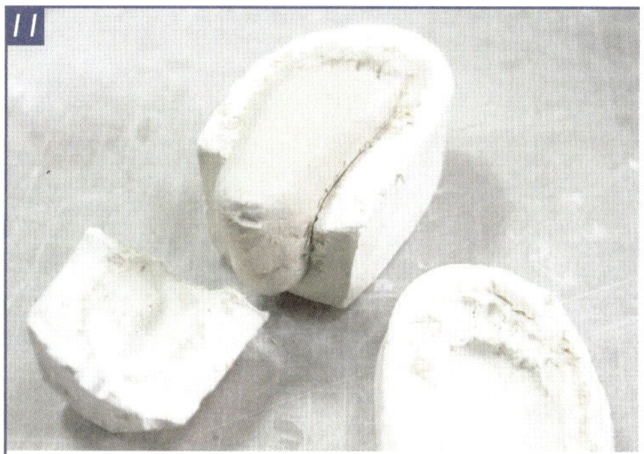

바닥과 등에 이어, 뒤꿈치의 몰드를 합칩니다. 3파츠가 하나가 되면 틀을 분리해, 점토를 빼냅니다.

12

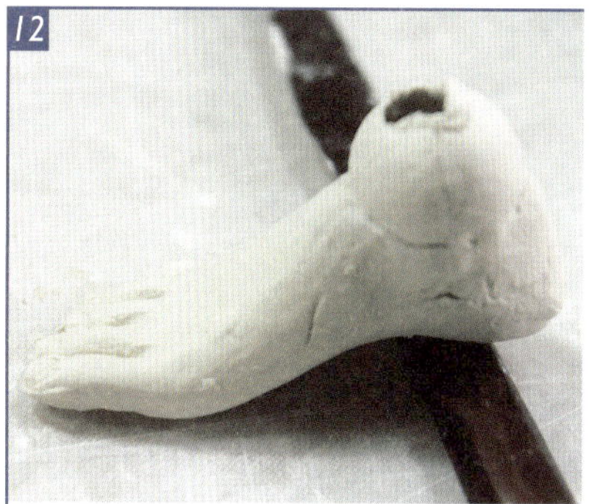

힐을 신을 경우 등 다른 이미지가 있을 때에는, 발의 형태도 각도 · 동작을 변형한 다음 건조시킵니다.

13

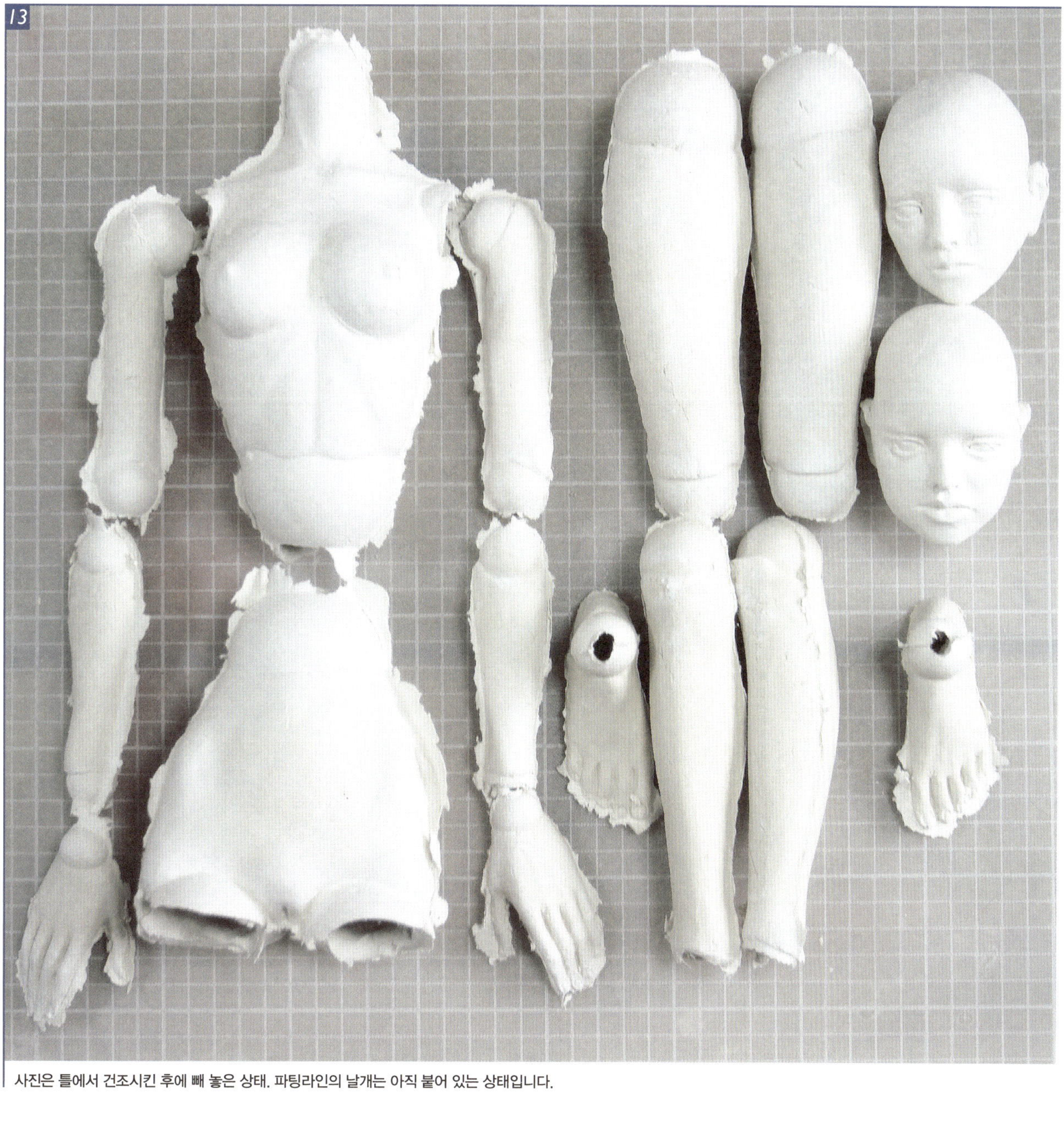

사진은 틀에서 건조시킨 후에 빼 놓은 상태. 파팅라인의 날개는 아직 붙어 있는 상태입니다.

§2 모형 뽑은 후의 정형

Shaping the secondary original mold

1. 균열·날개의 보수
2. 샌딩
3. 두상의 정형·보수

원형으로 틀을 뜬 오목형, 거기에서 모형을 빼낸 성형품이 만들어졌습니다. 성형품은 석고몰드에서 빼낸 상태이므로, 우선은 표면과 세부 마감이 필요합니다. 마무리한 성형품은 채색해서 작품으로 마감을 해도 좋고, 이것을 2차 원형으로 복제·양산하는 것도 좋겠지요. 다만 창작이라는 의미에서는 똑같은 인형을 단지 많이 만드는 것은 조금 지루할지도 모르겠네요?

그래서 여기에서는 성형품에 한층 조형을 더해 즐겨 봅시다. 단순히 같은 인형을 만드는 것이 아닌 관절의 구조를 바꿔보거나, 얼굴을 바꿔서 한 체마다 다른 인형으로 만들어 가겠습니다.

사진의 인형들은, 관절의 짜임 등을 틀에서 뽑아 각각 바꿔 보았습니다. 특히 복부관절·손가락관절·무릎관절에 변화를 주었습니다. 이와 같이 변형을 주는 것은, 가공이 간단한 석분점토의 모형 뽑기만의 즐거움입니다. 그럼, 관절부의 정형에 관해서는 다음 장에서 자세히 설명하겠습니다.

† 준비물

- □ 실톱
- □ 커터, 나이프
- □ 조각도, 루터 등
- □ 각종 줄
- □ 스펀지사포
- □ 석분점토
- □ 대나무헤라
- □ 붓
- □ 안구

1»

균열·날개의 보수

repair the body

1

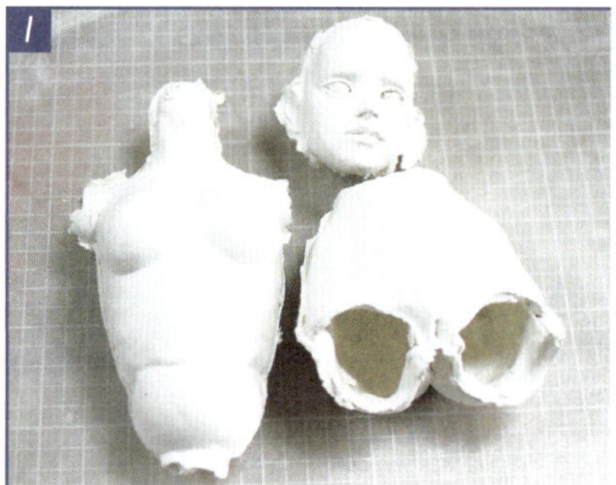

석고틀에서 빼는 상태의 성형품입니다. 파팅라인에 삐져나온 점토로 된 날개가 남아 있습니다.

2

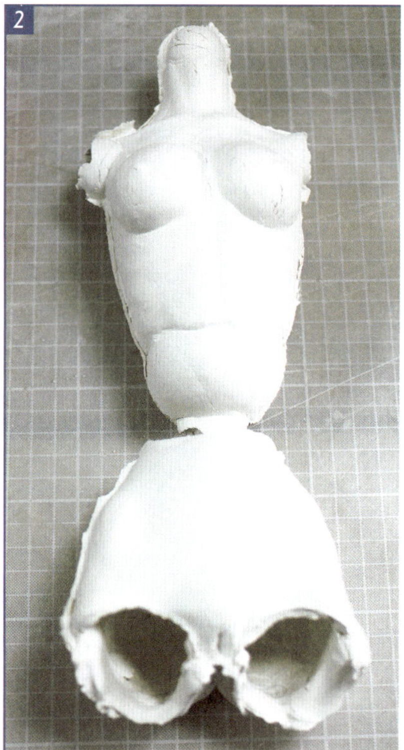

모형의 관절부는 양쪽 모두 구 형태이므로, 관절의 받침 쪽에 고정했던 부위에도 구의 흔적이 크게 붙어 있습니다.

3

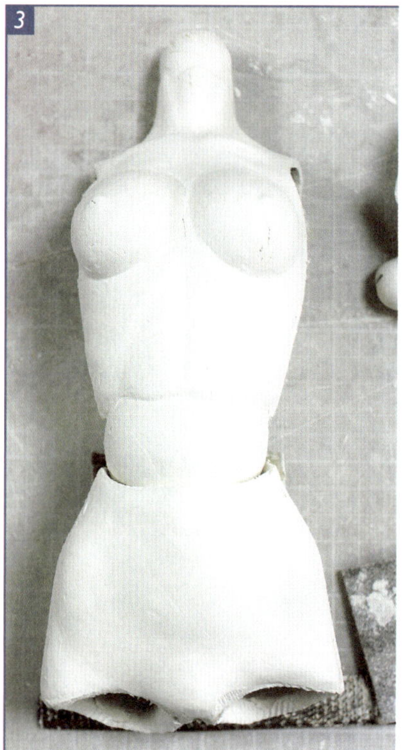

파팅라인, 관절부의 남은 흔적은 나이프나 줄로 깎아냅니다.

Advice

이번 원형은 각 파츠의 관절 양측에 처음부터 관절구가 붙은 상태로 만들었습니다. (P. 17참조) 망설이다 정하지 못했을 때는, 양측에 구가 붙은 상태로 모형을 뽑아내지만, 관절의 설정이 정해진 경우라면 볼 조인트의 받침 부분에 불필요한 점토를 넣지 않도록 해두는 것이 쓸데없는 수고를 덜겠지요. 여기에서는 팔의 구는, 몸통에 받침을 설정하려 했기 때문에, 이와 같이 틀에서 뽑았습니다.

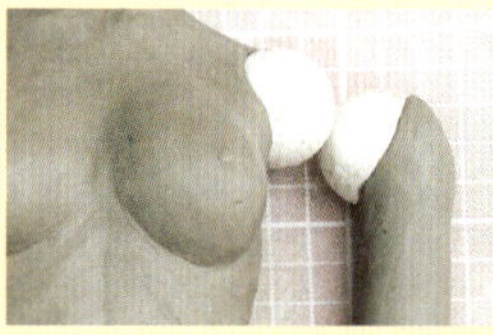

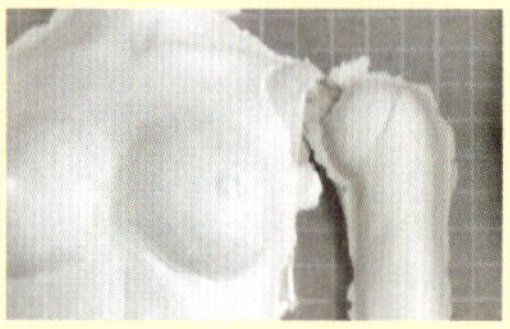

4

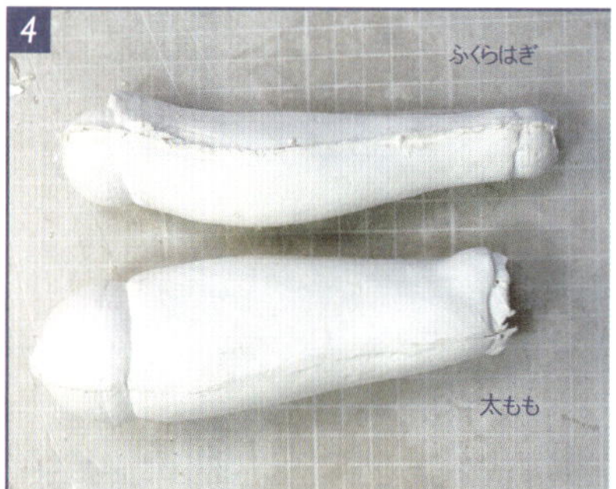

미정 상태의 관절이 있으면 여기에서 정합니다. 무릎관절은 종아리 쪽에, 발목관절은 발 쪽에 설정하기로 했습니다.

5

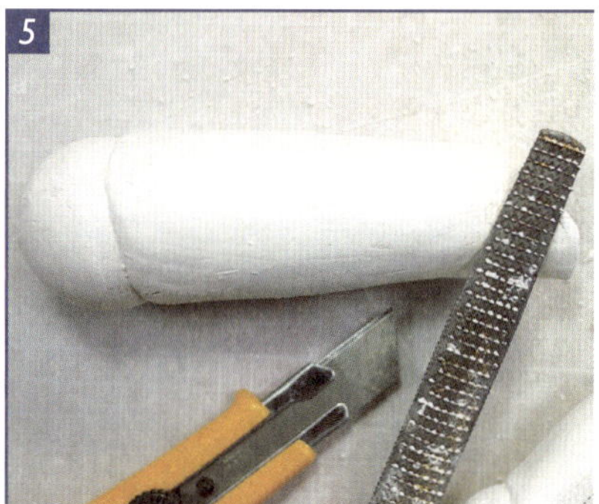

튀어나온 여분은 깎아냅니다.

6

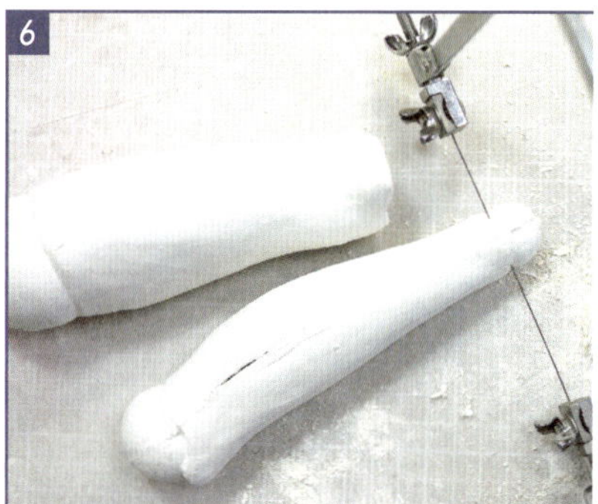

허벅지 쪽 무릎과 발목 구는 필요 없기 때문에, 구가 붙어 있는 부분을 실톱으로 잘라냅니다.

7

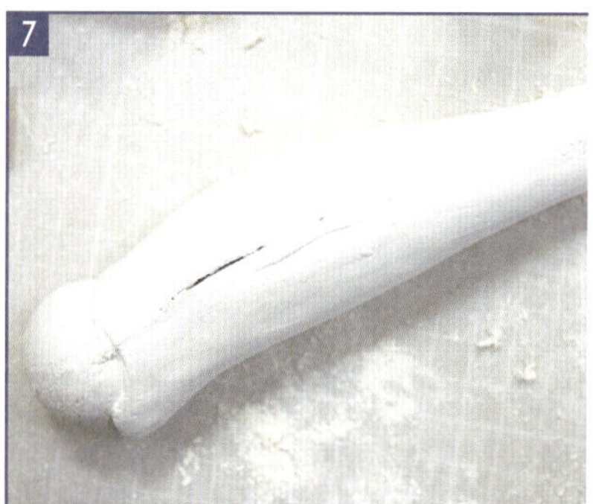

표면이나 날개의 처리를 진행하면서, 파팅라인을 중심으로 균열은 없는지 체크합시다.

POINT

표면을 정리하면, 이와 같이 파팅라인 부분에 금이 있을 수 있습니다. 얇게 보이는 균열에도 요주의.

POINT

진흙으로 접착한 부분은 순간 깔끔하게 보여도 합체가 안 되고, 균열이 생기는 경우가 있습니다. 뽑은 모형은 외부뿐만 아니라 안쪽에서도 차분하게 체크해서 수정해 주세요.

8

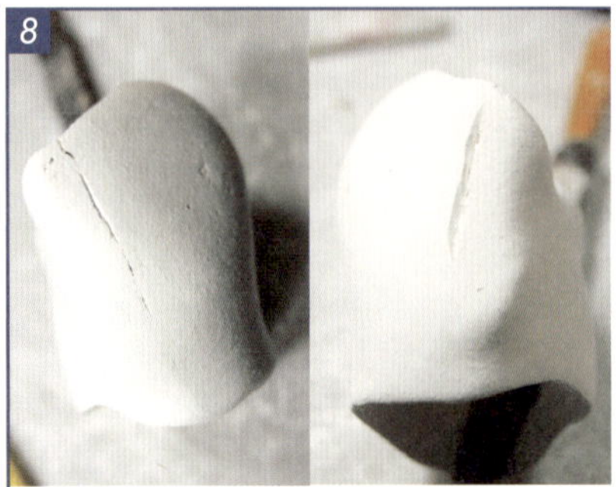

가볍게 긁혀 붕괴된 곳은 점토끼리 일체화되지 않은 약한 부분입니다. 점토가 분리 안 되고 잘 일체되어 있는 위치까지 커터로 균열 부분을 넓힙니다.

POINT

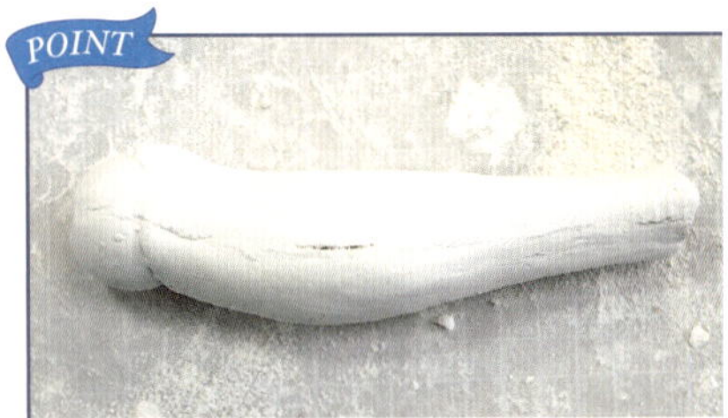

표면적으로는 가늘어 보여도 실은 안쪽까지 깊은 균열이 생겼을 경우, 채색 후에 채색의 수분으로 파팅라인에서 갈라져버리는 경우가 있습니다. 놓치지 말고 수정하세요.

9

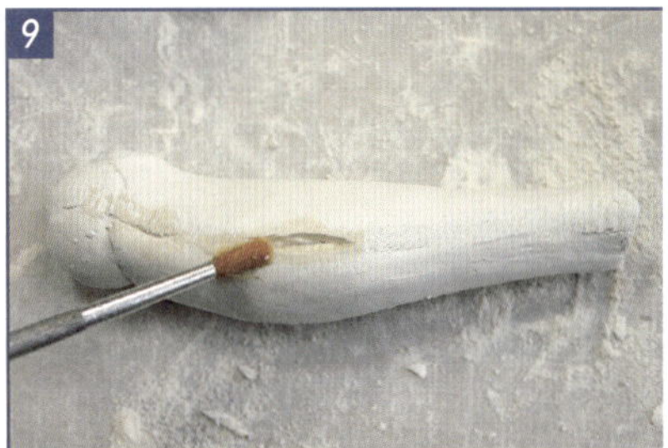

흠을 넓힌 곳에 물을 발라 부근을 무르게 해 둡니다.

10

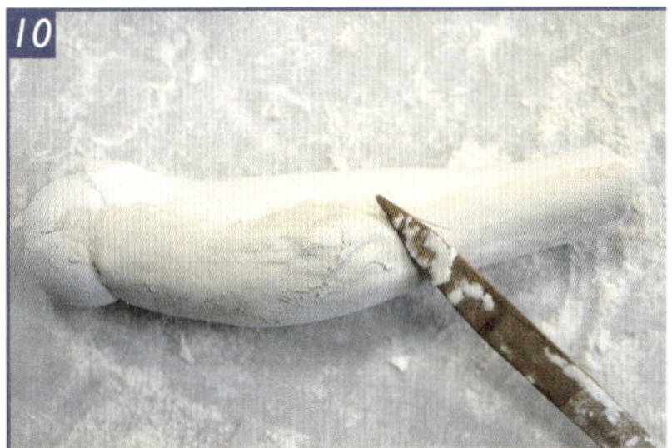

부드럽게 반죽한 점토로 확실하게 채워 넣어 일체화시킵니다.

11

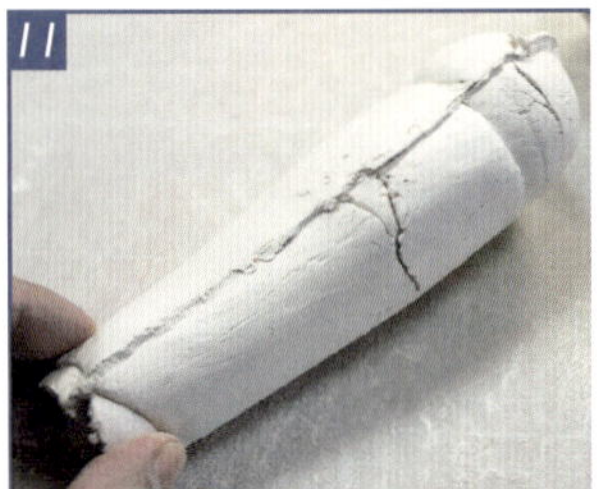

몰드에 점토를 눌러 넣을 때의 결함에서도 균열이 생길 수 있습니다. 이것도 반드시 수정하세요.

12

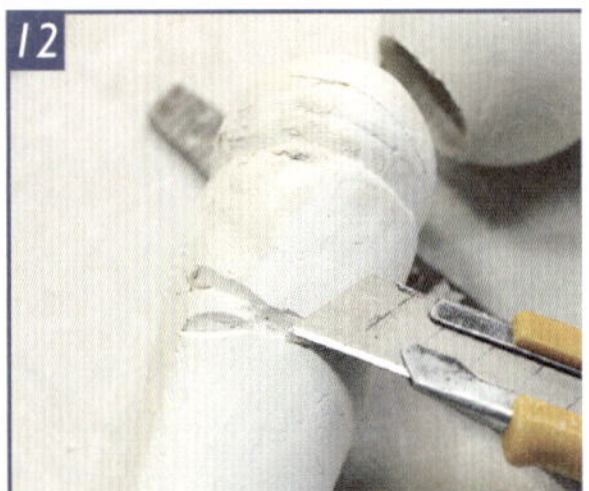

이런 균열에도 나이프로 흠을 넓혀서 상태가 얇은지 두꺼운지 확인해 주세요.

13

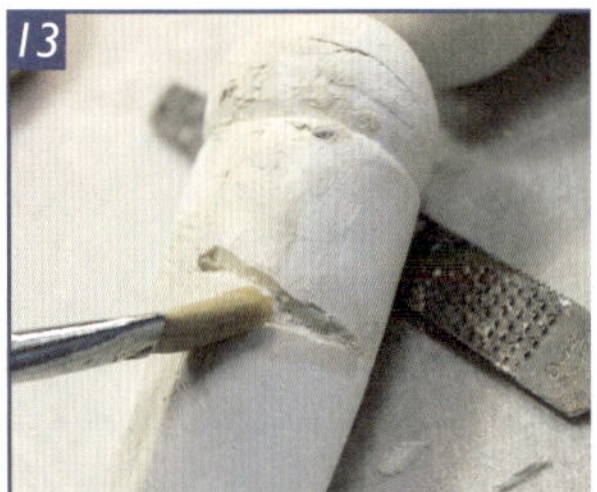

균열이나 약한 부분을 깎아서 점토가 제대로 붙어 있는 곳까지 나오면, 그곳에 물을 발라 무르게 합니다.

14

부드럽게 반죽한 점토를 상처 부분에 눌러 붙여 조금 올라오도록 많이 붙여서 메웁니다.

15

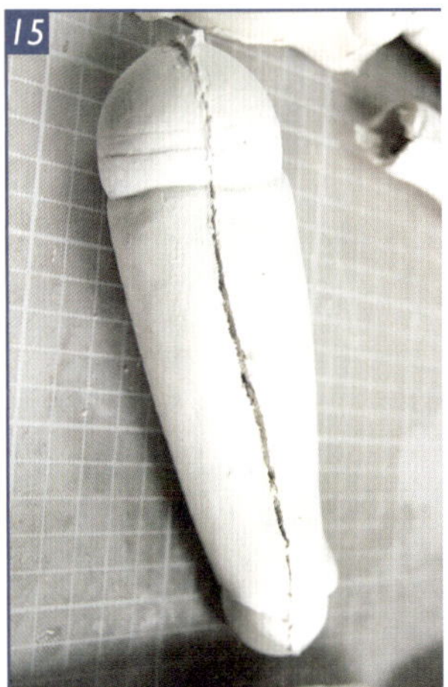

보기에도 깊고 긴 균열은 과감히 갈라서, 새롭게 붙여 줍니다.

16

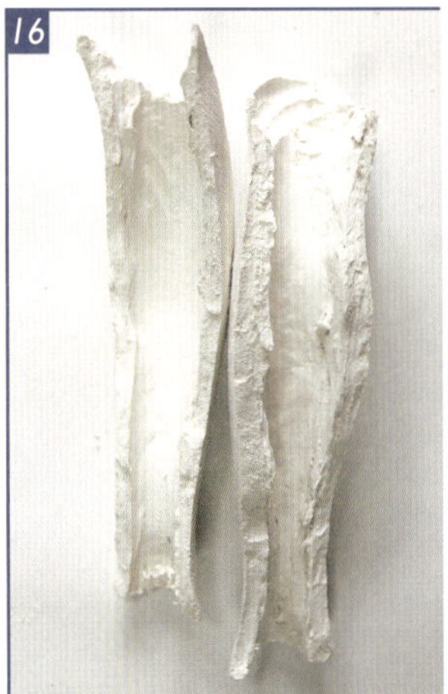

파츠의 이음새에 이어지는 균열은 팔레트나이프 등으로 찔러 넣으면 간단하게 쪼개집니다.

17

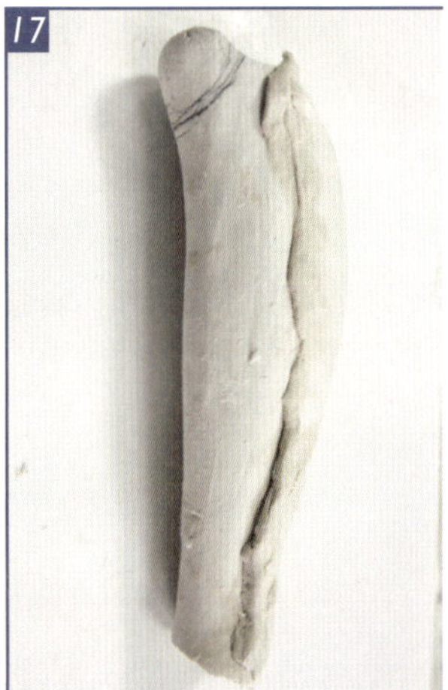

접착 면에 물로 무르게 하고, 진흙을 균열된 곳에 눌러 붙여 쌓고 다시 접합합니다.

18

표면에 튀어나온 점토는 헤라로 평평하게, 내부의 삐져나온 점토는 단단한 붓이나 가는 헤라로 안쪽부터 발라 뭉개 줍니다.

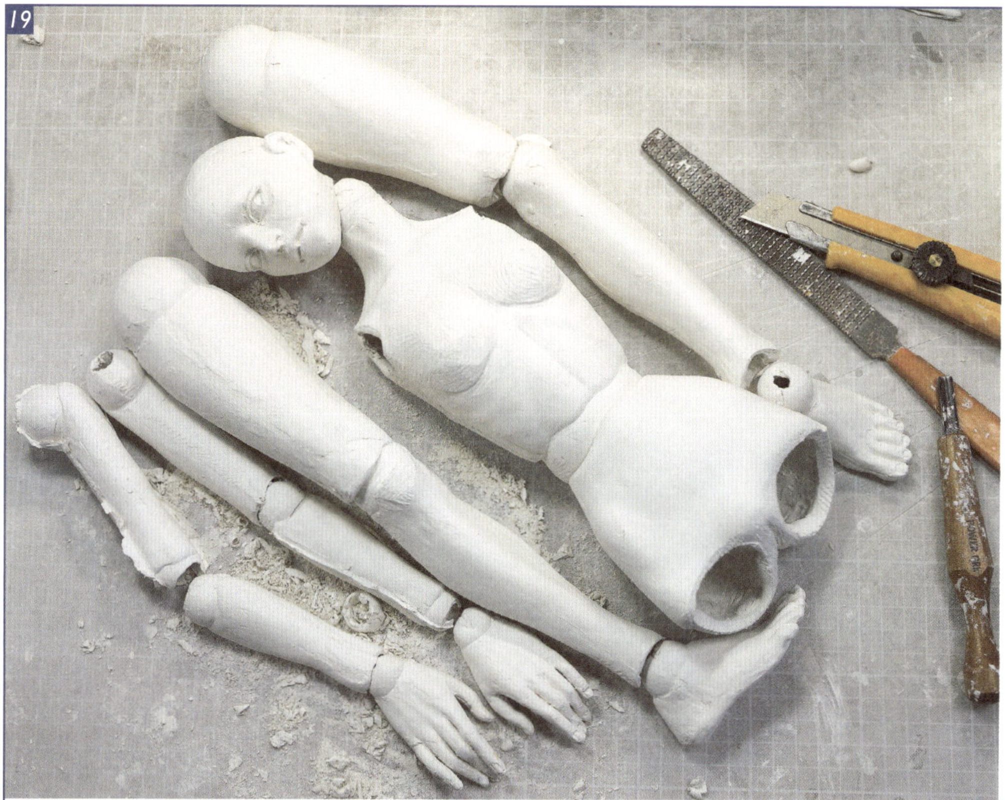

19

파팅라인, 관절이랑 날개의 처리, 큰 상처 · 균열이 수정되면, 확실하게 건조시킵니다.

2»

샌딩
sanding

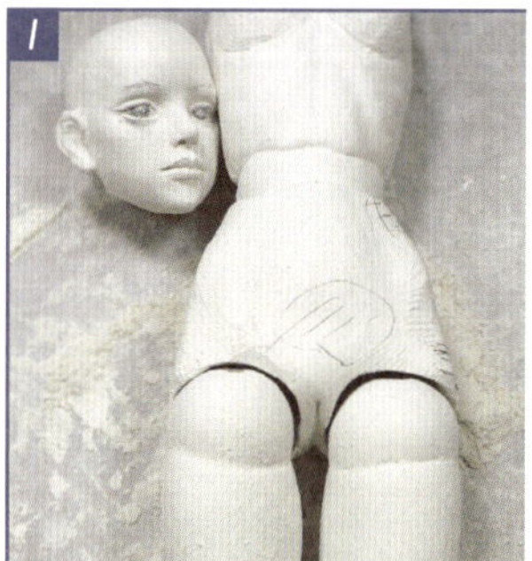

1 신체라인의 볼륨이 부족하다 느끼는 부분에 연필로 표시를 해두세요.

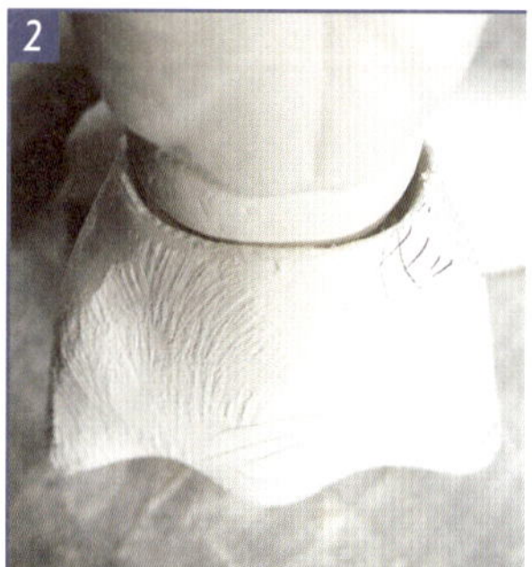

2 아랫배와 허리 부분의 오목함이 더 필요하다고 느낄 때에도 표시를 해두세요.

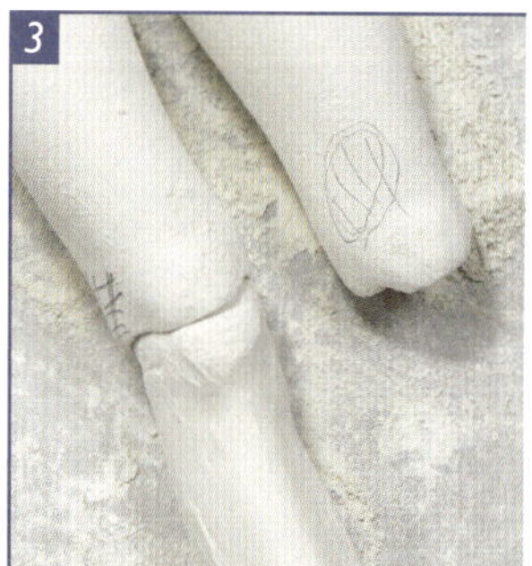

3 파츠를 맞춰서 밸런스를 보고, 다리의 양감도 조정하기 위해 표시를 합니다.

Advice

여기서는, 처리하고 남은 표면의 요철과 관절구 받침의 구멍 안쪽을 거친 목공 줄로 긁어 정돈하고 깎아서 정형 작업을 합니다. 같은 틀에서 빼낸 원형이라도 밸런스를 미묘하게 바꾸는 것만으로도 인상이 크게 변하기 때문에, 샌딩에서의 조형도 한번 해보세요. 또, 기본적인 샌딩 공정은 「요시다식 (초급편)」 P. 40부터를 함께 봐주세요.

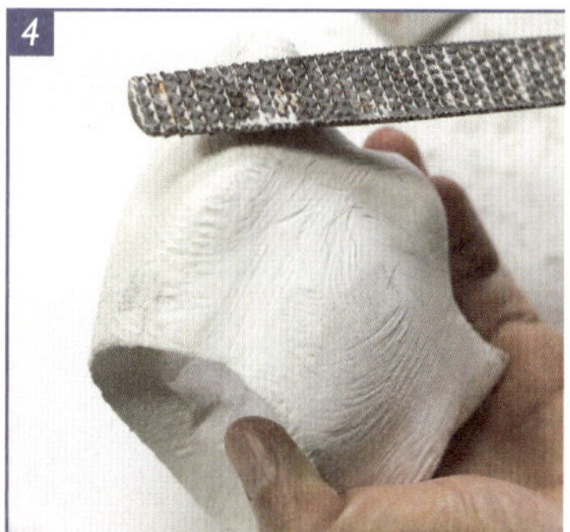

4 반원 형태의 줄 평면과 곡면을 구분지어 라인과 양감을 가다듬어 주세요.

POINT 단지 평평하게 보다, 형태를 깎아낸다는 의식으로 작업하세요.

5

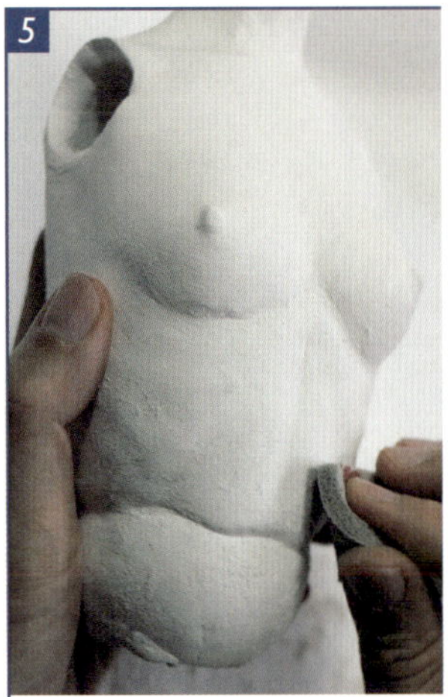

금속 줄로 정형이 끝나면, 스펀지사포의 미디엄으로 표면을 다듬습니다.

6

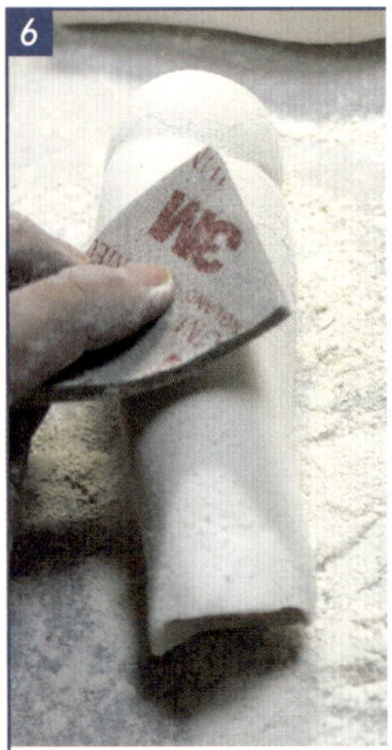

표면에 남은 금속 줄의 흔적을 없애듯이 다듬어 주세요.

POINT

오목한 곡면은 스펀지사포를 접든가, 둥글게 말아 사용하면 편리합니다.

7

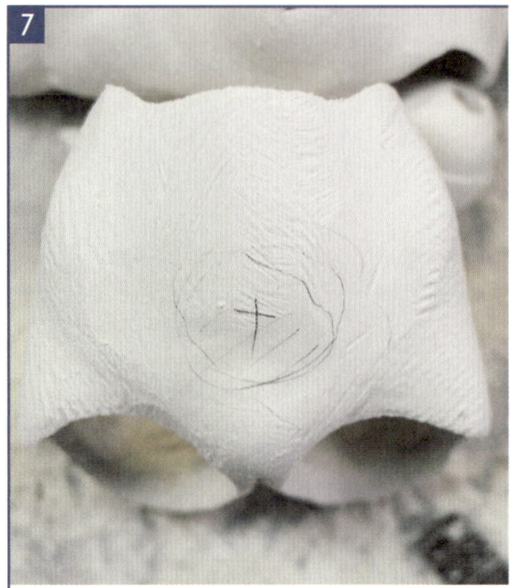

전체 밸런스를 보고, 이번에는 점토를 덧붙여야 할 필요를 느끼는 부분에 표시를 해 두고, 붙이고 깎는 작업을 반복합니다.

3 »

두상의 정형과 보수

repair the head

1

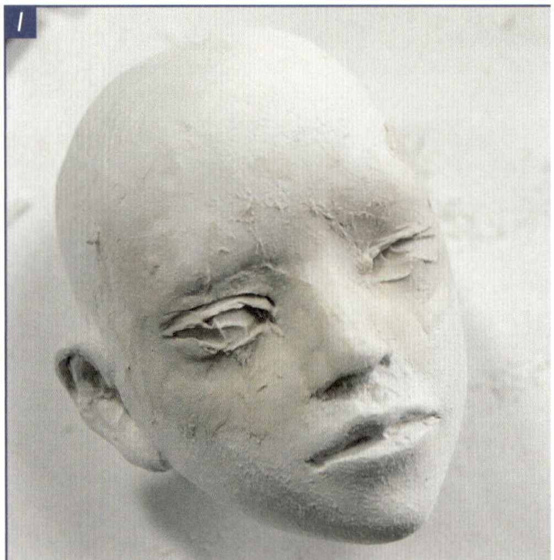

틀에서 뺀 인형의 두상을 여러 가지 표정으로 다르게 합시다.

2

한 체는 눈에 점토를 쌓아 올리고, 눈꼬리를 올린 눈으로 해 보았습니다.

POINT

윤곽 · 눈 · 코 · 입의 밸런스를 바꿔 주면, 같은 틀에서 뺀 원형이라도 인상이 달라집니다.

3

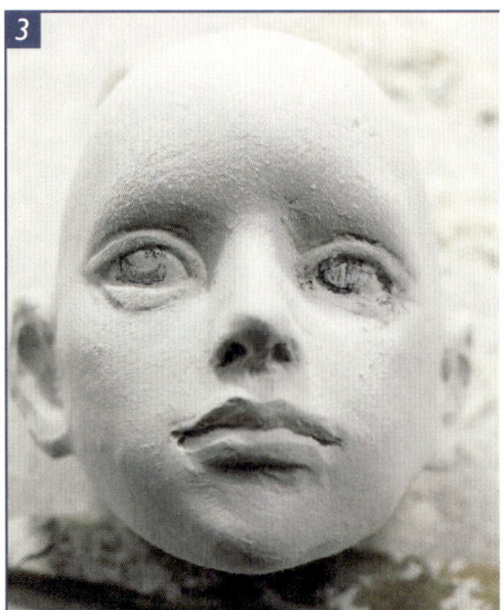

이것은 모형 그대로의 얼굴, 눈동자의 크기를 대략적으로 생각해서 연필로 직접 그려 넣습니다.

4

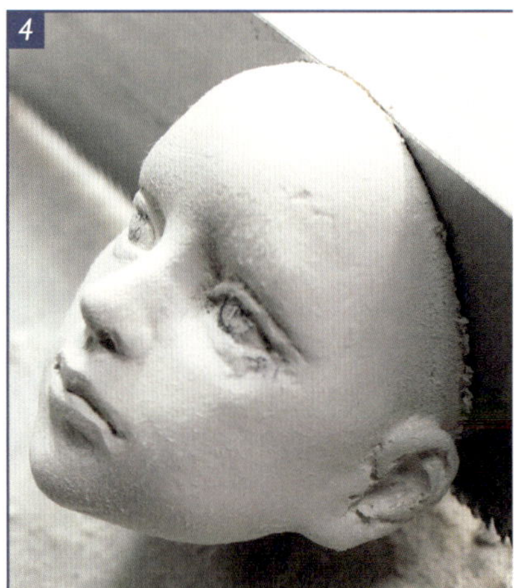

이미지가 거의 정해지면, 안구를 넣기 위해 후두부를 톱으로 절단합니다. 여기는 「요시다식 (초급편)」 P. 62도 참조.

5

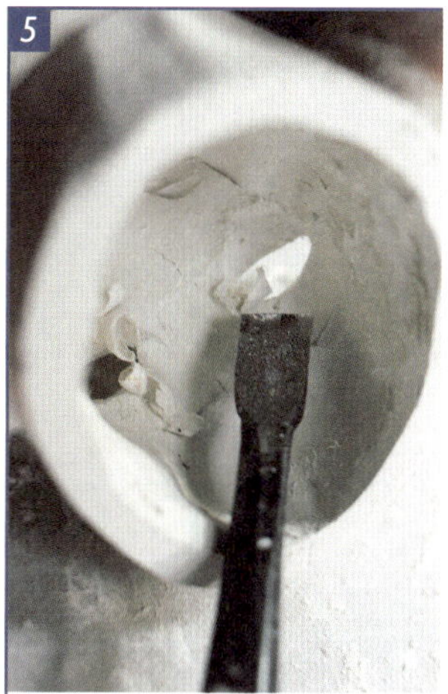

눈의 뒷면을 둥근 조각도, 또는 구 형태의 날이 붙은 루터로 깎고, 안구를 넣을 부위에 구 형상의 구멍을 뚫습니다.

6

눈의 윤곽은 깎는 작업으로 결정됩니다. 눈매를 조형하듯 손을 움직여 보세요. 눈 뒷면부분의 점토 두께는, 눈두덩이의 두께가 됩니다.

7

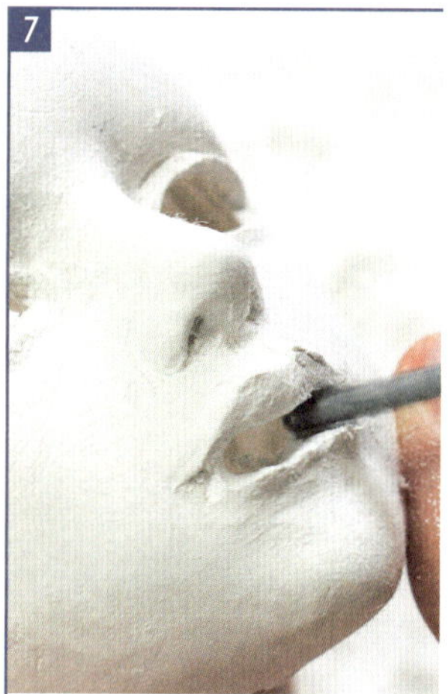

작업하는 동안 오픈 마우스로 하고 싶어졌네요. 입술 사이를 깎고, 구멍을 뚫어 가며 입가의 조형을 합니다.

8

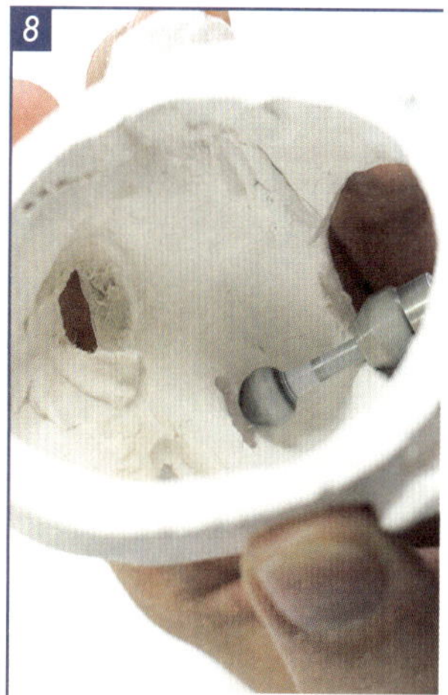

눈과 마찬가지, 입술 뒷면을 깎아서 조형을 합니다. 입술 뒷면에 닿는 부분의 두께가 입술의 두께가 됩니다.

Advice

눈두덩도 입술도, 점토가 너무 두꺼우면 나중에 안구·이빨을 넣을 때에 방해가 되는 경우도 있습니다. 얇으면 나중에 보충해서 조정할 수 있으므로 너무 두꺼운 것보다는 얇게 하는 것을 의식하며 구멍을 뚫어 주세요.

9

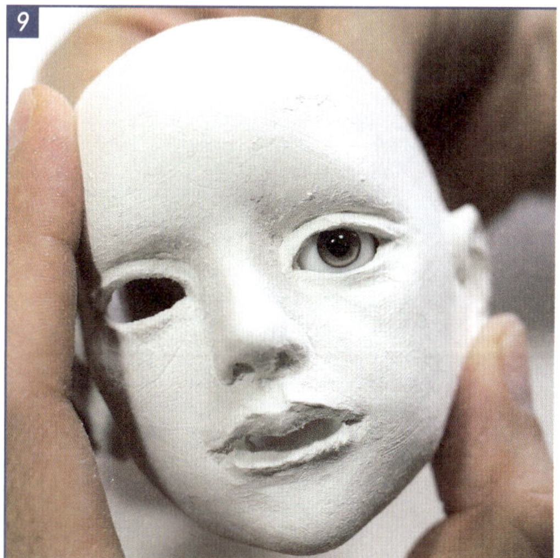

뒷면에서 안구도 대어 보고, 눈의 밸런스나 수습 상태를 판단합니다.

POINT

안구의 색은 취향에 맞게 선택하세요. 준비한 안구는 10mm~12mm, 색은 라이트 그레이, 라이트 블루, 퍼플 3색입니다. 선명하고 작은 눈동자라면 인상은 강하고, 크고 부드러운 색의 눈동자라면 상냥하게 됩니다.

Advice

눈동자는 색·사이즈에 따라 표정이 변합니다. 이미지에 맞게 구분해서 사용하세요. 사진은 눈 좌우에 색·사이즈가 다른 안구를 넣어 보았습니다.

정면에서 바라볼 때를 기준으로 하여, 왼쪽은 14mm의 브라운, 눈의 윤곽에 비해 큰 사이즈, 동공 부분의 윤곽이 눈에 띄지 않아, 눈의 표정으로는 부드러운 인상입니다.

오른쪽은 10mm의 라이트그레이. 눈의 윤곽에 비해 약간 작은 사이즈를 위를 향하게 넣었습니다. 삼백안이나 치켜뜬 눈 등. 흰자위가 많으면 강한 표정이 됩니다. 라이트 그레이여서 눈동자의 윤곽선도 선명합니다.

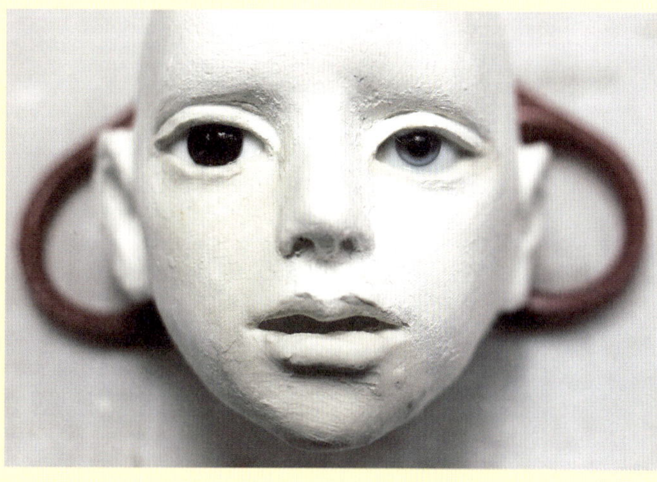

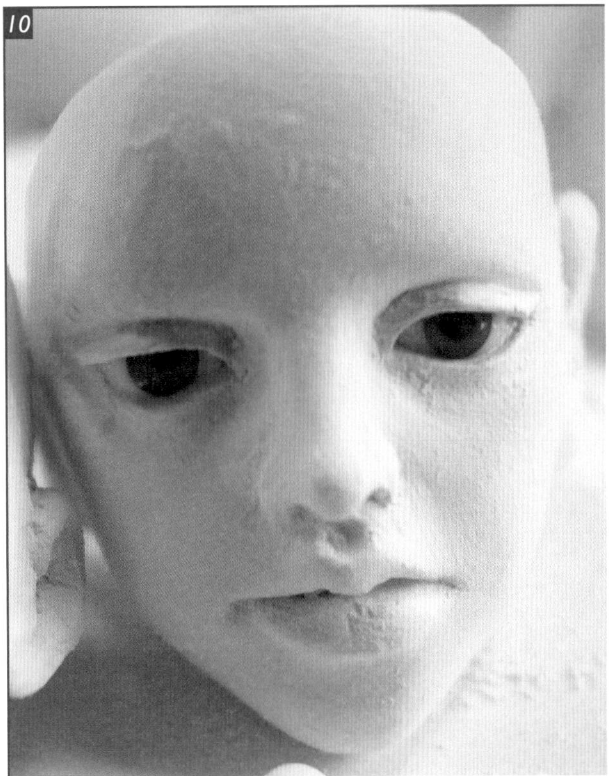

먼저 왼쪽에 14mm의 브라운 눈을 넣은 머리입니다. 시선이 정해지면, 뒤에서 점토로 고정시킵니다.

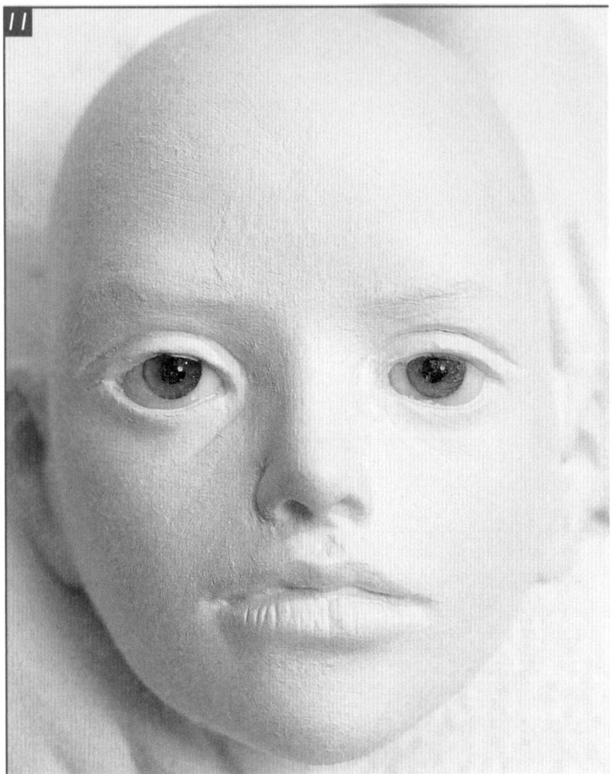

이쪽은 우측에 넣은 10mm 그레이의 눈동자로 설정했습니다.

3개의 두상을 각각 다른 얼굴로 마감해 봅시다. 눈 주위의 조형 변화를 빼놓더라도 꽤 인상이 달라진 것을 알 수 있습니다.

CHAPTER Ⅲ

관절

Ball joints

§1 구 관절과 받침의 정형

Fix ball joints

1. 구 관절의 정형 준비
2. 구 관절의 정형
3. 받침의 정형

구체관절은, 정확한 구형의 오목과 볼록이 틈새 없이 맞물려야 미끄러지듯 움직입니다. 때문에 구와 받침 부분의 정형에 관해 설명하겠습니다.
유토원형의 관절에 스티로폼 구를 사용해서 틀을 떴기 때문에, 이미 관절은 구 형태입니다. 그러나 점토는 마르면서 틀어지기 때문에 틀에서 뽑은 상태로는 관절을 매끄럽게 가동시킬 수 없는 경우가 많습니다. 그래서 구를 다듬어 새롭게 정구에 가깝게 정형합니다.
인간의 눈은 대단해서, 눈으로 판단하면서 정구를 만드는 것이 가능하다고 합니다만, 그러기에는 상당한 고생과 시간이 필요합니다. 눈과 솜씨만으로 구를 다듬기에는 그다지 현실적이지 못해 구 정형에 사용할 수 있는 도구들을 준비합시다. 각종 파이프, 줄 등의 재료를 구입합니다.

† 준비물

- □ 스펀지사포 (미디엄)
- □ 각종 파이프
- □ 양면테이프
- □ 가위 등

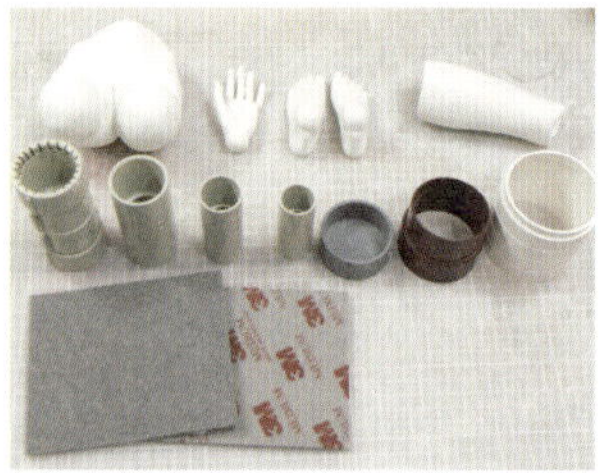

1» 구 관절의 정형 준비

prepare to fix ball joints

1

필요한 직경에 맞는 파이프 · 각종 배관연결 튜브, 미디어 타입의 스펀지사포를 준비합니다.

2

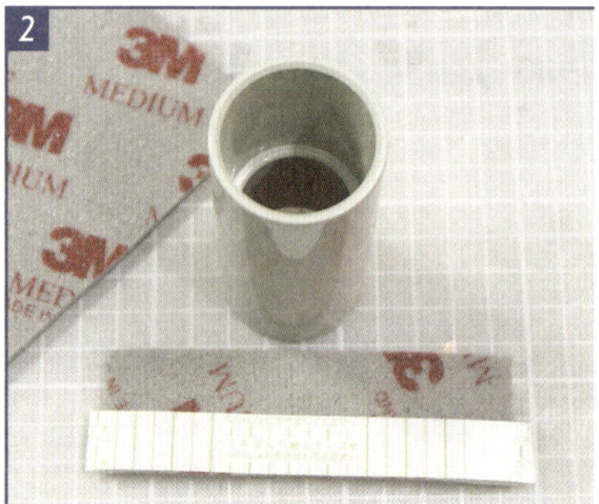

파이프의 내경과 길이에 맞춰 스펀지사포를 잘라, 사포의 뒷면에 양면테이프를 붙입니다.

3

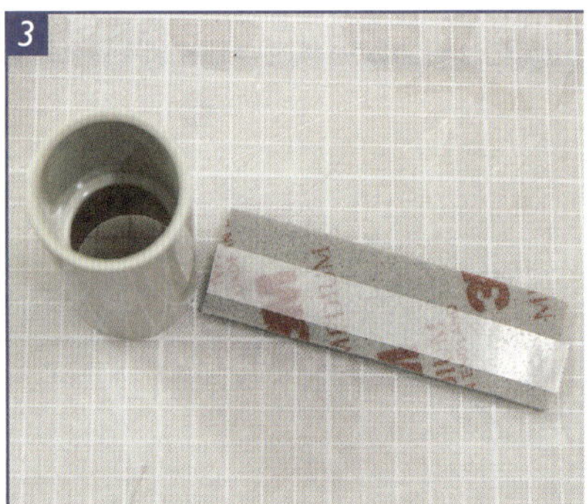

스펀지사포를 양면테이프로 파이프 안쪽에 붙여 고정합니다.

4

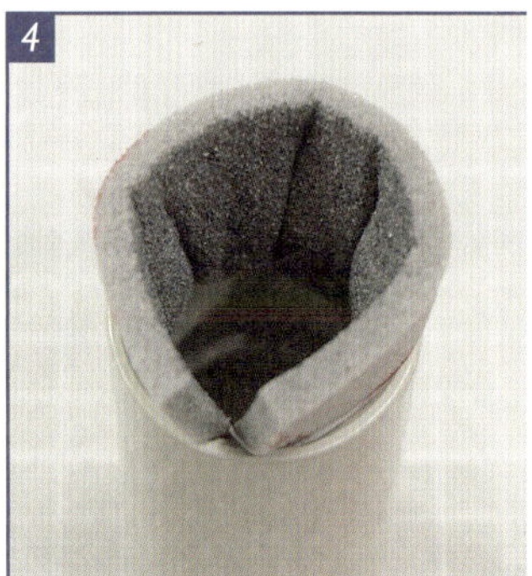

이것으로 원형의 구 다듬기용 파이프사포가 만들어졌습니다.

POINT

구의 직경에 맞도록 여러 종류를 준비해 두면 매우 편리합니다.

구 정형에 있으면 편리한 도구

파이프로 만든 사포 이외에 이런 원형 도구도 도움이 됩니다. 맘에 드는 것을 준비해 두면 좋겠지요.

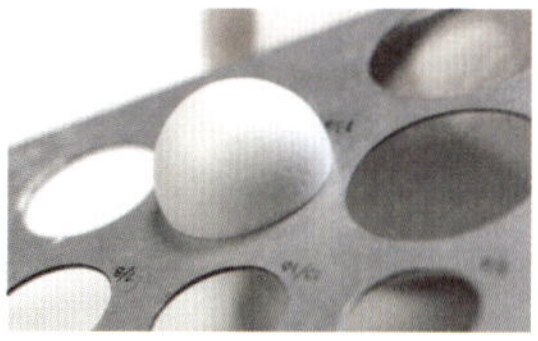

노기스(캘리퍼스)

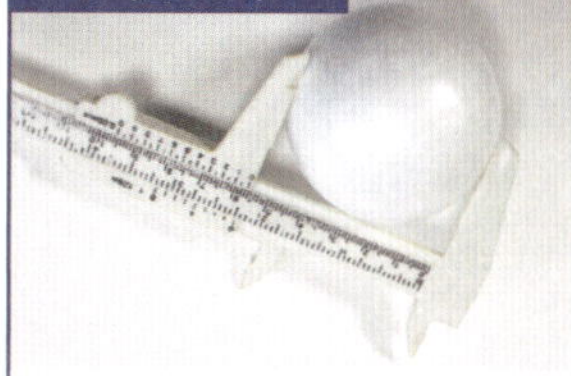

구의 직경이나 뒤틀림을 재는 것만이 아니라, 몸통의 밸런스나 두께를 계측하는 데 사용합니다.

원형 자

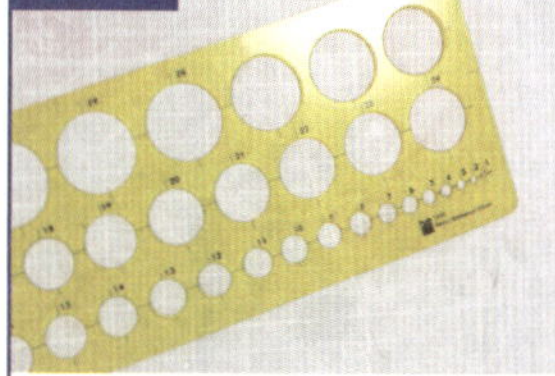

원의 크기를 다양하고 정확하게 계측할 수 있습니다.

파스타 계량기

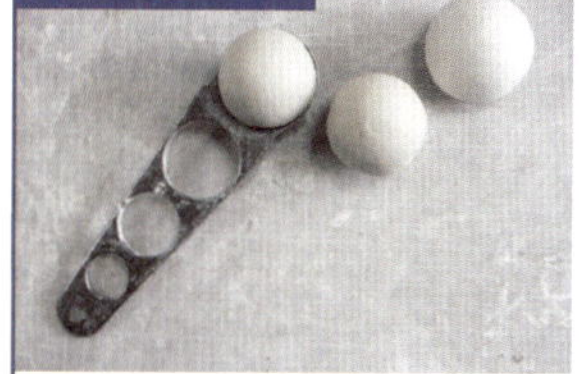

파스타를 끼우는 원 부분에 구를 넣든가, 스푼 부분으로 돌돌 굴려 구형을 만드는 것이 편리합니다.

5

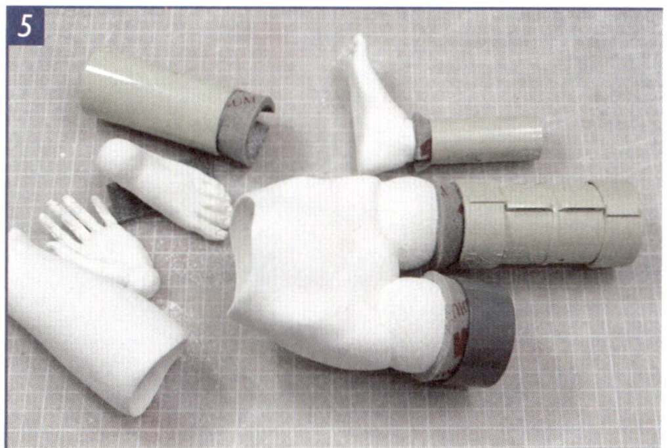

각 파츠의 구에 맞춰 이 파이프사포와 상기의 도구를 사용하면 구 정형이 빨리 됩니다.

2» 구 관절의 정형

shape the balls

1

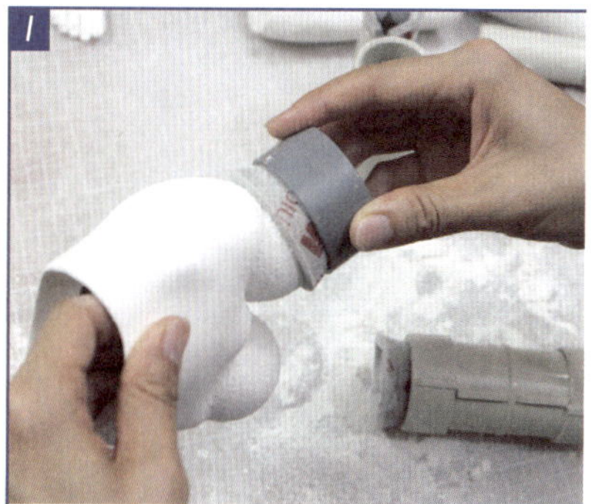

구체를 깎아 다듬을 때에는 이와 같이 스펀지사포를 대어 회전하면서 다듬습니다.

2

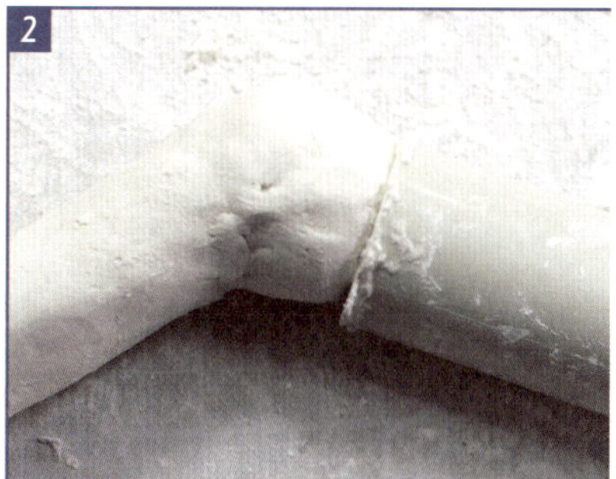

크게 틀어진 구는, 점토를 붙여 정형합니다. 구를 물로 적신 후 점토를 문지르듯, 스펀지사포와 반대쪽 파이프를 갖다 댑니다.

3

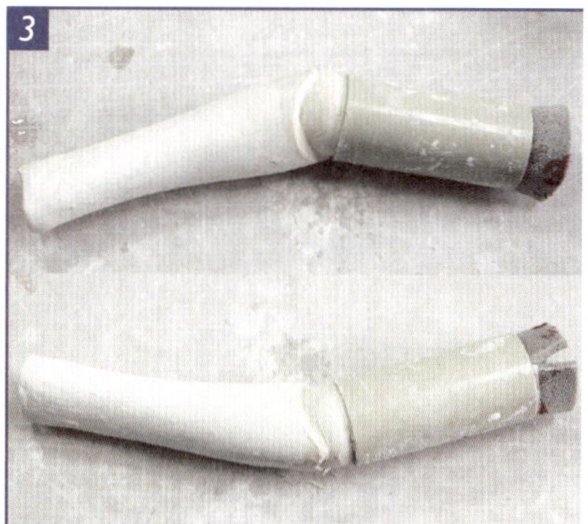

파이프에도 물을 묻혀, 구에 맞대고 움직입니다.

4

파이프를 돌려서 반복 회전시키는 동안에 점토가 구 상태로 되었습니다.

5

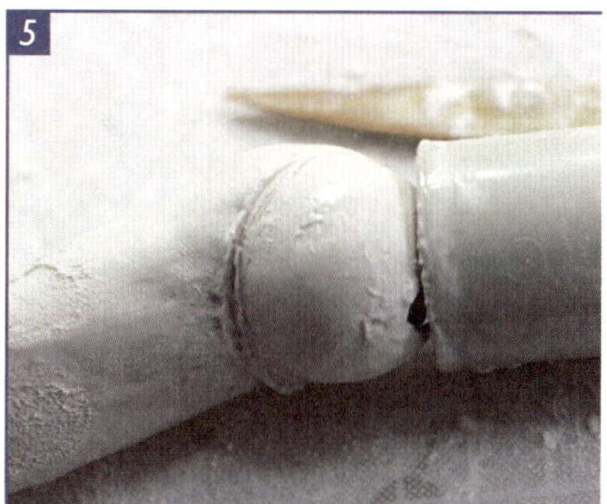

구를 만드는 것을 의식하면서 무작위 방향으로 파이프를 회전시켜 주세요.

6

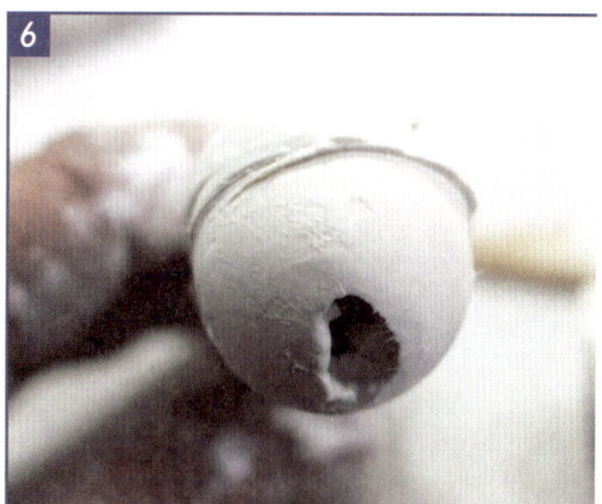

어려운 구 작업도 이쯤이면 간단.

Advice

구체관절은 정확한 구가 그 구를 받치는 원과 밀착한 상태이므로 자유롭게 움직이는 것이 가능합니다. 구를 가능한 한 정구의 상태에 가깝게 만드는 것이 안정된 구체관절을 만드는 데에 중요합니다.

3»

받침의 정형
shape
the joint's saucers

1
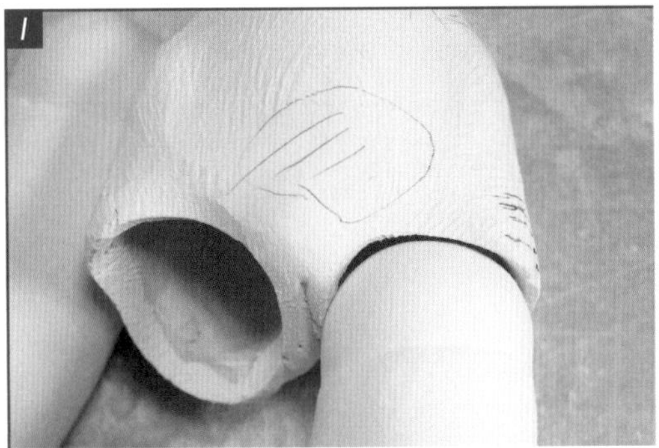
구의 정형이 끝나서, 받침 부분을 다듬습니다. 우선은 구를 받칠 각 관절의 구멍의 가장자리와 안쪽의 두께를 줄로 깎아 얇게 합니다.

Advice

가장자리가 두꺼우면 관절을 접합할 때 관절 부분의 단 차이가 거슬립니다. 구의 수납을 좋게 하기 위해, 관절 부분의 라인 흐름을 자연스럽게 보이기 위해, 가능한 한 가장자리는 얇게 다듬어 둡시다. 이때 사진처럼 약간의 틈이 생기지만 나중에 받침을 만들 때에 수정할 수 있습니다.

2
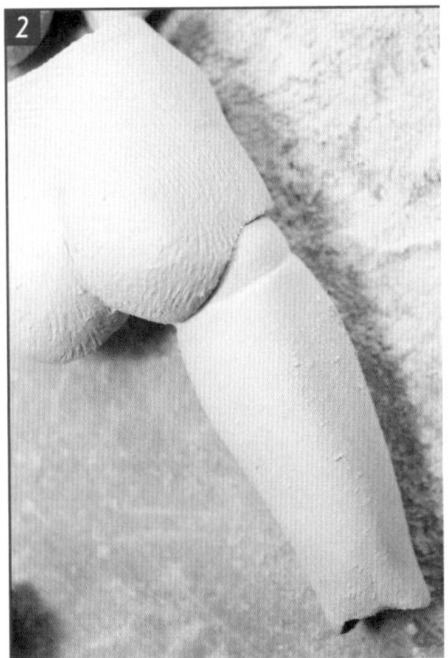
얇게 함으로써 라인이 자연스럽게 연결되었습니다. 뒷부분의 엉덩이와 다리의 연결 상태도 자연스러운지 확인합니다.

3
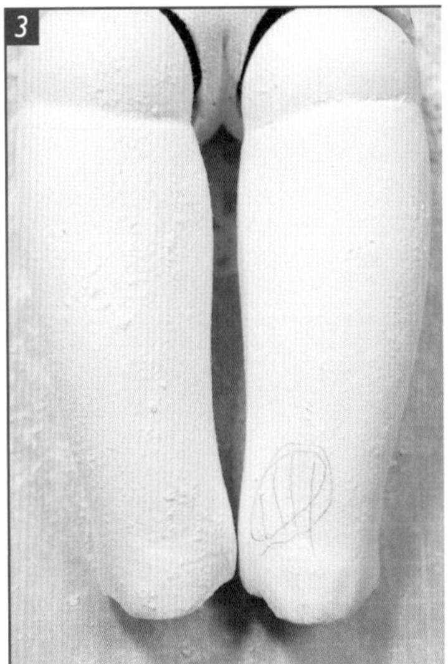
양다리의 무릎에서 고관절까지의 길이가 이상한지, 흐트러져 있지 않은지 체크.

4
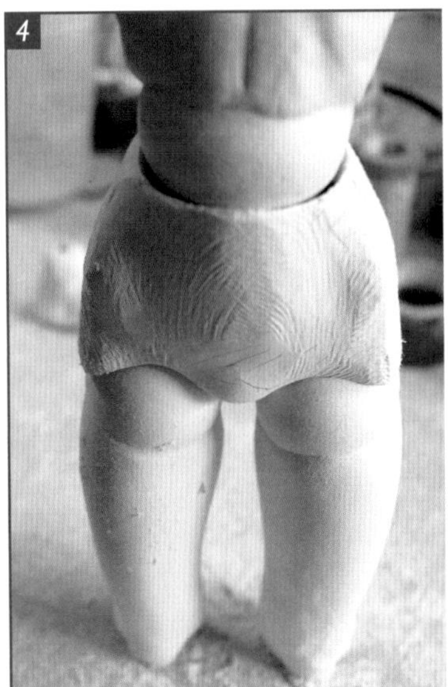
양다리 위에 몸통을 놓아 봅시다. 몸이 기울거나 하지 않나요?

Advice

고관절 부분의 구멍 크기와 위치가 달라지면 큰 구멍은 구가 깊이 들어가고, 작은 구멍은 얇게 들어가게 되어 몸이 기울어집니다. 또 구멍의 위치가 앞뒤로 비틀어지면, 좌우의 다리도 비틀어진 상태로 이어집니다. 제대로 자립하는 인형을 만들기 위해서도, 고관절은 잘 확인해서 조정해 주세요.

5
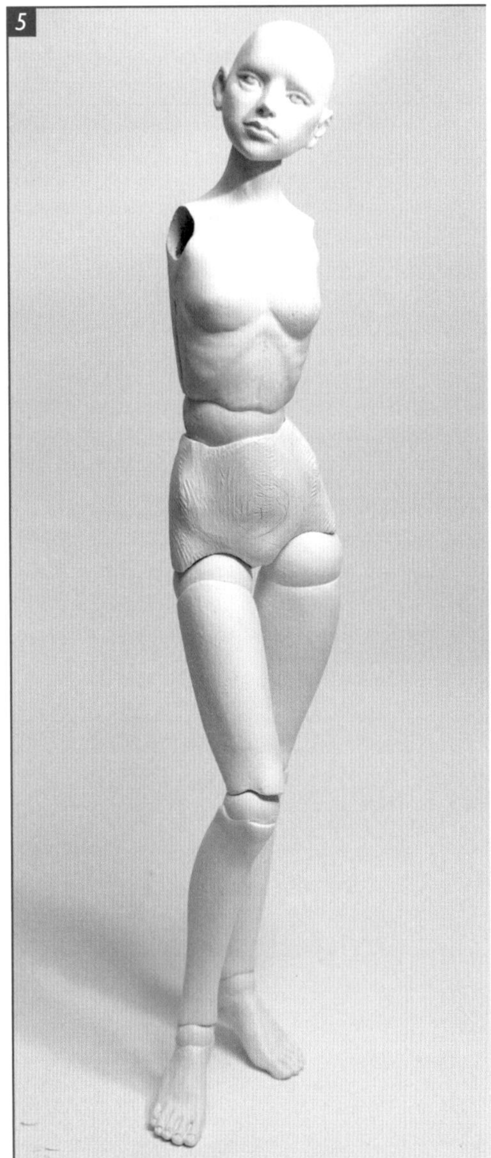
아직 관절 받침 쪽을 확실히 조정하지 않았지만, 일단 파츠를 조립하여 상태를 봅시다. 한쪽 무릎을 구부려도 복부관절에서 균형을 잡아 자립합니다. 정확한 조형이 되어 있으면 이 단계에서도 자립할 수 있습니다.

6

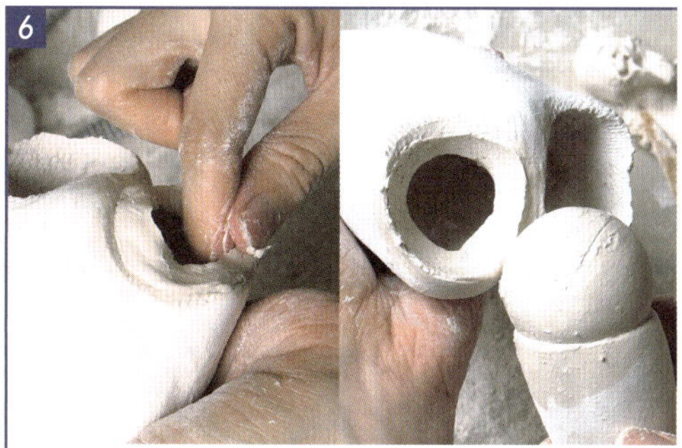

구를 받치는 부분의 면적이 좁으면 관절의 강도가 떨어져 파손될 수 있습니다. 받침의 가장자리에 도넛 모양의 점토를 붙여, 받침이 되는 부분을 만들어 보강합시다.

7

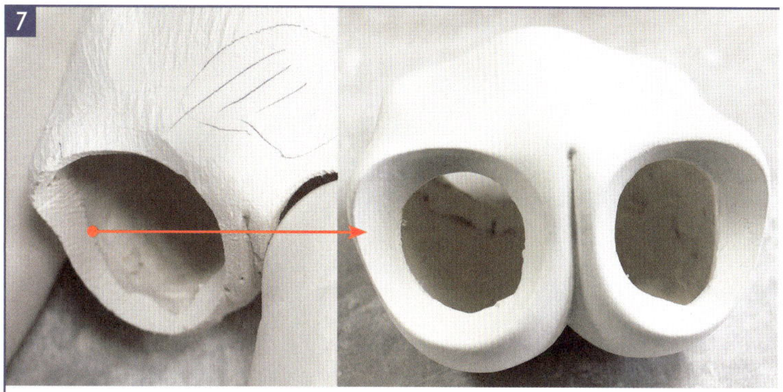

고관절입니다. 구와 구 받침의 접합면을 넓히는 것으로 관절구의 움직임이 안정되고, 관절 보강도 됩니다.

8

고관절의 받침 부분입니다. 구와 받침이 밀착하지 않으면 관절이 흔들거려서 불안정하게 됩니다.

관절의 보호

비스크인형의 경우는 소재가 깨지기 쉬워서 관절의 보호와 삐걱거리는 소리 방지를 위해 반드시 얇은 가죽을 쿠션으로 붙입니다. 점토인형도 받침에 얇은 가죽을 붙이는 방법이 있습니다만, 붙이는 것은 가장 얇은 가죽과 천이기 때문에 두께에 관해 관절부를 정형할 때 그다지 의식하지 않아도 괜찮습니다.

9

정형이 끝났다면, 도색 전에 각 부위를 조립해 봅시다.

§2 팔·다리의 관절

Arms & Legs' ball joints

1. 어깨관절 2. 팔·손의 관절 3. 발목관절 4. 무릎관절

관절부의 정형 다음으로는 팔 주위, 다리 주위의 일반적인 마감 방법에 관하여입니다. 기본작업의 흐름은 「요시다식 (초급편)」 P. 44부터를 참조해 주시고, 여기서는 좀 더 나아가 플러스 알파의 얘기나, 선택지를 소개하겠습니다.

1» 어깨관절

sholder joints

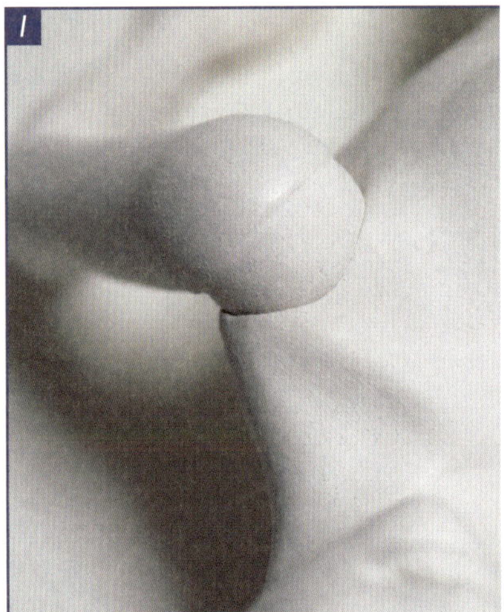

1 어깨는, 보통 팔을 움직이는 데 제약을 줄이기 위해서 팔 쪽에 구를 붙이는 경우가 많습니다.

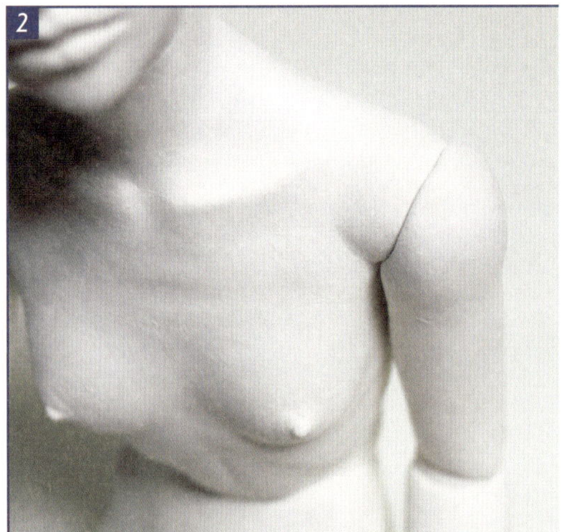

2 여기는 유토원형에서 몸 쪽에도 구를 붙인 상태로 틀을 떴기 때문에 어깨관절구를 몸에 붙인 모양도 만들어 보았습니다.

Advice

어깨의 구를 어느 쪽에 붙이는가는 디자인 취향입니다. 어깨관절구를 몸에 붙이는 타입은, 받침 설정이 좋지 않으면 고무의 장력으로 구와 팔의 사이에 간격이 생기기 쉽기 때문에, 구의 구멍의 위치에도 주위가 필요합니다.
몸통에서 어깨에 걸친 라인을 강조하고 싶은 경우는, 몸통 쪽 구를 붙이는 것이 아름다울지도 모르지요.

3 구 · 받침 · 구멍을 조절해서 다듬어 주세요.

어깨 구의 구멍

구체관절이 안정되게 고정된 상태가 되면 파츠를 연결하는 고무가 관절구의 받침(원)의 중심을 통과하여 고무의 텐션이 파츠에 균등하게 걸칠 필요가 있습니다. 구 중심에 작게 뚫린 고무 구멍이라면 아래 방향에 있는 팔을 끄는 힘이 받을 구 중심에서 비틀어지기 때문에, 어깨관절의 구와 받침이 밀착하기 어려워집니다. 팔과 어깨를 밀착시키기 위해, 어깨 구의 구멍은 가능한 한 크게, 위치는 겨드랑이 아래 쪽에 오도록 합시다.

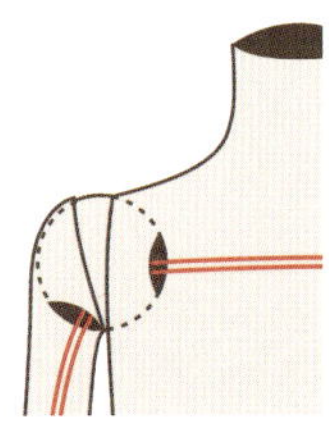

2» 팔·손의 관절

arms & hands joints

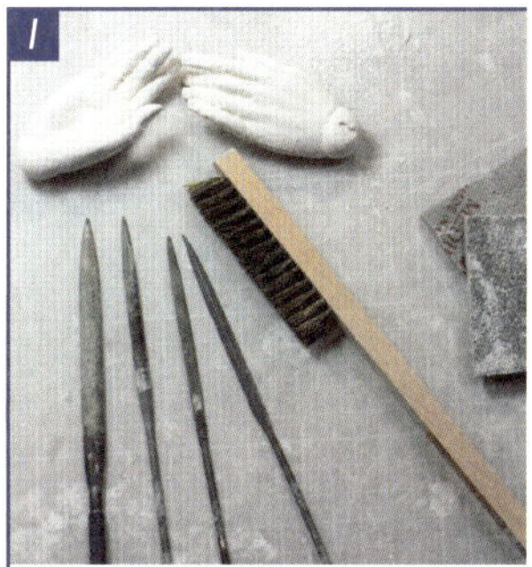

1 손은 작아서 다른 부위보다 섬세한 작업이 필요합니다. 정밀한 금속 줄과 종이사포로 모양을 사라지지 않게 다듬어 주세요.

2 점토의 두께에 주의하면서 점토를 붙이거나 깎아 구멍 주위, 날개를 조정해 주세요.

3 팔꿈치 · 팔목 모두 다른 관절처럼 받침을 만들어 조정합니다.

3» 발목관절

ankle joints

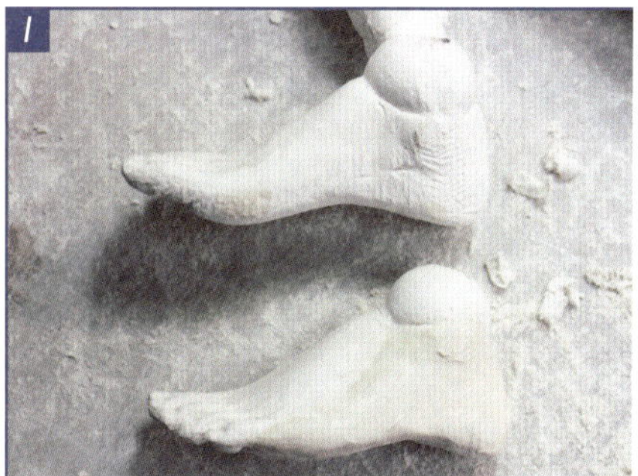

1 발목은 복사뼈의 위치가 관절이 됩니다. 그것을 의식하면서 조정해 주세요. 이 발끝이 조금 휘어져 있는 것은 높은 힐 구두를 신기 위함입니다.

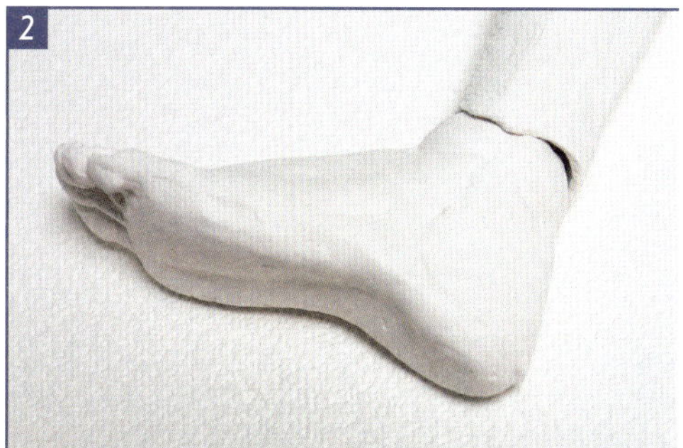

2 사진에서는 발목의 관절부에 틈이 보입니다. 이대로는 구와 받침이 밀착하지 않고 흔들거려 자립이 어렵기에, 간격이 생기지 않도록 받침을 재조정해 주세요.

4» 무릎관절

knees joints

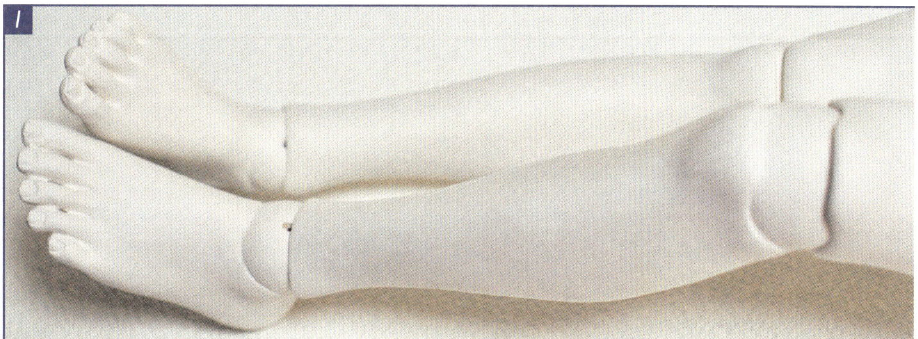

1 무릎관절은 받침을 고려해서 종아리 쪽에 관절구를 붙이는 것이 기본이지만, 어깨관절과 같이 취향에 따라 허벅지 쪽에 구를 붙여도 됩니다. 사진에서는 무릎모양이 종아리와 허벅지의 양쪽으로 분리되어 있습니다.

구 관절의 크기

「요시다식 (초급편)」에서는 무릎의 크기보다 작은 구를 설정해서, 세워서 보면 정면에서 볼이 보이지 않도록 했습니다. 이번 무릎관절은 무릎의 크기와 같은 직경의 구를 설정했습니다만, 작거나 크거나 구를 설정하는 원칙은 같습니다.

2 이 관절구는 무릎의 굵기와 같은 직경의 구로 설정했기 때문에, 무릎의 양쪽에서 구가 보이는 상태입니다. 관절구의 크기는, 구가 보이든 안 보이든 취향에 따라 설정합니다. 구의 크기에 관계없이 관절 설정 방법은 같습니다.

3

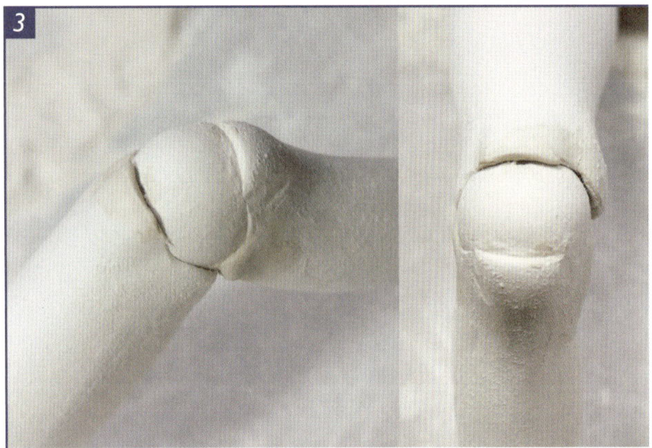

무릎 중심 부분이 다리 파츠의 상하의 맞물린 곳에 옵니다. 관절의 중심에 구 중심이 오도록 합니다.

4

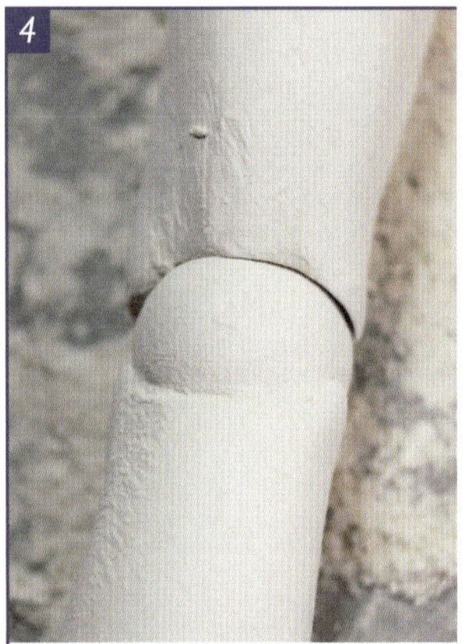

앞,뒤 라인을 체크해 주세요.

무릎의 조형

무릎관절은, 구 관절 자체의 설정 이외에도 무릎을 어떻게 하는가가 문제입니다. 지금까지 방법으로는 앉을 때 무릎이 두 개로 나뉘어 보입니다만 보다 일체감이 있는 조형을 하고 싶은 경우도 있지요. 그때에는 아래의 방법으로 해 주세요.

5

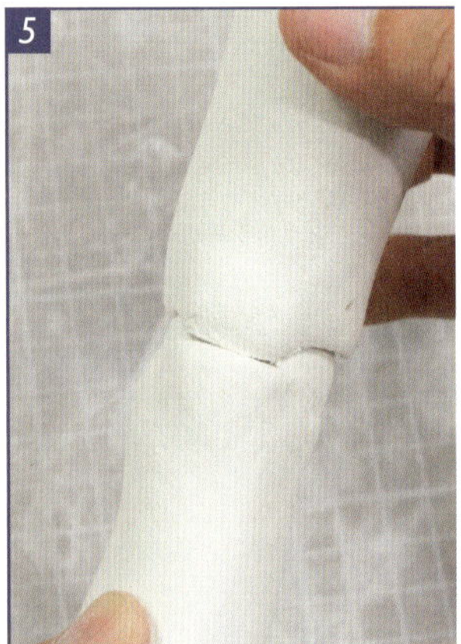

여기에서부터는 무릎을 종아리에만 붙어 있게 해 봅시다.

6

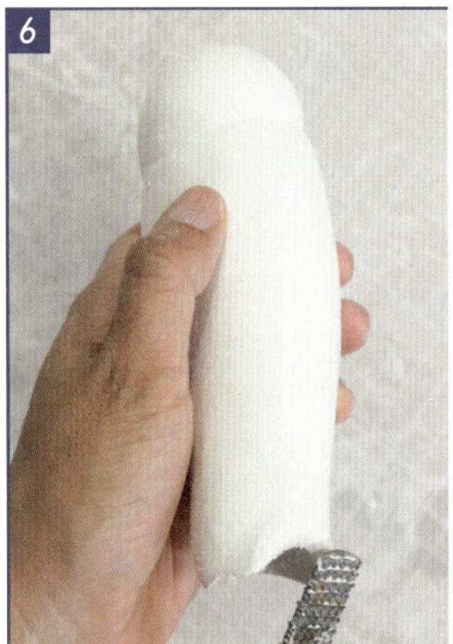

허벅지 쪽의 무릎에 닿는 부분을 모양 그대로 줄로 깎아냅니다.

7

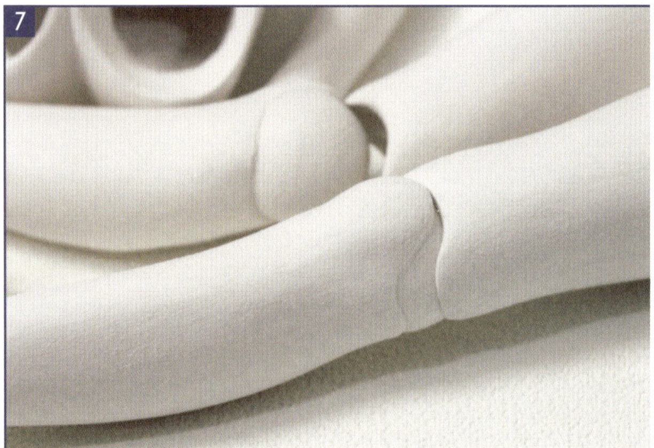

종아리 쪽의 무릎관절구에 석분점토를 붙여 무릎을 만듭니다.

8

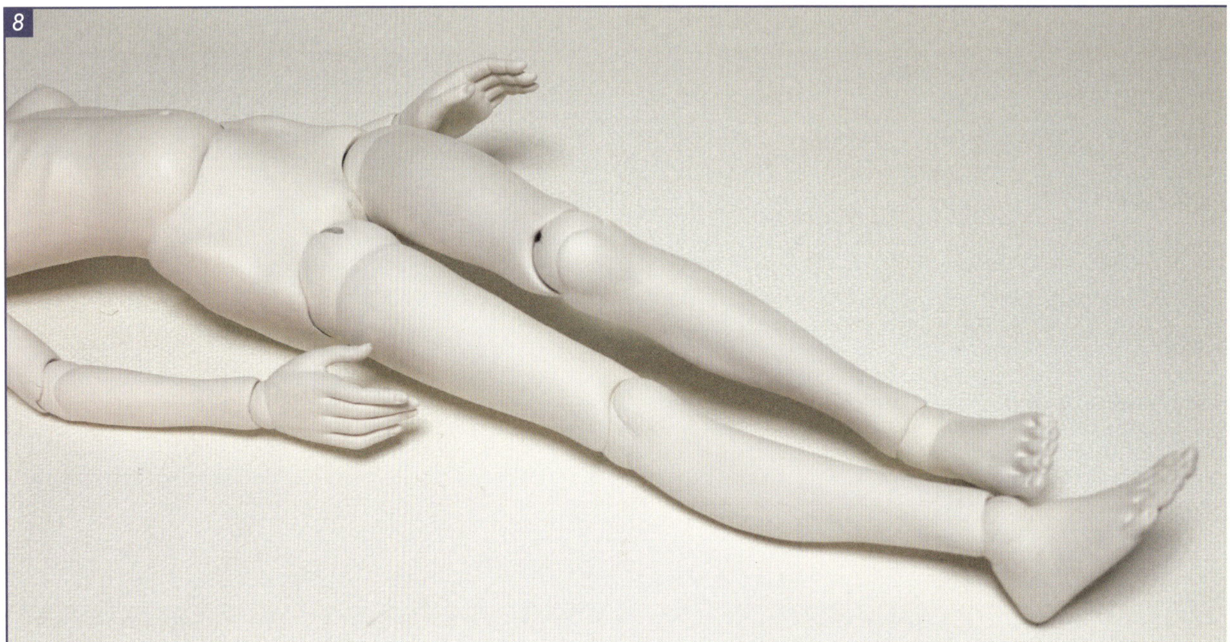

무릎을 종아리에만 있게 만들었습니다. 취향의 문제이지만, 다리를 구부릴 때 보이는 건 이쪽이 보다 자연스럽습니다.

III 관절

§3 무릎의 이중관절

Knees' double ball joints

1. 다리 부분 설정 → 2. 관절 부분 만들기

여기까지는 기본적인 구체관절을 설명 해왔지만, 여기서부터는 응용편이 되는 무릎의 이중관절 「더블 볼 조인트 (DBJ)」의 설명을 합니다.
DBJ는 구를 두 개 연결한 관절을 말합니다. 관절이 보다 많이 구부러지도록 가동 범위를 넓혀, 정좌 등이 가능하도록 한 것입니다. DBJ 자체에 대해서는 복부관절의 항목에서 또 자세히 설명하기 때문에 거기도 참조해 주세요. p. 68
DBJ의 관절부는 독립되어 있습니다. 이번에는 구의 크기도 상하로 조금 바꾸었습니다. 무릎이 반듯한 상태, 구부린 상태, 모두 자연스러운 상태가 되도록 염두에 두고 만듭시다.

† 준비물

- □ 실톱
- □ 파이프사포
- □ 각종 줄
- □ 드릴, 루터
- □ 니퍼
- □ 알루미늄 선

1» 다리 부분의 설정

set up legs side

1

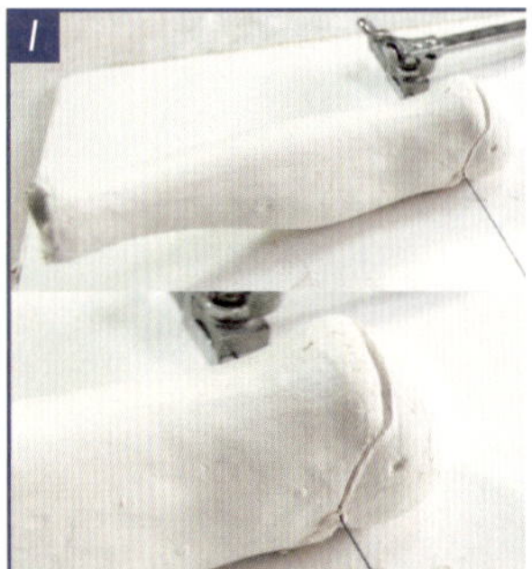

무릎 부분의 구가 붙어 있는 상태로 틀을 뽑은 성형품에서 구 부분을 실톱으로 잘라냅니다.

2

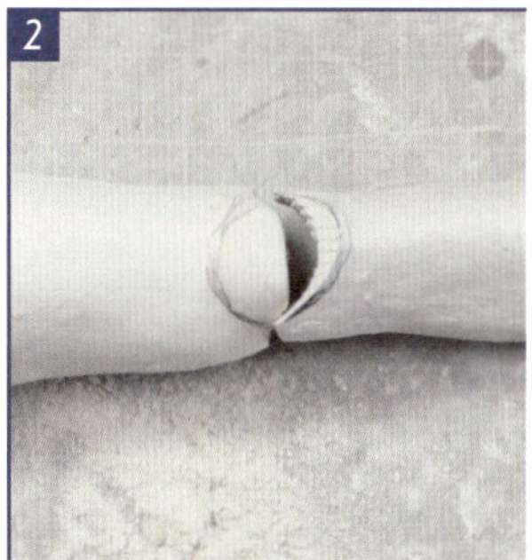

DBJ를 넣기 위해 무릎이 되는 부분을 깎아내고 가이드라인을 연필로 그립니다.

3

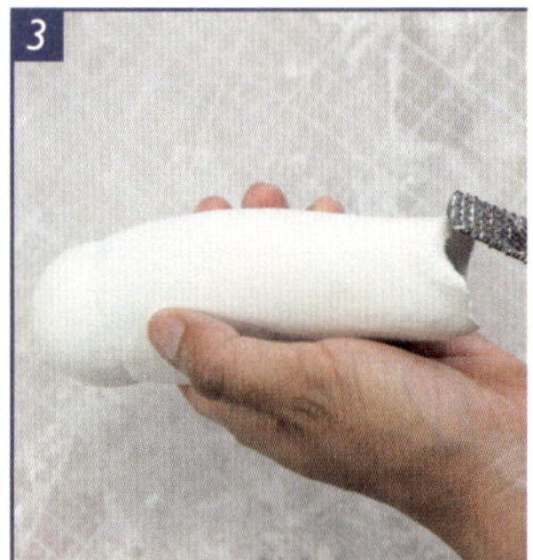

해당 장소를 줄로 깎습니다.

4

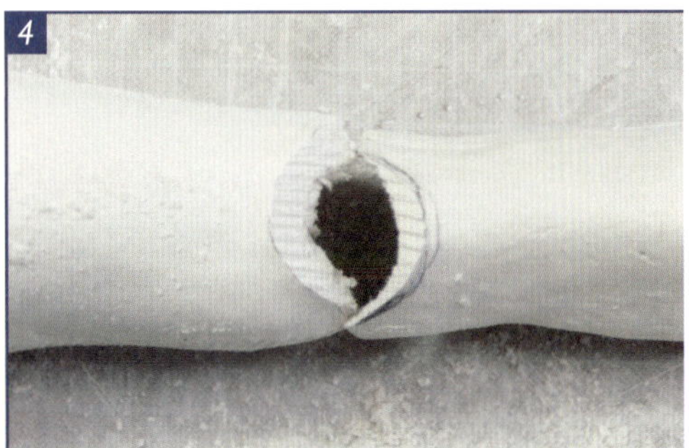

다리의 위아래 모두 무릎을 잘라내고 안쪽도 관절구가 들어가기 쉽도록 깎았습니다.

2» 관절 부분 만들기

make a joint part

1

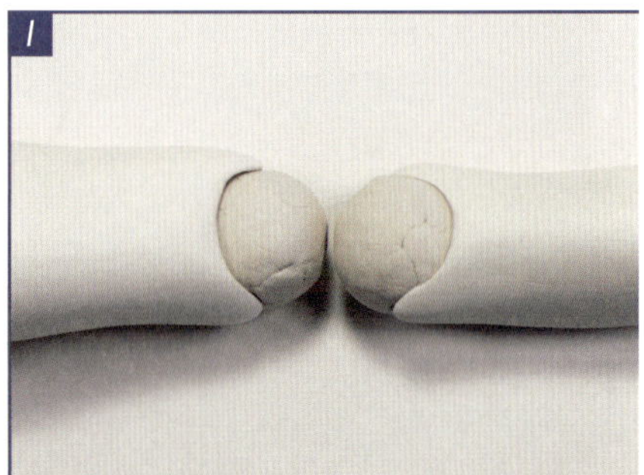

위아래 각각의 관절받침에 들어갈 수 있는 구를 만듭니다. 점토로 둥글게 만들면 되므로, 스티로폼 구를 넣을 필요는 없습니다.

Advice

구체 부분이 정구이면, 관절이 회전해서 탈구된 것처럼 부자연스러운 동작이 될 수 있습니다. 관절구의 측면을 깎아 타원느낌의 평평한 모양으로 해 두세요. 이것으로 관절의 동작이 한 방향(뒤 방향)으로 제한됩니다. 회전만 아니라 접히는 동작을 생각한 경우에는 일부러 타원 느낌의 구를 만드는 형태가 포인트입니다.

2

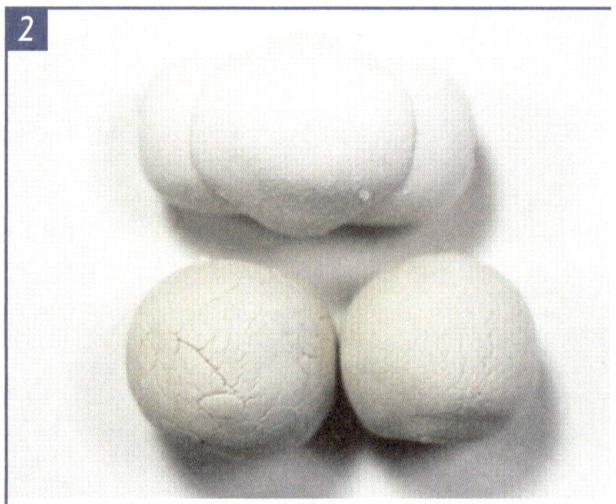

완성형의 DBJ(위)와 우선 관절용으로 만든 두 개의 구(아래)를 늘어놓음. 위에는 구를 타원형으로 해놓았죠.

3

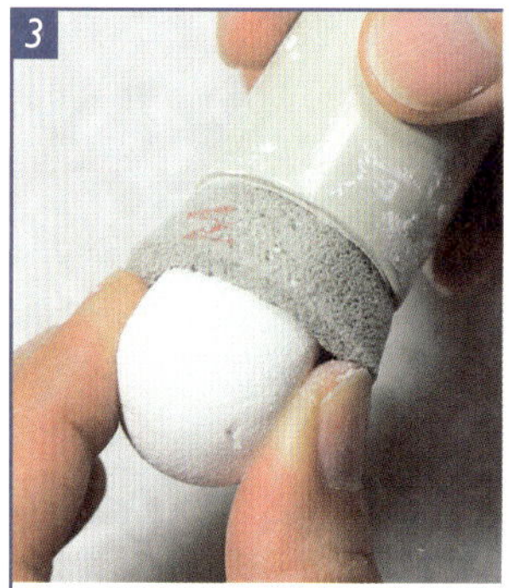

구를 건조시켜, 파이프사포로 연마해서 정리합니다.

4

구의 측면을 조금 평평하게 깎습니다.

5

관절받침의 들어가는 상태도 체크.

6

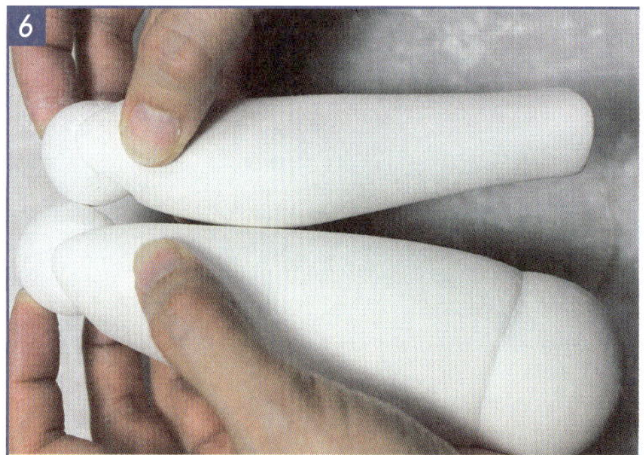

허벅지와 종아리를 겹쳐 두 개의 구를 연결했을 때의 움직임도 확인해 주세요.

7

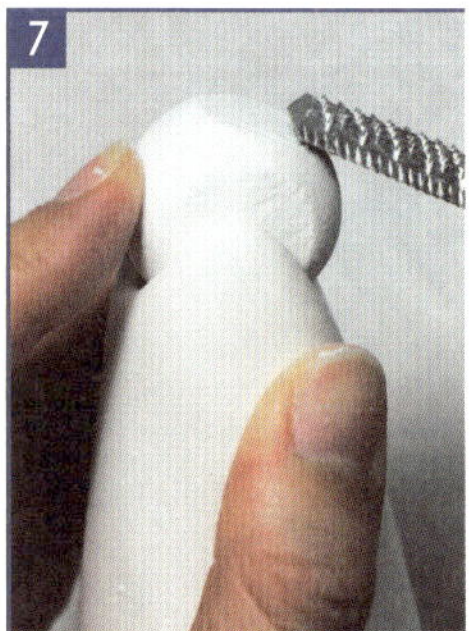

구끼리 연결하기 위해 접하는 곳을 약간 깎아 놓습니다.

8

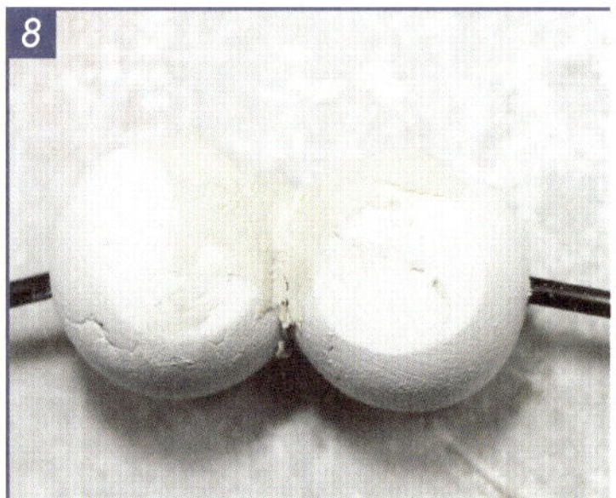

양구의 중심에 구멍을 뚫어 알루미늄 선을 관통하고, 두 구의 위치를 조정해서 고정합니다. 점토로 두 개를 연결해서 고정. 하나가 되면 알루미늄 선을 빼냅니다.

9

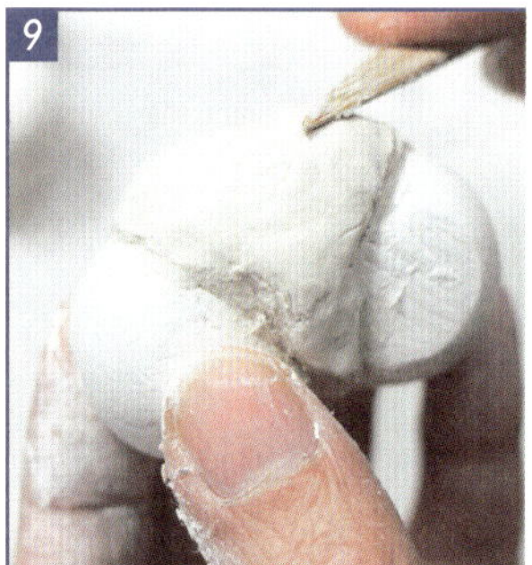

이중관절이 이 상태로 무릎 부분이 되므로, 점토를 쌓아 만듭니다.

10

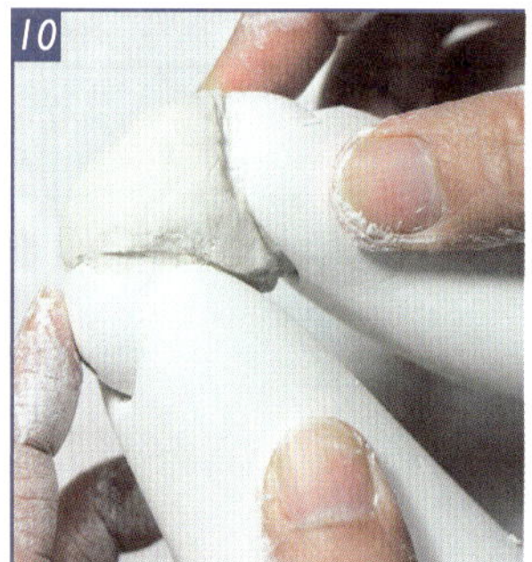

다리의 상하에 들어갈 경우, 동작을 체크합니다.

11

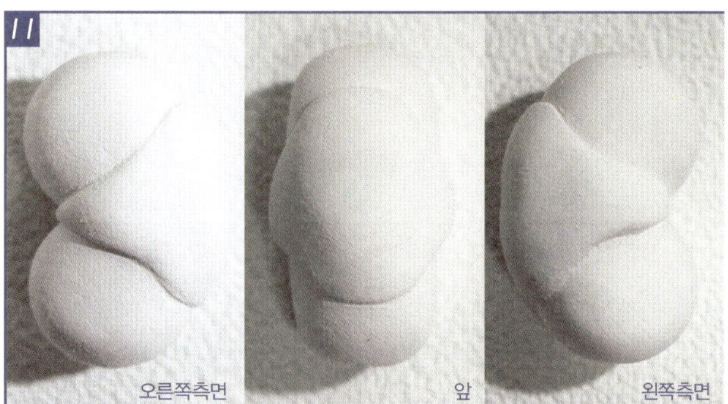

건조 후, 스펀지사포로 표면을 다듬어 정리합니다. DBJ 자체는 이것으로 모양이 됩니다.

12

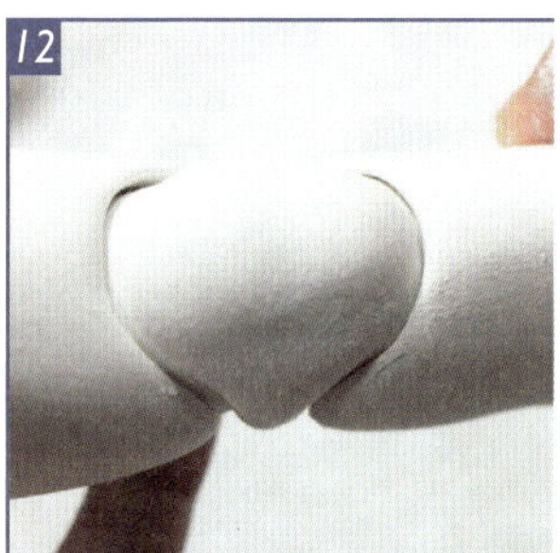

이번에는 무릎의 받침을 만듭니다. 구를 받칠 부분은 틈새가 없도록 체크하면서 관절이 안정되게 움직이도록 정확히 받침을 만듭니다.

13

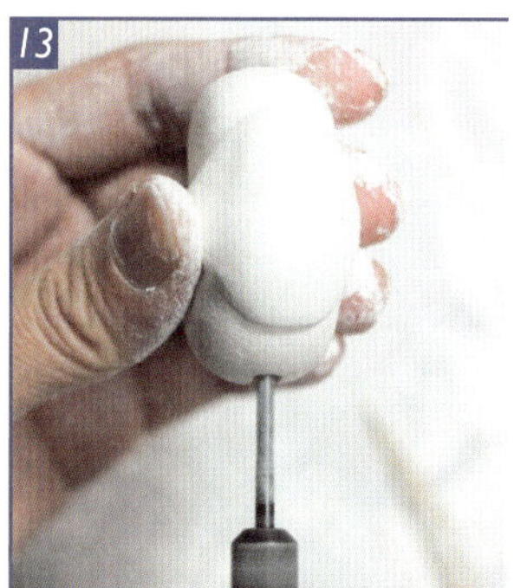

관절의 상하에 드릴이나 루터를 사용해서 3mm 정도의 구멍을 뚫습니다.

14

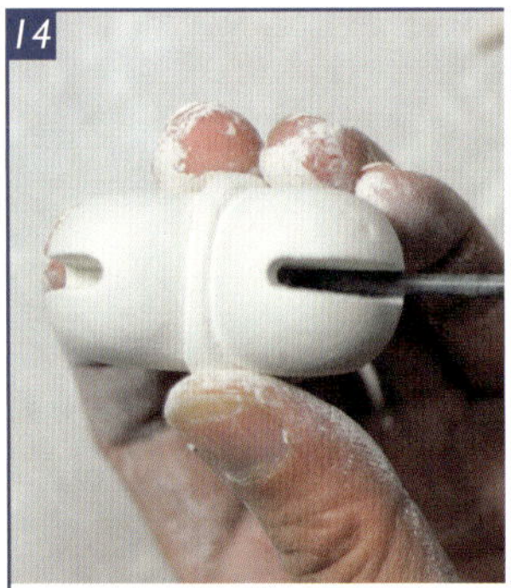

관절의 움직임에 맞춘 방향으로 적당한 터널을 만들어 주세요.

15

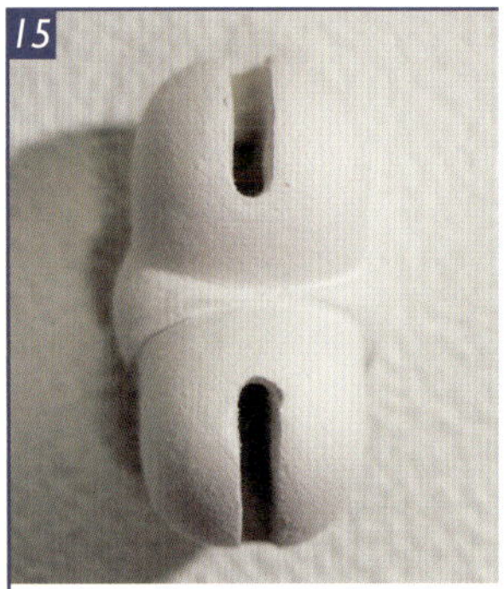

긴 구멍을 만든 상태의 DBJ입니다.

POINT

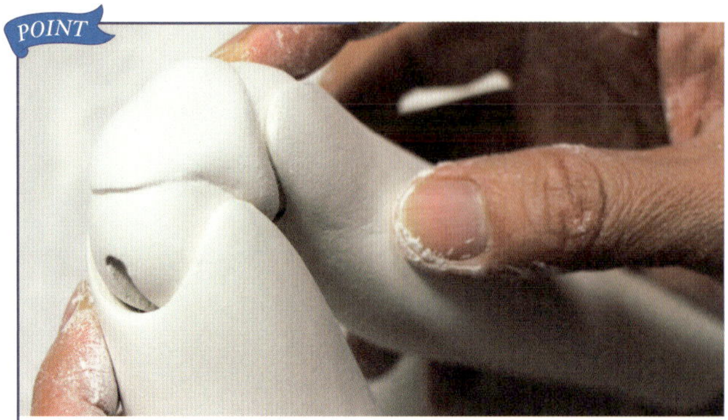

다리와 합쳤을 때 관절부의 선이 느슨한 느낌이 들지 않도록 주의! 반드시 밸런스를 보면서 조정해 주세요.

16

고무줄을 통과시켜 관절의 이음새, 안정된 동작이 되는지를 확인. 문제없으면 완성입니다.

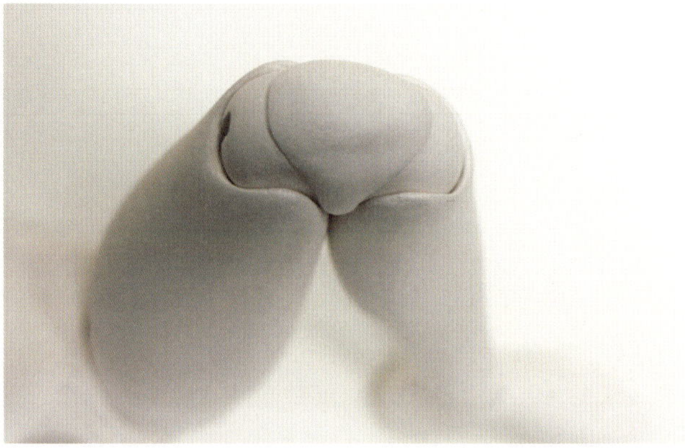

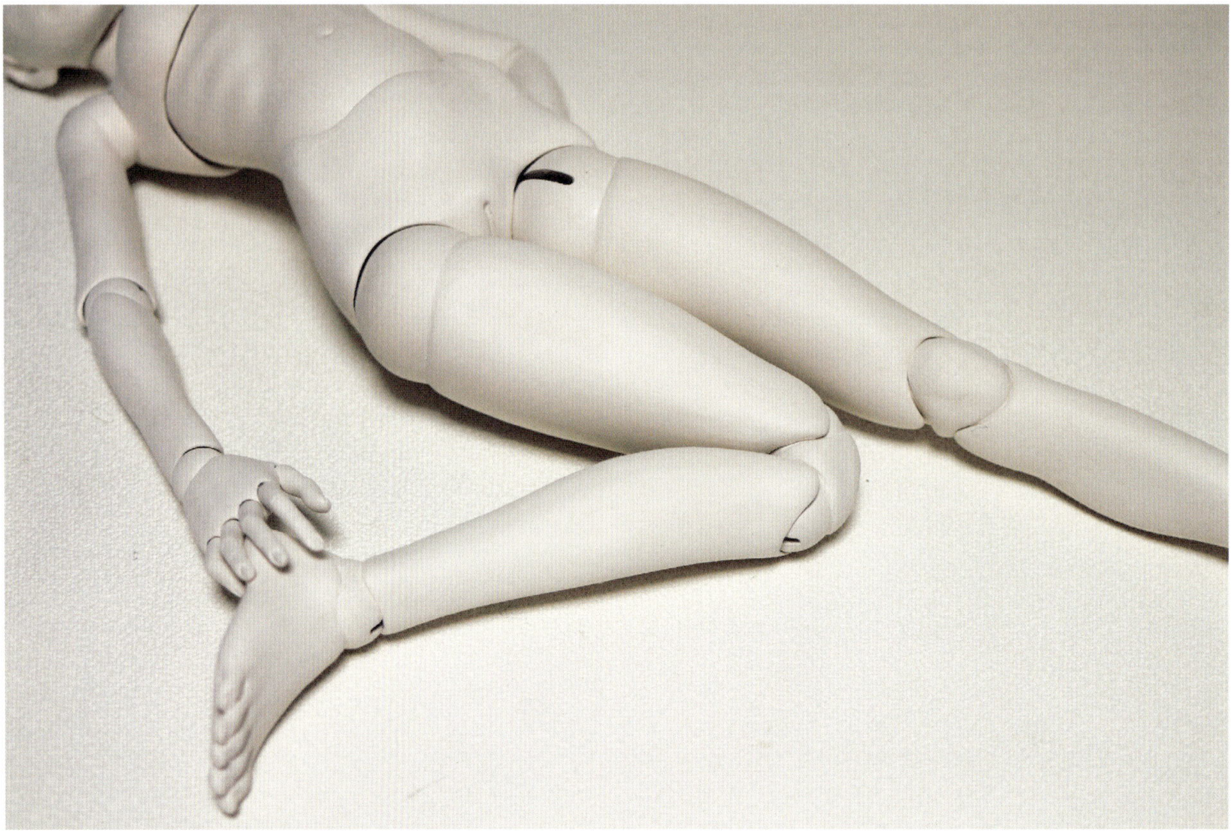

§4 손가락의 구체관절

Set up fingers' ball joints

1. 구·손가락의 절단 2. 관절구와 받침의 설정 3. 스프링 4. 손의 접합

관절구는 팔과 다리만이 아니라 더 작은 부위에도 설정할 수 있습니다. 이번에는 손가락 10개에도 관절을 만들어 봅시다.
예를 들면, 손가락 관절 모두를 설정하면 한 손 관절만 14곳이 됩니다. 모두를 움직이게 하는 것은 상당히 큰일이기 때문에, 손가락 밑동만 움직이게 10곳에 설정합니다.

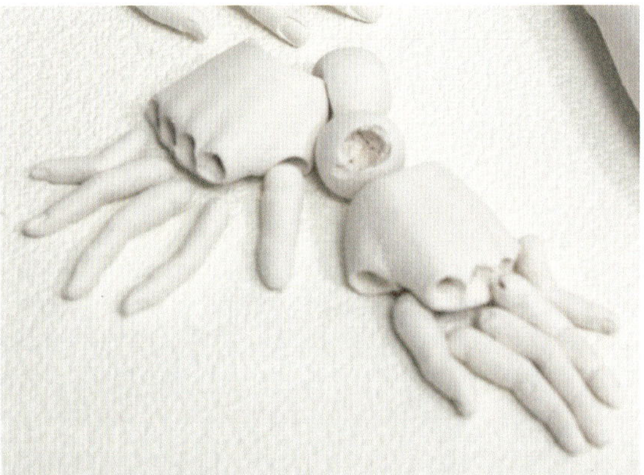

† 준비물

- □ 실톱
- □ 드릴, 루터
- □ 니퍼, 펜치
- □ 스테인리스 와이어 1.2mm
- □ 스테인리스 스프링 선 0.5mm

1» 구·손가락의 절단

cut off fingers and balls

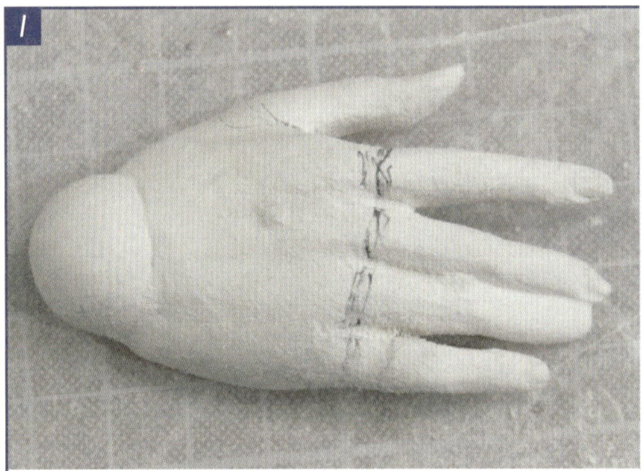

1 손가락을 잘라내기 위해, 가이드라인을 그려 둡니다.

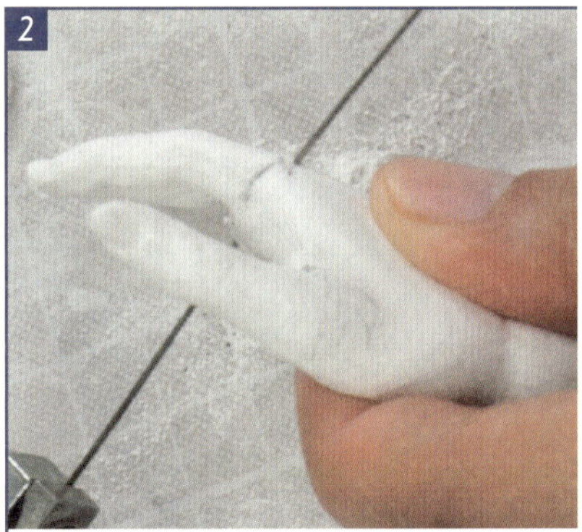

2 손바닥과 손가락을 실톱으로 잘라냅니다.

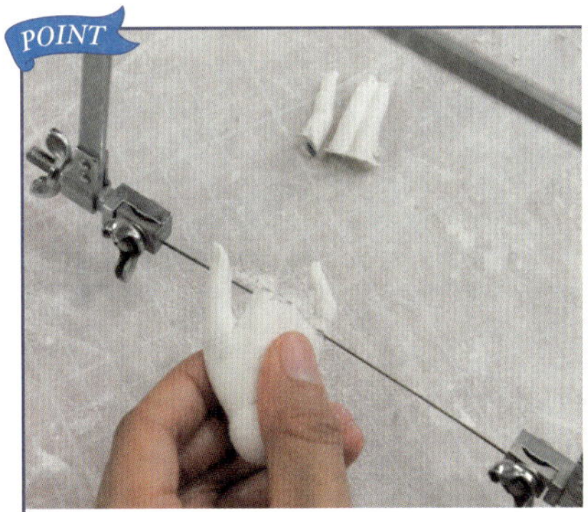

POINT 일반 톱이면 날의 두께만큼 깎여 나가므로 실톱을 사용합니다.

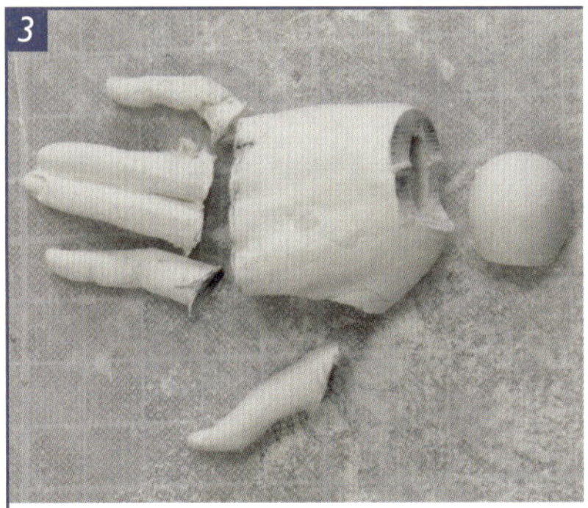

3 마찬가지로 손목의 구를 실톱으로 잘라냅니다. 손바닥, 손목 구, 손가락을 잘라냈습니다.

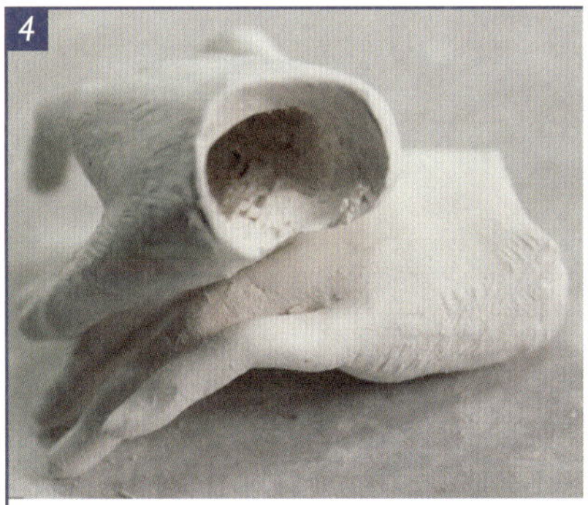

4 손바닥 내부 공간을 조각도나 루터로 넓혀 둡니다.

2» 관절구와 받침의 설정

set up ball joints

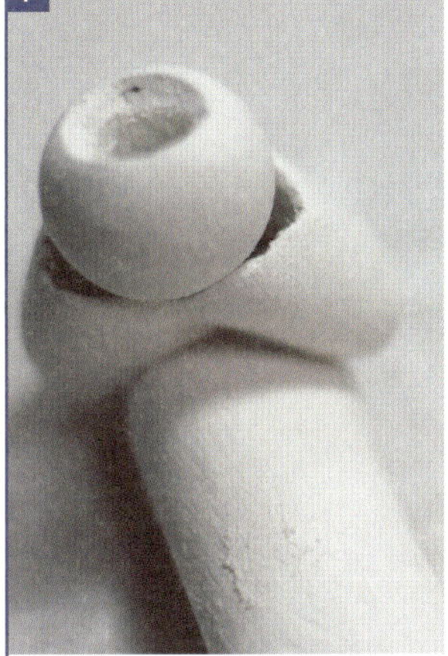

1 손목의 구를 파이프사포 등으로 다듬으면서, 손바닥과 팔의 연결 상태를 체크합니다.

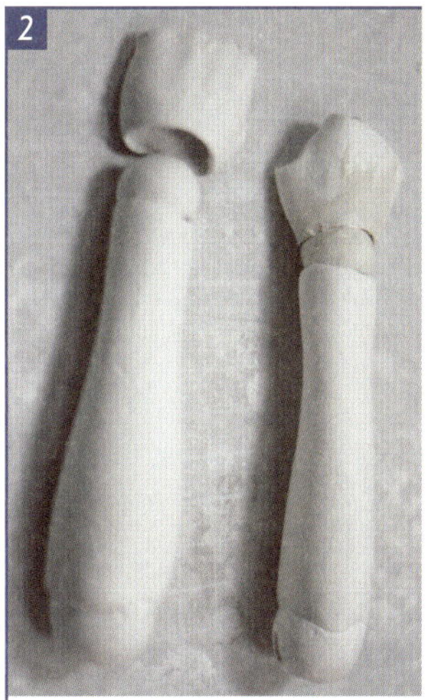

2 관절의 사이에 틈새가 안 생기고 안정되게 움직이도록 받침을 만듭니다.

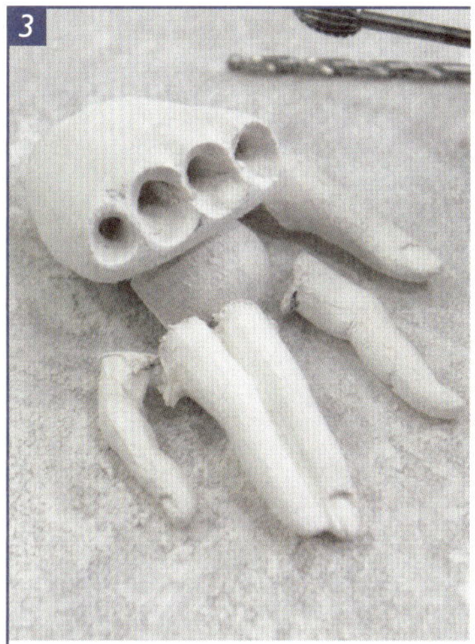

3 손등 부분에 관절구를 받칠 구멍을 뚫고, 루터나 줄을 사용해서 구멍을 넓힙니다.

POINT

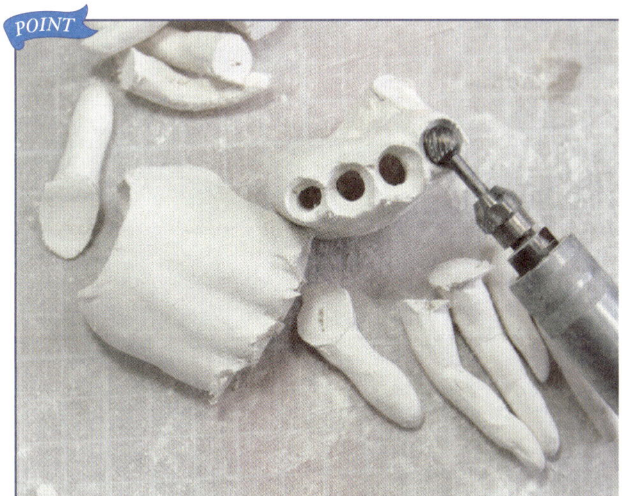

구 상태의 날을 사용하여 샌딩하면 그 상태로 받침 모양이 됩니다.

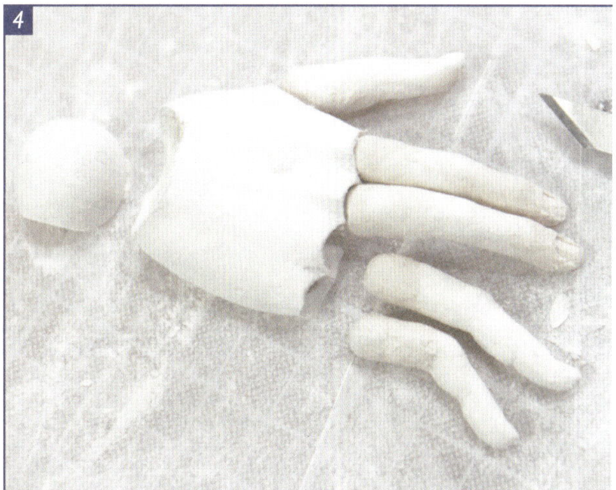

4 손가락 관절이 되는 부분에 점토를 쌓아 올려 구 모양을 만듭니다. 맞대어서 손바닥 쪽의 받침도 정돈해 둡니다.

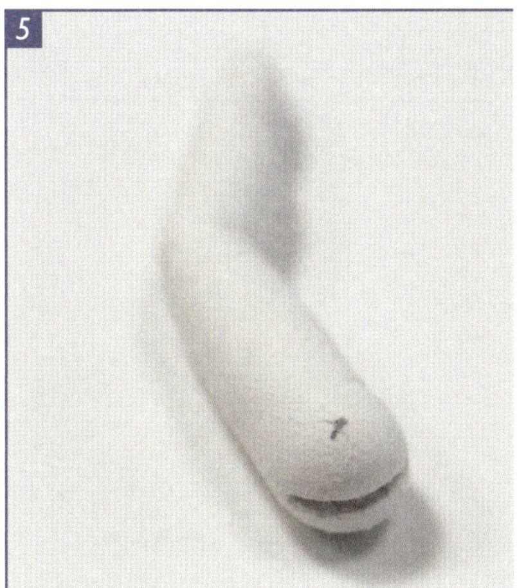

5 손가락 관절구의 옆 중심 부근에 구멍을 뚫어, 무릎과 팔꿈치의 구 관절처럼 손가락 관절에도 가동 범위의 터널을 뚫어 놓습니다.

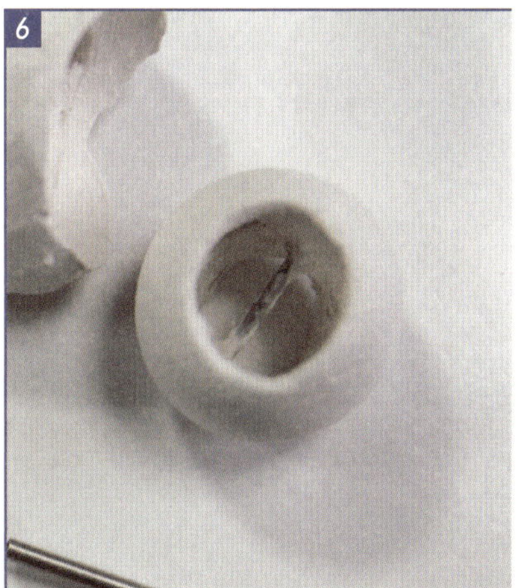

6 긴 구멍을 뚫었으면 옆 중심의 구멍에 관절을 연결할 고리를 걸기 위한 와이어를 통과시킵니다. 손목도 같은 방법으로 해 주세요.

와이어

이번 인형에 사용되는 와이어는 거의 스테인리스와이어 1.2mm지만, 손가락관절은 사이즈가 작은 S자 고리를 걸 공간도 좁아지므로 가늘고 단단한 스테인리스 스프링선 0.5mm를 사용합니다. 인형과 그 파츠의 크기에 맞는 굵기의 와이어를 사용해 주세요. 단 피아노선은 녹이 슬기 때문에 사용하지 않습니다.

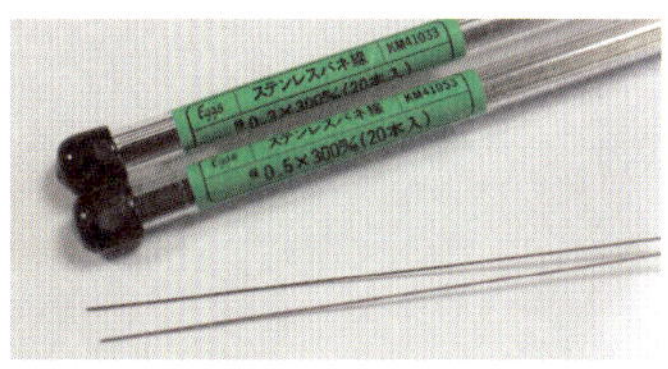

3 »

스프링
spring

1

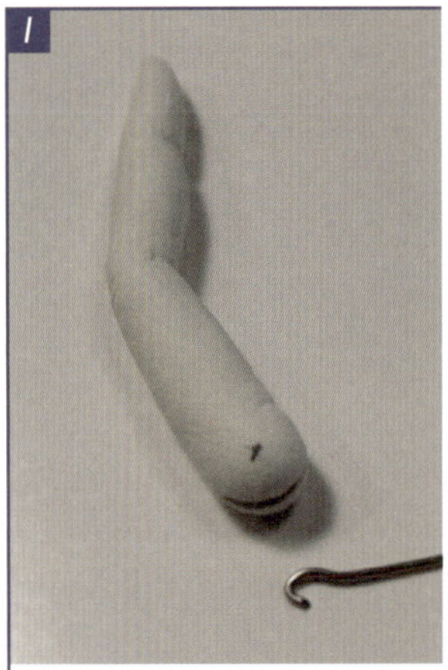

우선 스프링을 통과시키기 위한 도구를 만들어 둡니다. 스테인리스의 끝을 구부려 고리 형태로 합니다. 고리의 사이즈는 손가락관절에 맞춰 둡니다.

스프링

손가락 관절구의 옆 중심에 뚫린 구멍에 와이어를 옆으로 하나 넣어 둡니다. 이 와이어에 S자 고리가 붙은 스프링을 걸어 파츠를 연결시켜 봅니다. 보통 관절처럼 고무줄을 연결하지 않고 작은 부위에는 이와 같이 스프링으로 파츠끼리 연결합니다.

2

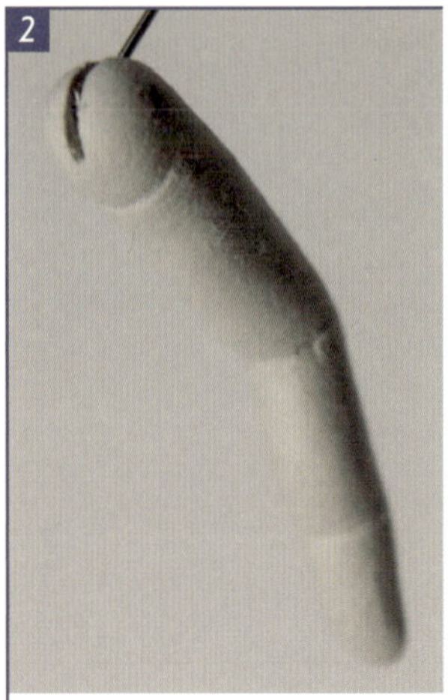

관절구의 와이어에 만들어 놓은 고리를 걸어서 움직여 봅니다. 예상대로 움직이면 OK.

3

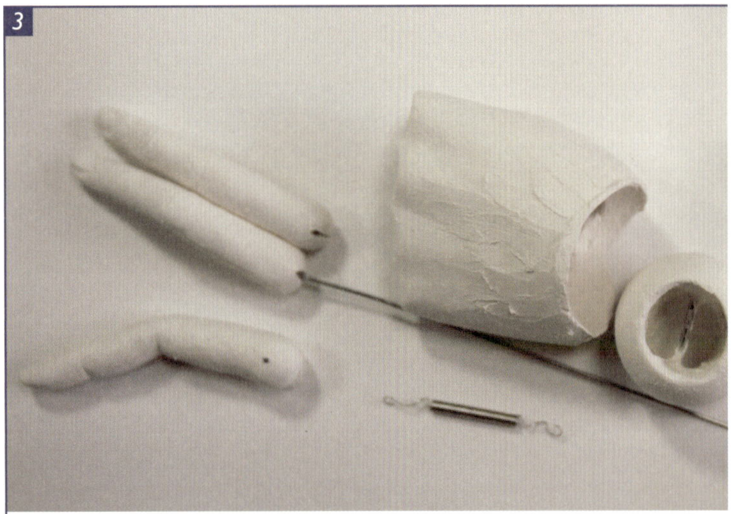

손가락 관절구와 손목의 관절구를 연결하기에는 스테인리스 스프링 「인장용수철」을 사용합니다.

인장용수철

패키지로 선의 직경·외경·길이가 표시되어 있습니다 선의 직경은 와이어의 굵기로, 굵을수록 강한 스프링입니다. 외경은 코일의 굵기로, 넣을 구멍의 폭에 영향을 줍니다. 길이는 잡아당길 거리. 결국 손가락관절구의 길이라면 텐션이 걸리지 않아 의미가 없으므로 실제보다 조금 짧게 해둡니다.

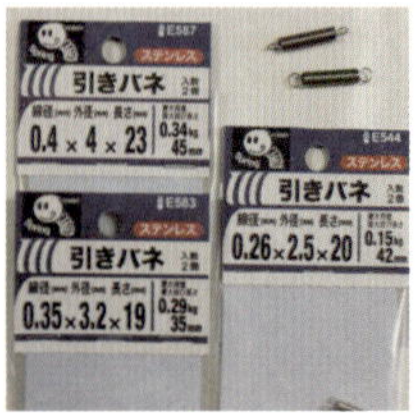

4

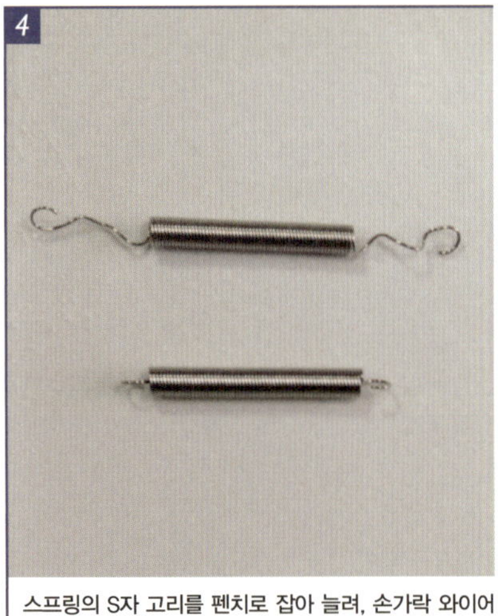

스프링의 S자 고리를 펜치로 잡아 늘려, 손가락 와이어에 걸기 쉽도록 적절히 변형합니다.

5

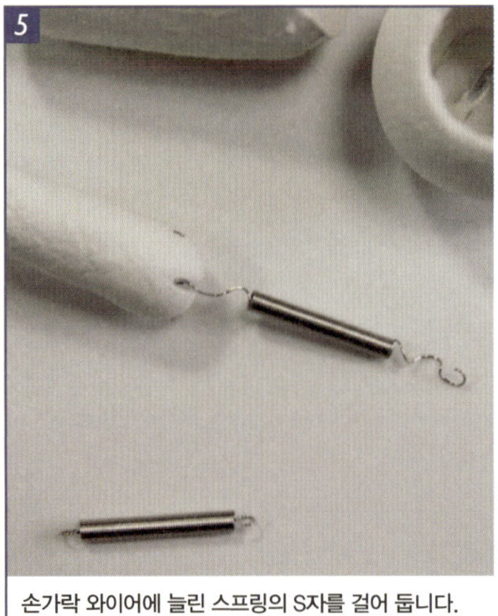

손가락 와이어에 늘린 스프링의 S자를 걸어 둡니다.

POINT

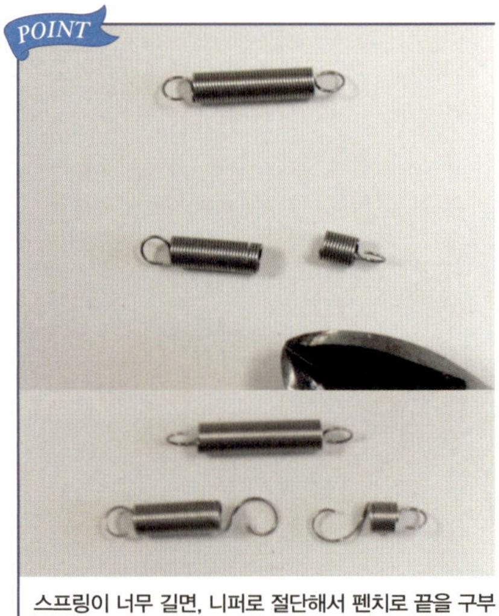

스프링이 너무 길면, 니퍼로 절단해서 펜치로 끝을 구부려, S자를 만듭니다. 엄지손가락용으로는 매우 짧은 것이 필요합니다.

4»

손의 접합

build hands

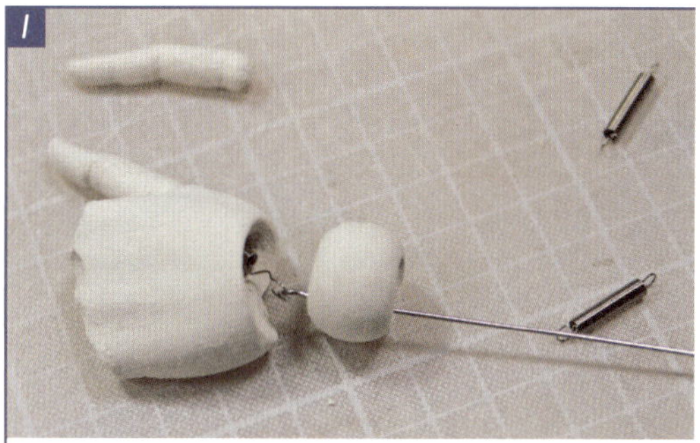

손가락 관절에 스프링의 S자를 걸어서, 스테인리스 고리(처음 스프링 선으로 만든 걸기용의 도구)를 사용해 반대쪽 S자를 손등을 통과해서 손목 구의 와이어에 걸어 둡니다.

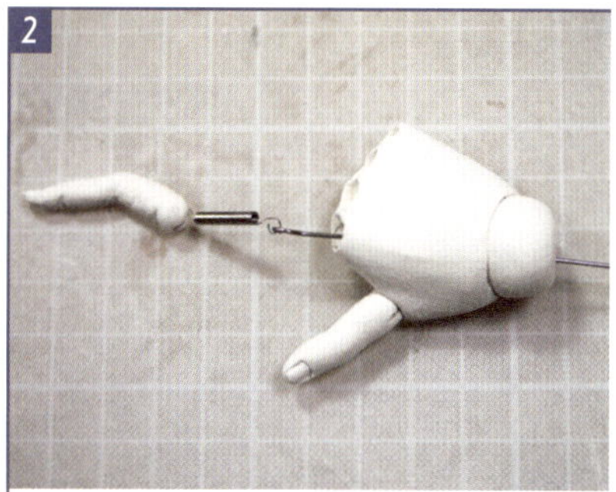

하나하나 손가락과 손등, 손목을 스프링으로 연결해 갑니다.

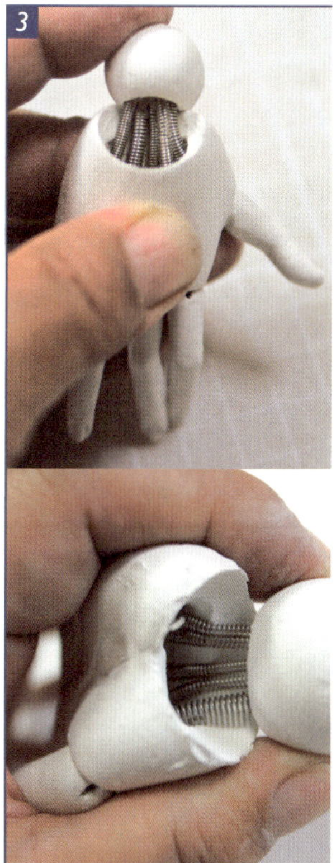

5개의 손가락에서 손목에 전부 스프링이 연결되었습니다.

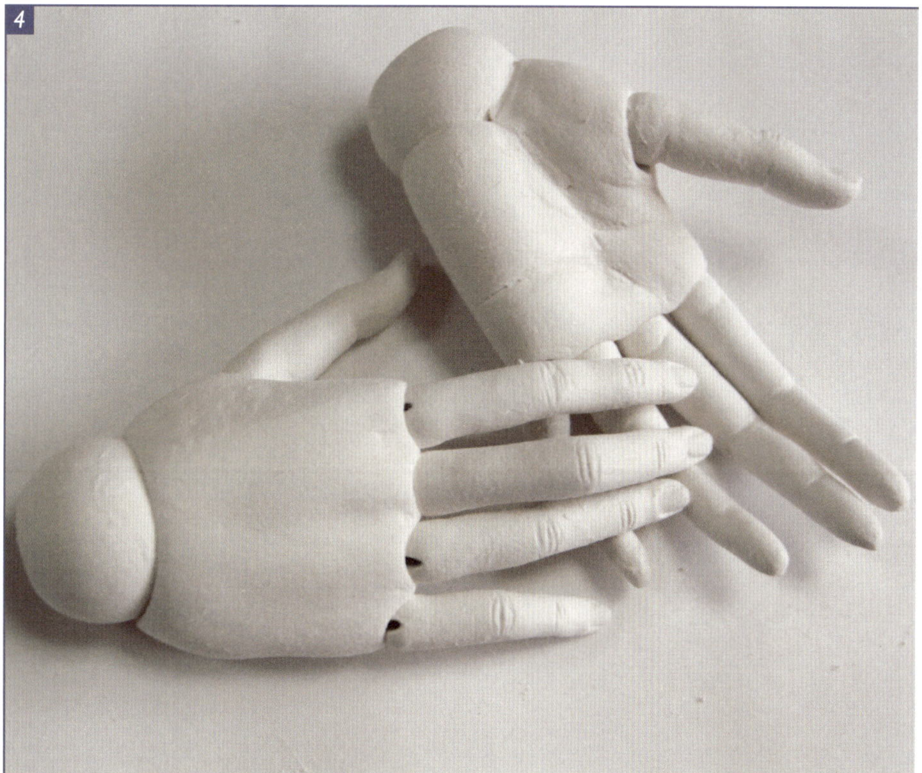

손가락을 붙인 구체관절의 손 파츠가 완성되었습니다.

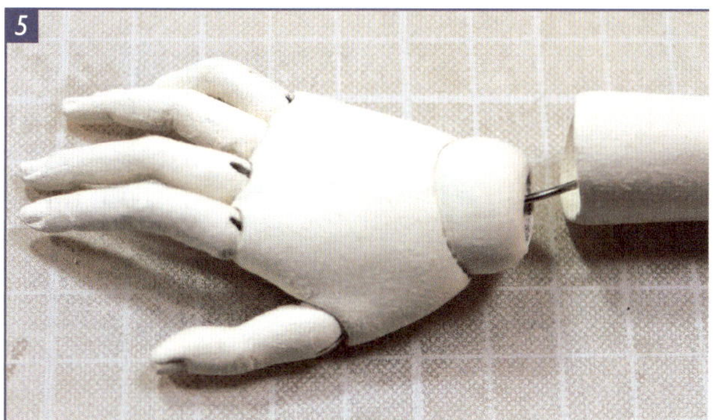

팔과 손의 연결이 부자연스러운지 체크합니다.

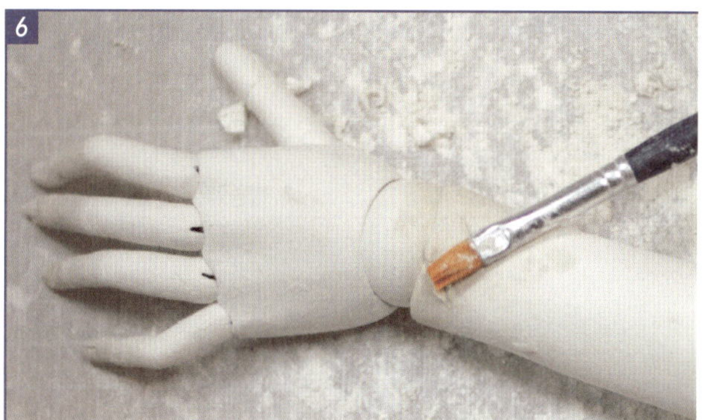

신경 쓰이는 단 차나 두께가 있으면 샌딩으로 조정해서 마무리합니다.

§5 복부 구체관절

Ball joints of abdominal

반신일체형 → 더블 볼 조인트형 → 타원구 관절에 관하여 → 독립관절형

여기부터는 복부관절입니다. 복부관절에도, 유토원형에서 만드는 것처럼 복부관절구를 상반신·하반신 어느 쪽으로든 일체화시키는 타입, 복부 구를 독립관절로 한 타입, 그 중에서도 구의 상하에 각각의 구를 설정해서 가동 영역을 넓힌 더블 볼 조인트(DBJ) 타입 등, 복수의 변형이 존재합니다. 또 이들의 구 관절을 정구로 할 것인가 타원구로 할 것인가에 따라 가동 범위나 실루엣이 변해 갑니다. 이미지에 따라 적절히 사용해 주세요.

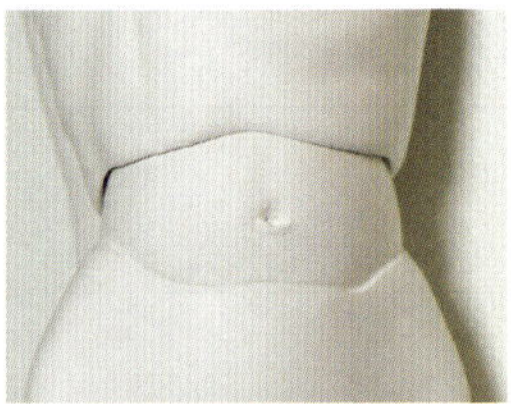

정구의 관절

정구라면 가동은 어느 방향이든 스무드하지만, 복부관절일 경우 몸통을 두껍게 할 필요가 있고, 바디라인의 형태가 달라져 버립니다.

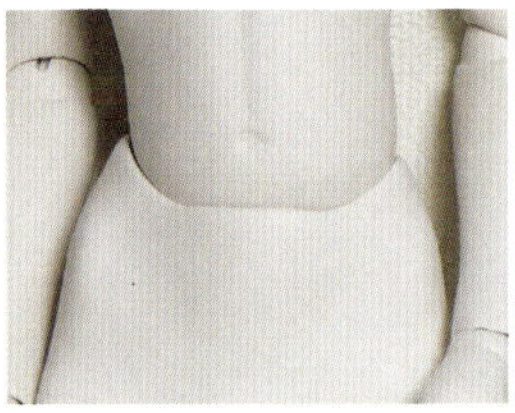

타원구의 관절

타원구라면 바디라인을 얇게 할 수 있으므로 자연스런 실루엣이 생기지만, 허리를 돌리는 등의 가동은 힘듭니다. (P. 72 참조)

복부관절의 변형

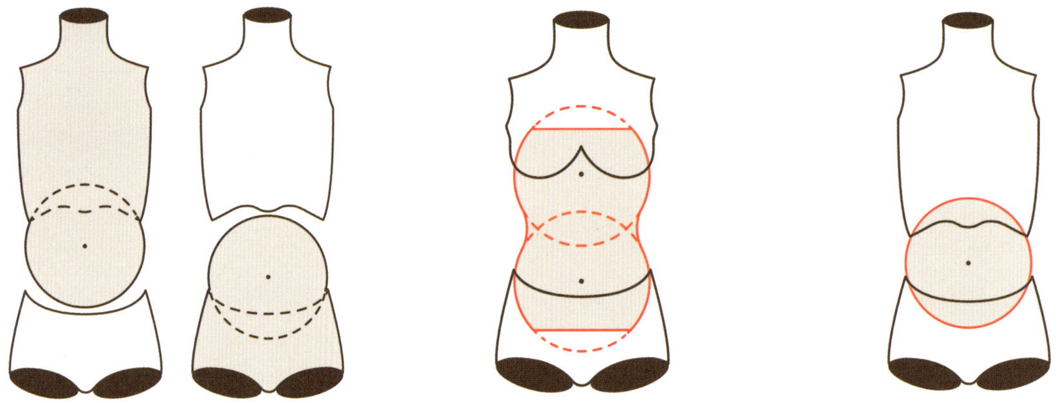

반신일체형 (P. 69)

이번에 틀에서 뽑은 것과 같이, 반신에 구를 붙인 타입. 상반신, 하반신 어느 쪽으로든 구를 설정할 수 있습니다. 구를 몸의 접합 라인에 남겨 둔 상태라면, 상반신과 하반신 어느 쪽에 구를 설정해도 보이는 것에는 큰 변화가 없습니다. 허리에 구와 받침을 넣는 것뿐이므로 비교적 도전하기 쉬운 복부관절이지요. 이 유형에 관해서는 처음부터 이 상태이기 때문에 구와 몸의 접합 라인을 깎는 설명을 합니다.

더블 볼 조인트형 (P. 71)

바디를 상하 둘로 분할하지 않고, 상반신·하반신·복부관절의 3분할로 독립된 관절 부분의 위아래에 구를 설정하는 이중관절 타입. 이 유형은 구 두 개를 이은 관절을 준비해서 가동 범위를 넓히는 것으로, 한 개의 구체관절로는 재현할 수 없는 동작이 가능합니다. 허리관절을 DBJ로 하면 상반신을 구부리거나 앉았을 때 보다 자연스러운 자세가 됩니다.

독립관절형 (P. 74)

DBJ도 이것의 한 종류이지만, 여기에서는 관절이 하나의 구로 성립하는 것을 가리킵니다. 그냥 보면 반신일체형과 거의 외견은 같지만, 구체관절을 두드러지게 하려고 큰 구를 사용하고 싶은 경우에는 독립시키는 편이 만들기 쉽습니다.

반신일체형

(라인의 수정)

built in ball joint

1

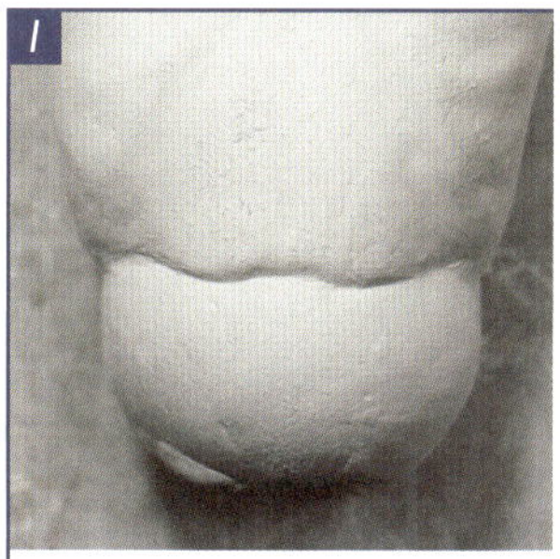

성형품 그대로의 구와 몸과의 경계가 확실한 복부입니다. 이대로 마감해도 좋지만, 단 차를 메워 라인을 수정하는 방법을 설명하겠습니다.

2

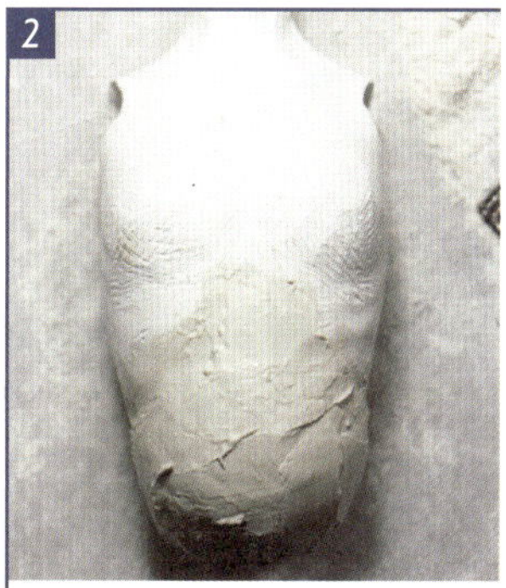

석분점토를 덧붙여서 허리 라인을 약간 두껍게 합니다.

3

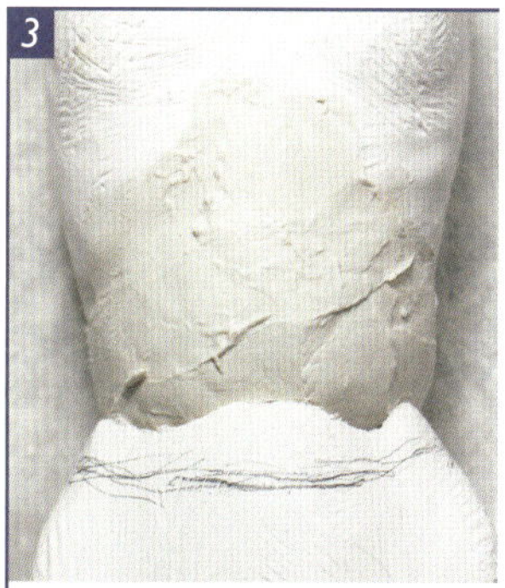

하반신과 맞춰 보면서 허리와의 연결 상태, 몸통의 라인을 체크합니다.

4

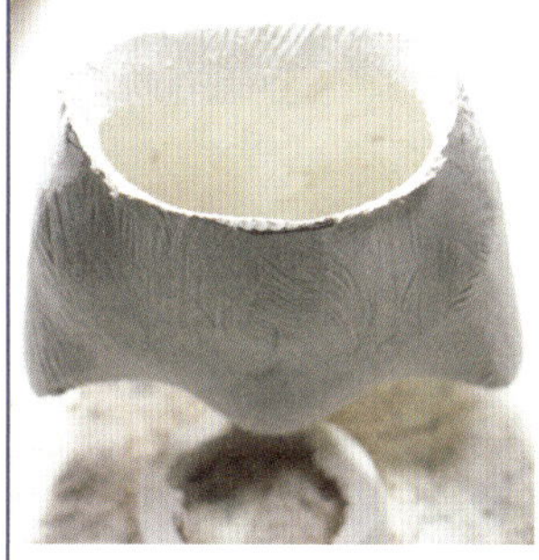

허리의 합체 부분이 좁은 채로는 위화감이 있기 때문에, 접합부의 안쪽을 깎습니다.

5

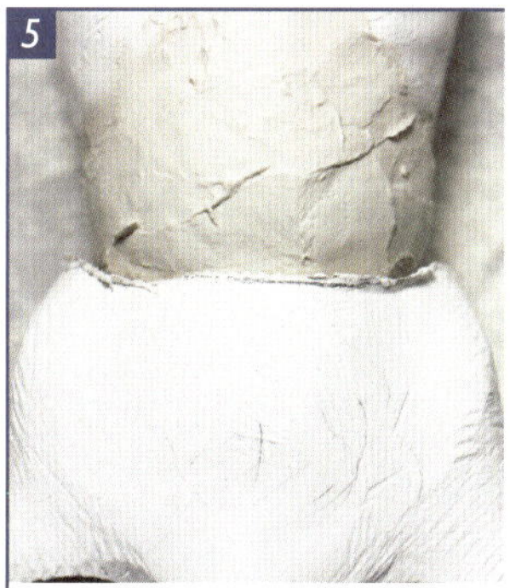

허리의 접합부의 입구를 넓힙니다. 적당히 하반신과 맞춰 보면서 진행합니다.

6

복부의 구를 정리합니다. 여기서도 구관절의 정형(P. 50)에서 사용한 파이프사포를 활용합시다.

7

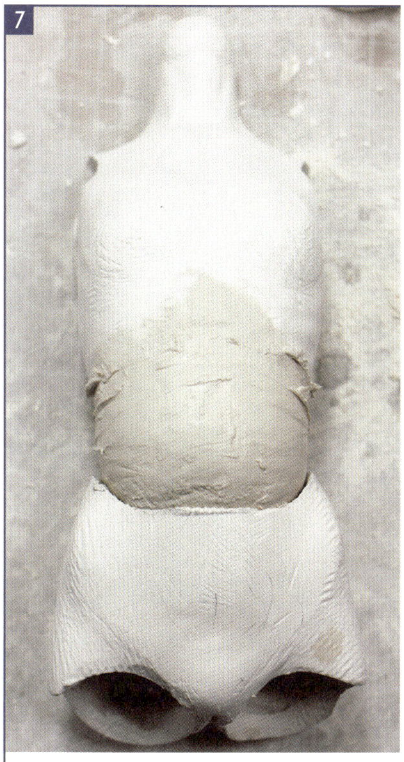

복부관절의 구와 받침 모두 대충 정리되었습니다.

8

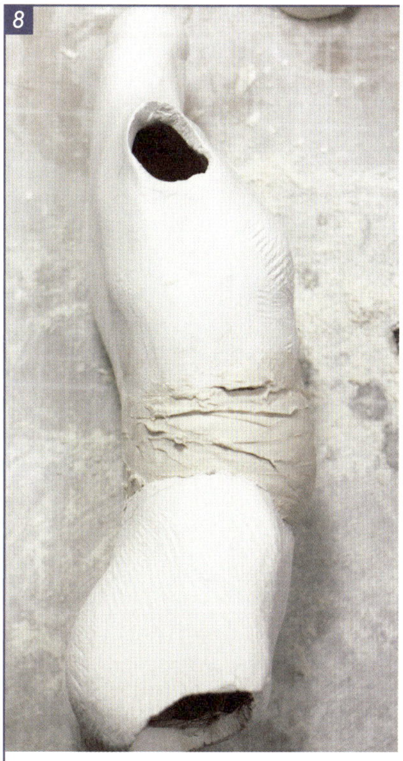

정면은 OK지만, 옆의 라인을 확인하면 복부 구 관절에 비해 하반신의 두께가 부족하게 느껴집니다.

9

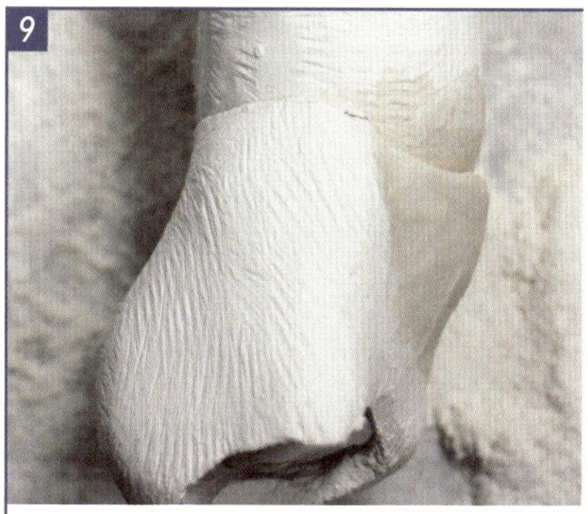

상반신에 맞춰서 하복부에도 점토를 붙입니다. 움직임, 형태를 체크하면서 마무리합니다.

10

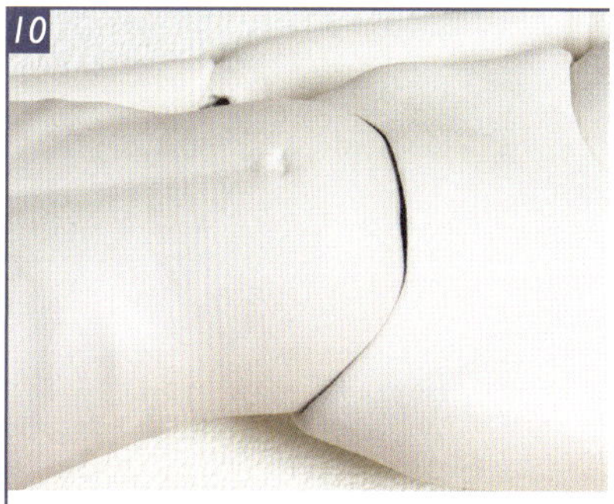

접합 라인을 메우면, 구에서 허리까지 완만하고 자연스러운 라인이 되었습니다.

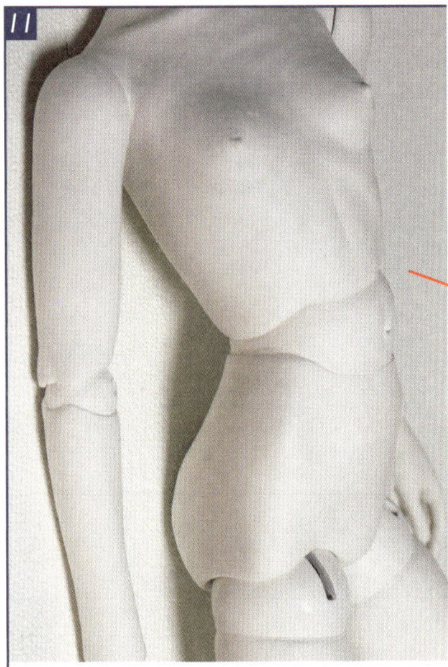

복부는, 정면에서 본 허리는 가늘고, 옆에서 본 허리는 두껍게 데포르메 되었습니다. P. 12에서 다뤘지만, 복부는 정구를 자연스럽게 넣기 위한 수법입니다.

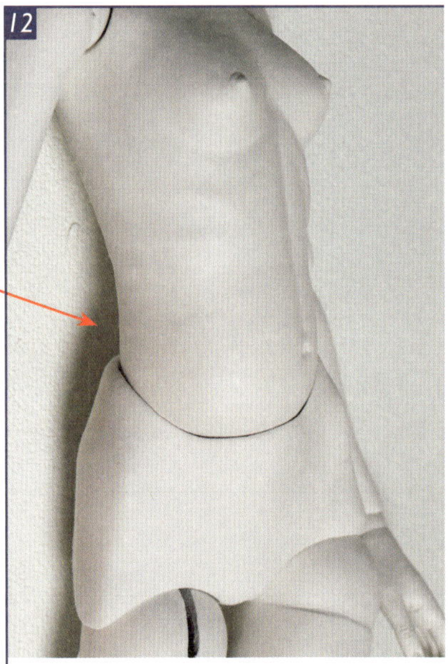

구체관절은 그 자체가 큰 매력입니다만, 복부를 자연스럽게 보이고 싶을 때나 구를 안 보이게 하는 것이 좋다고 생각될 때에는 몸통과 구의 접합 라인을 없애 주세요.

Advice

이쪽은 하반신 일체형입니다. 이쪽 허리를 메우면 분할 선은 늑골 아래에 남는 형태가 됩니다. 상하 어느 쪽에 구를 설정할까는 취향의 문제입니다만, 구가 상반신 편에 있는 쪽이 다소 자세가 안정됩니다.

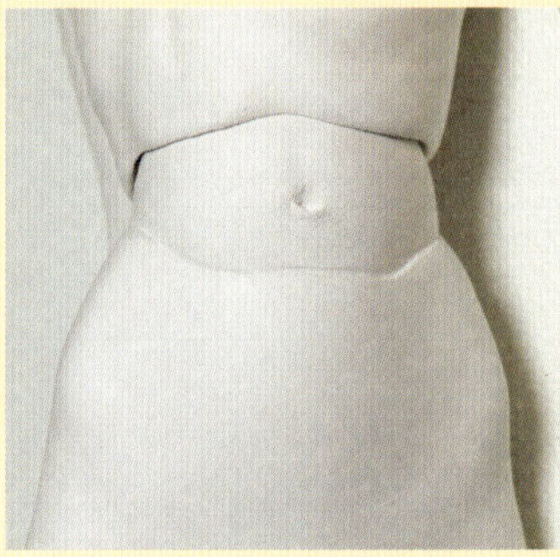

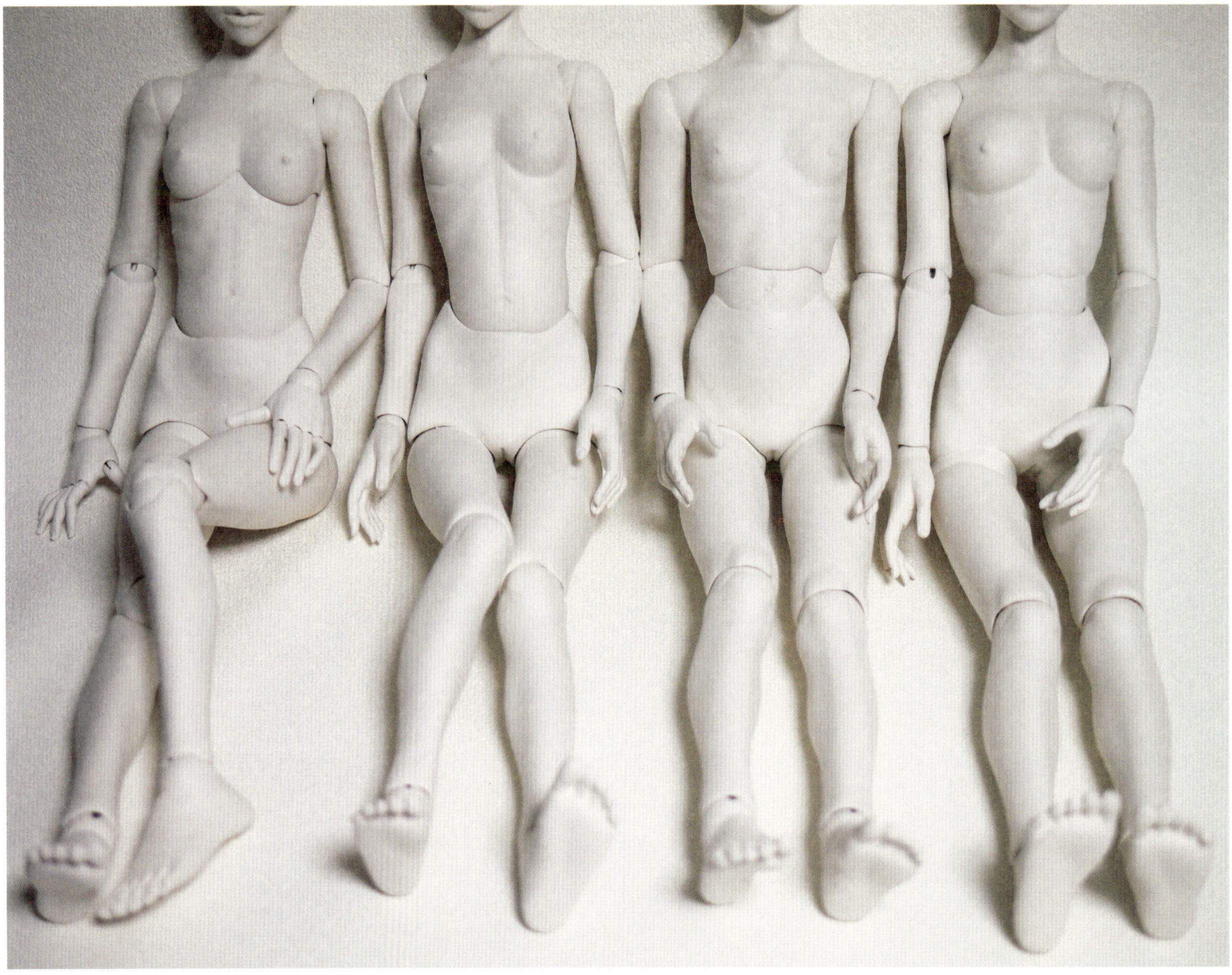

더블 볼 조인트형

double ball joint

1

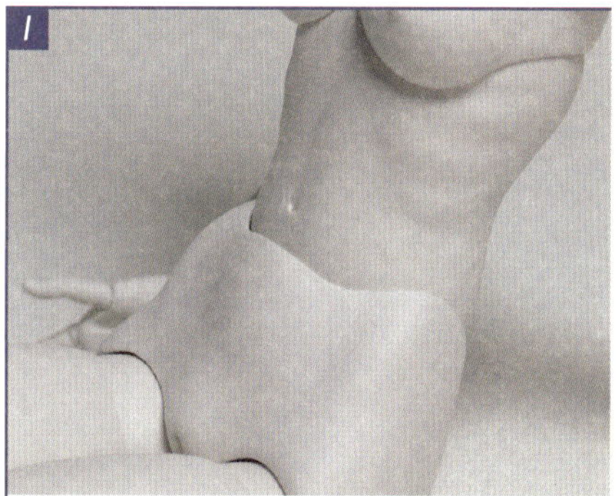

계속해서, 복부 더블 볼 조인트를 만들어 봅시다. 허리와 가슴 아래의 양쪽이 타원구 타입의 구체관절이 됩니다.

2

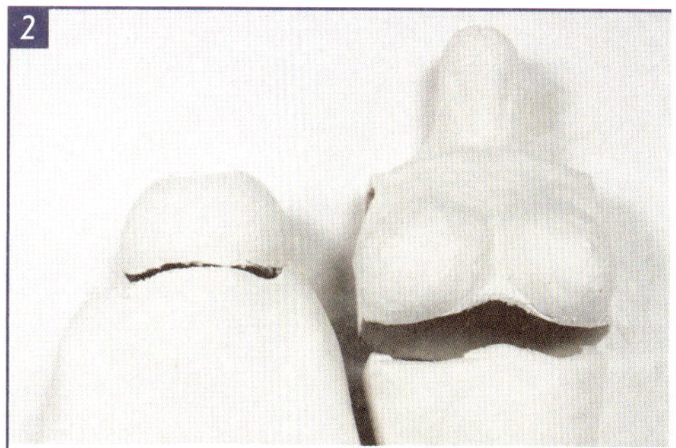

원형은 복부에서 상반신이 일체화되게 만들어졌으므로 우선 실톱으로 상반신을 가슴 아래의 선으로 잘라 둡니다. 하반신에 구 부분이 붙어 있는 경우 마찬가지로 잘라 둡니다.

3

잘랐다면, 복부의 위에 관절을 설정합니다. 복부 위의 단면에 맞는 직경의 스티로폼 구를 강한 압력을 가해 타원형 심재로 안에 넣습니다.

4

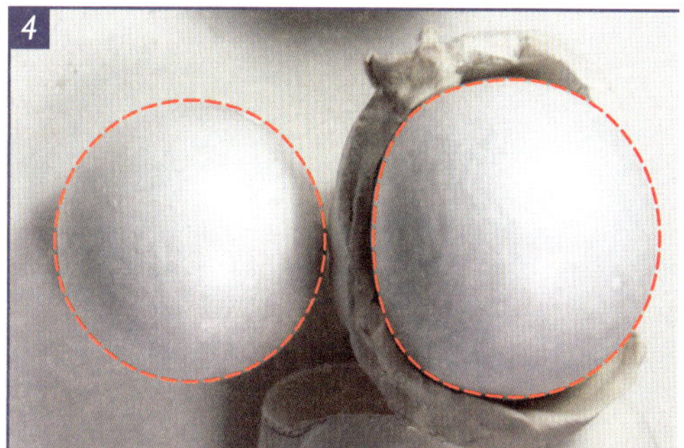

사진의 왼쪽은 원래의 구. 오른쪽 복부 안의 구와 비교하면, 오른쪽은 옆이 눌린 약간 타원이 되어 있는 것을 알 수 있습니다. 이처럼 위아래에서 볼 때는 타원형, 정면과 측면에서는 원형이 됩니다.

5

안에 넣어둔 스티로폼 구를 심재로, 위에 점토로 구 관절을 타원형으로 조형합니다. 나중에 고무줄로 조립하기 때문에 구의 가장 위에까지 만들지 않아도 됩니다. 상부가 되었으면, 복부 아래쪽도 같은 순서로 타원구를 정형합니다.

6

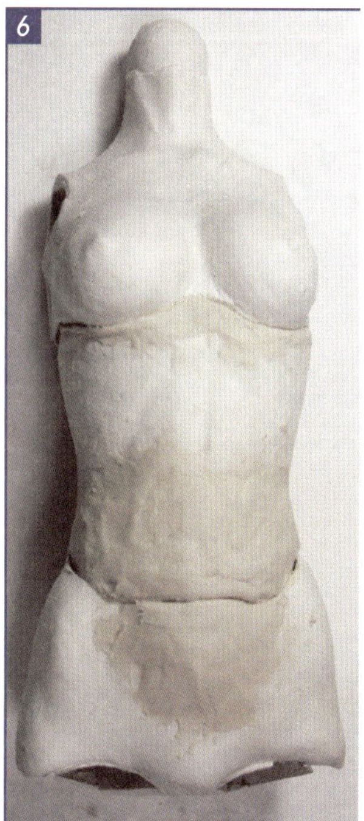

몸 전체의 라인에 주의하면서 정형해 주세요. 이때, 하복부의 잘록한 허리 조정이 힘들겠지요. 관절과 동시에 가슴 부분, 허리 부분도 거슬리는 부분은 수정해 주세요.

7

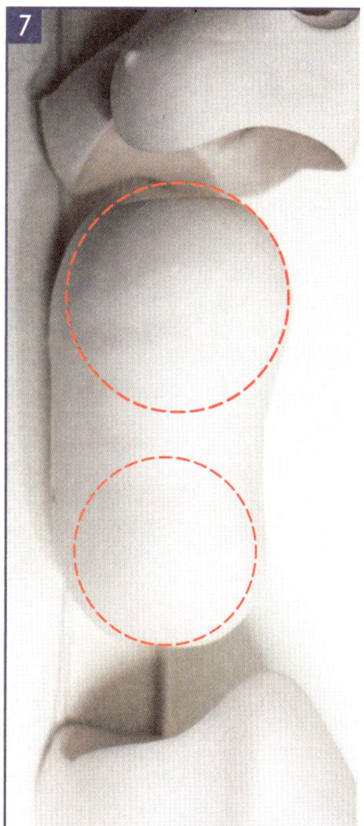

점토 건조 후, 스티로폼 구를 제거하고 (P. 75 참조) 샌딩해서 정리합니다. 다듬을 때, 심재를 넣은 타원의 형태를 의식해 주세요. 정면과 위에서 보면 타원, 옆에서 보면 구가 보이도록 합니다.

8

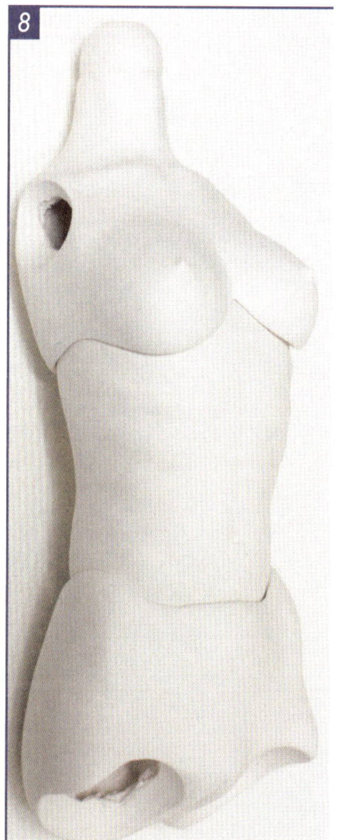

가조립을 해보아 문제가 없다면 타원구 관절의 받침을 정리해서(P. 52 참조) 완성합니다.

column»

타원구 관절에 관하여
oval ball joint

여기에서는 복부의 관절구를 정구가 아닌 타원구로 했습니다. 유토원형에서 관절구는 모두 정구입니다만, 관절이 모두 정원이 아니면 안 되는 것은 아닙니다. 인체의 단면은 정원이 될 수 없기 때문에 부위에 따라 어쩔 수 없이 타원이 맞습니다. 예를 들면 몸통이라면 옆이 눌린 타원 쪽이 어울립니다. 바디라인을 중시하고 싶으면 타원구, 구의 형태나 가동성을 생각한다면 정구. 표현하고 싶은 방향으로 구를 선택하도록 하는 것이 좋겠지요.

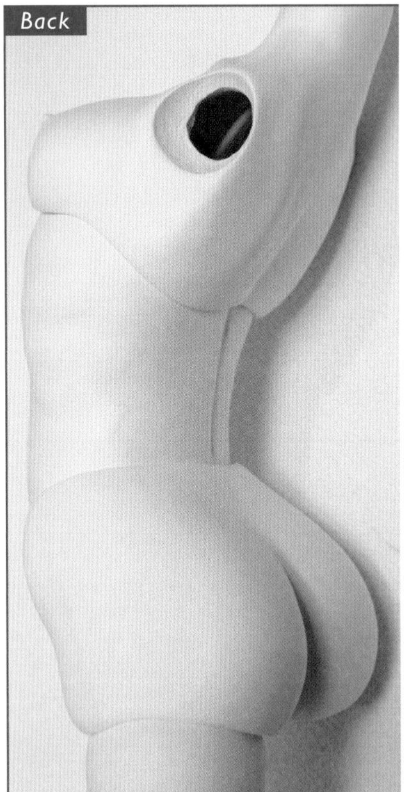

타원도 구체관절이므로 이와 같이 부드럽게 움직입니다.

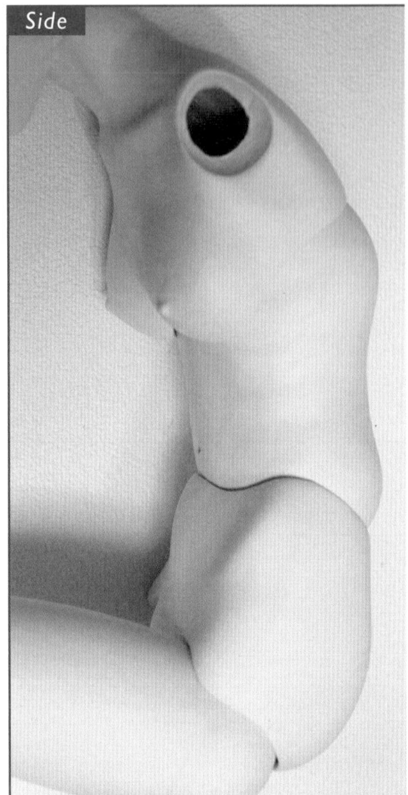

앞뒤의 움직임은 정구와 비교해 조금도 손색이 없습니다.

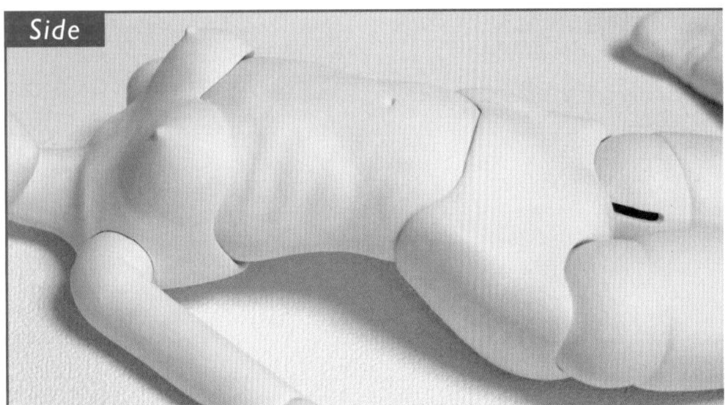

타원구 관절의 경우, 측면의 두께가 많이 튀어나오지 않아도 관절을 넣을 수 있으므로 몸 라인을 보다 자연스럽게 조형할 수 있습니다.

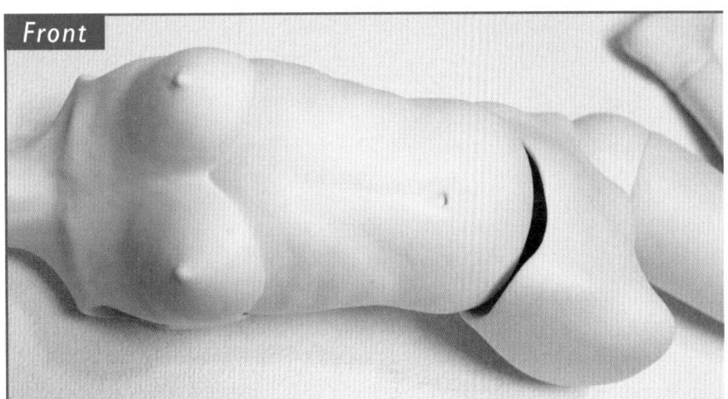

단지 옆으로 크게 돌리면 이와 같이 틈새가 생기는 것이 난점입니다. 정원, 타원, 어느 쪽 구체관절을 선택하는지는 취향 따라.

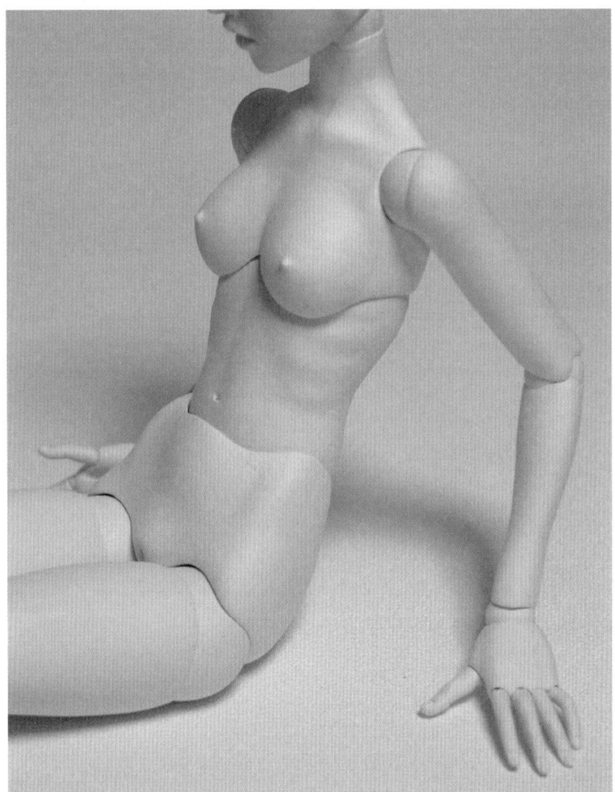

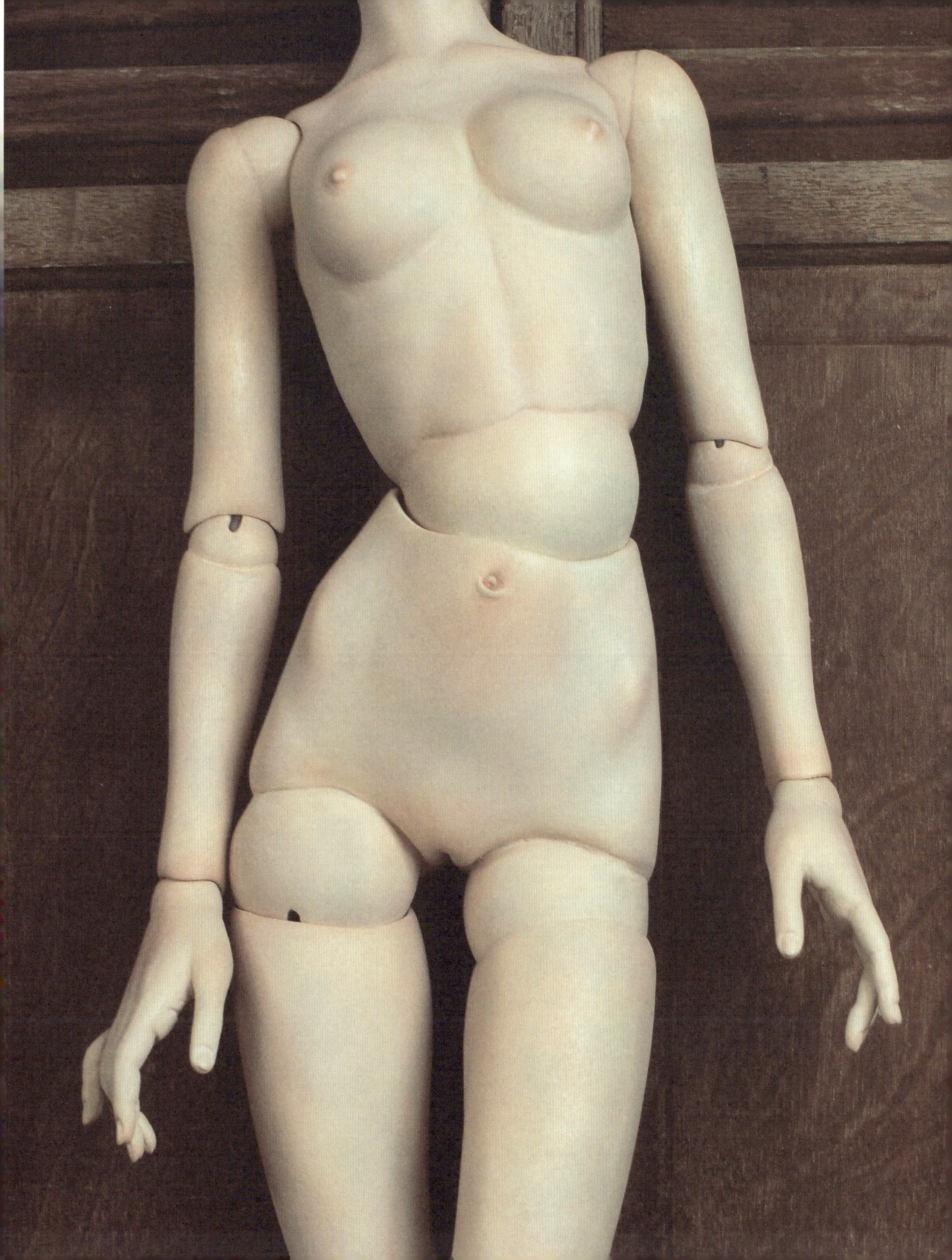

column»

독립관절형
single ball joint

번외편으로, 인형 작가 히즈키씨의 협력을 얻어, 석분점토를 사용해서 복부의 구를 독립관절로 하고 있는 유형의 인형 만들기를 소개합니다. 이미지 도안을 준비하고 준비한 스티로폼 심재에 석분점토를 둘러 감아 조형합니다. 구조나 순서는 유토든 점토든 같기 때문에 꼭 참고해 주세요.

1

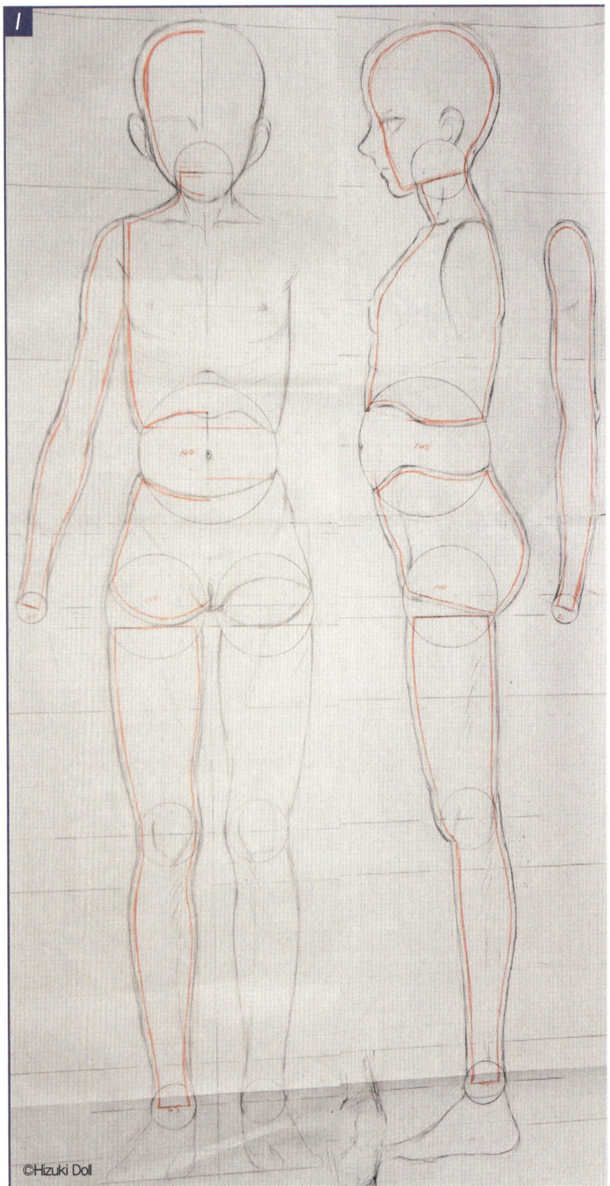

이미지에 맞춰 실물 사이즈의 밑그림을 그립니다. 이때 정면 그림의 허리는 가늘게 그립니다. 복부의 구 관절이 되는 부분은 컴퍼스로 정면 · 측면도 모두 같은 직경의 원을 그립니다. 측면의 원 부분이 자연스러운 복부가 되도록 몸을 두껍게 그립니다.

2

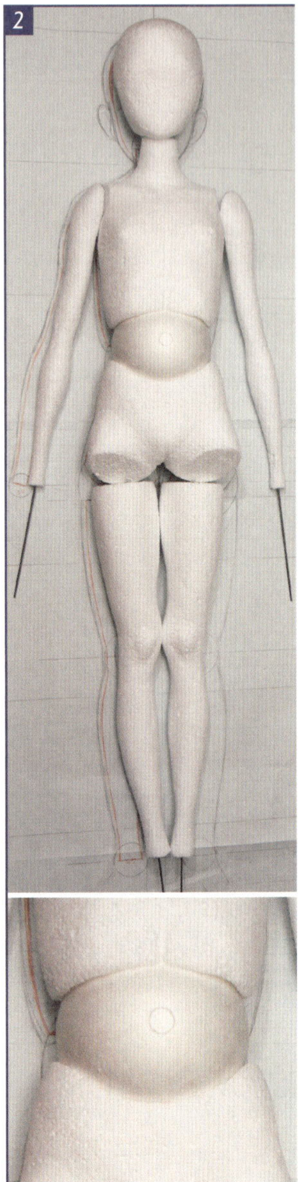

밑그림에 맞춰 스티로폼을 자르고, 깎아내 조금 작은 심재가 되도록 몸을 만듭니다.

3

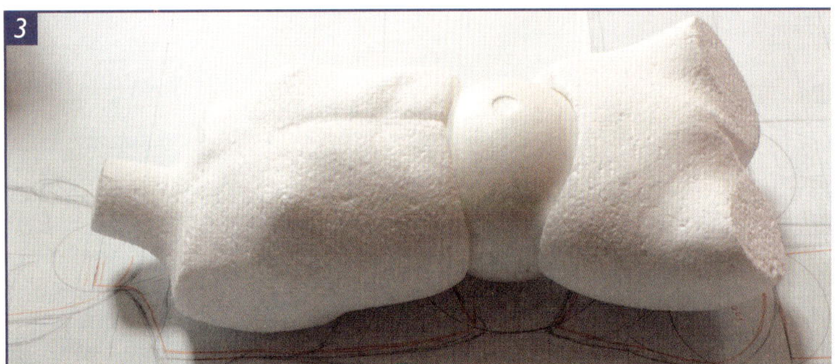

복부의 구 심재로는, 이 책의 유토원형과 마찬가지로 기성의 스티로폼 구를 사용하고 있습니다. 가능하면 정확하게 구 관절을 만들기 위함입니다.

4

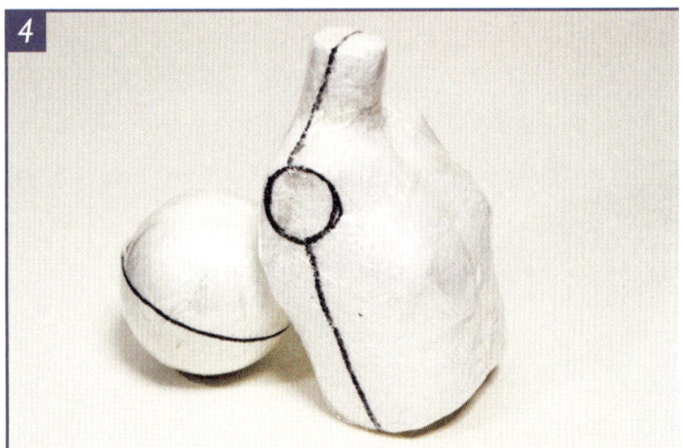

스티로폼에 비닐이나 랩을 감싸 투명테이프 또는 비닐테이프로 감싸 둡니다. 오목한 부분의 비닐이 뜨지 않도록 확실히 테이프로 감습니다.

5

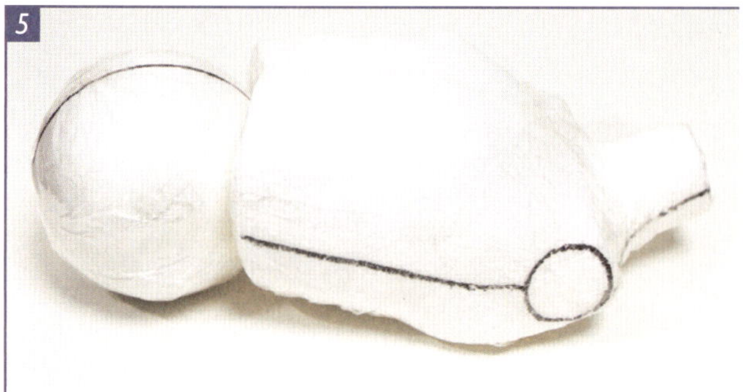

이번 인형은 크기 때문에, 스티로폼은 부숴서 빼는 것이 아닌, 건조된 점토를 분리해서 꺼냅니다. 그것을 위해 파팅라인을 유성매직으로 그리고 이 단계에서 확인해 둡니다.

6

석분점토를 늘려서 두께를 가지런히 합니다. 최소 5mm 이상으로 해 주세요. 두께의 가이드는 적절한 두께의 각재를 선택해서 사용합니다.

7

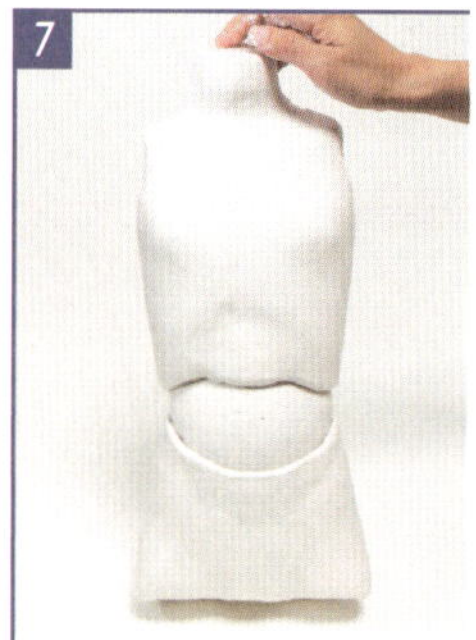

각 파츠의 스티로폼에 점토를 감싸 붙입니다. 허리 · 복부 · 상체를 맞춰 보세요.

8

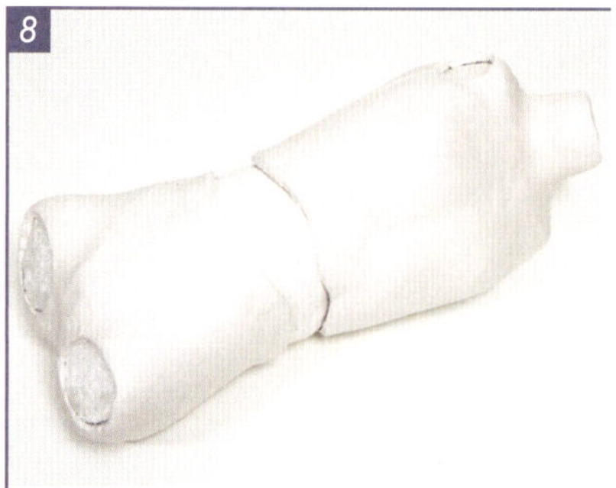

상체를 비틀어 복부관절의 움직임을 체크합니다. 문제 없으면 점토가 마르기 전에 팔레트나이프로 파팅라인의 위치에 칼집을 넣어 둡니다.

9

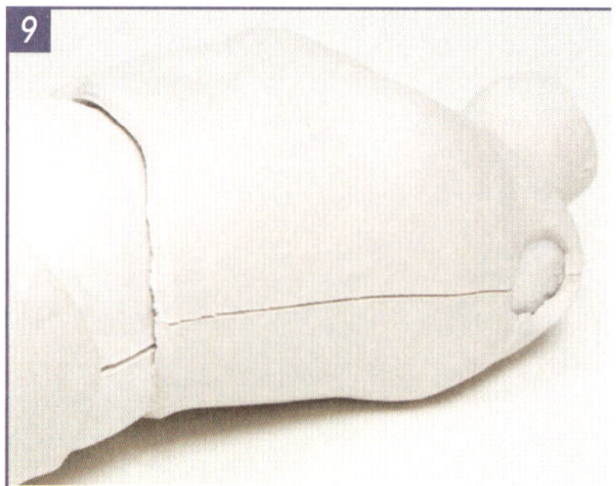

건조된 후 점토 부분만 절단하기는 어려우므로, 부드러운 동안 칼집을 넣어 두세요. 깊이는 스티로폼에 닿는 정도로. 건조 후 점토를 틀에서 떼어냅니다.

Advice

여기에서 틀에서 뺀 스티로폼 심재는 재사용이 가능합니다. 나뉜 몸의 앞뒤 파츠는, 파팅라인 부분에 진흙을 덧발라, 확실하게 압착시켜 말립니다. 여기에서의 공정은 틀에서 뽑기(P. 40) 이후와 마찬가지이므로 그쪽을 참고해 주세요.

CHAPTER Ⅳ

변형
Variation

§1 비율(형태, 모습)의 변경

proportions change

1. 다리를 줄이다 → 2. 두상을 올리다 → 3. 보디의 조정 → 4. 손가락 포즈

틀에서 뽑은 파츠를 늘어 놓고 볼 때 형태를 변경하고 싶어질 때가 있다고 생각합니다. 그럴 때는 형태를 바꿔서 밸런스를 조정해 봅시다. 여기에서는 과감히 처음과는 연령 설정을 달리하여 어리게 바꿔 보았습니다. 유토원형은 다리가 긴 언니 체형이었기에, 다리를 짧게, 어깨는 좁게 조정합니다. 얼굴도 어른스런 표정이었기에, 전체 밸런스를 바꿔서 어린 소녀 같은 인형으로 만들어 봅시다.

† 준비물

- □ 석분점토
- □ 줄, 실톱
- □ 와이어
- □ 펜치, 니퍼

1» 다리를 줄이다

shorten the legs

1

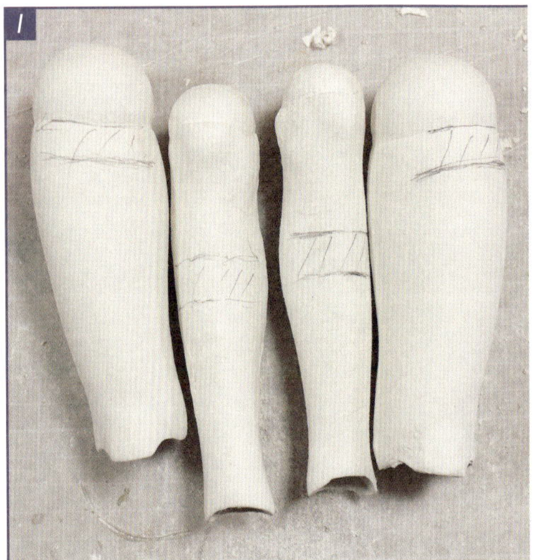

원형에서는 다리가 길게 되었으므로, 적당히 짧게 합니다.

2

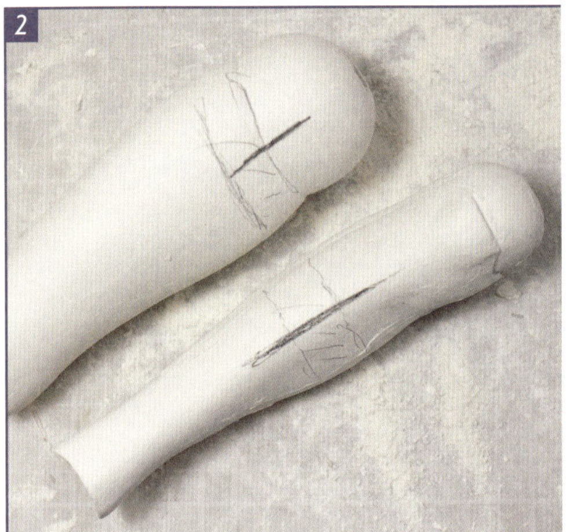

허벅지는 구와 접한 부분, 종아리는 비교적 굵기 변화가 적은 중간 부분으로 각각 1cm 정도 짧게 합니다. 우선 자를 위치에 선을 긋습니다.

3

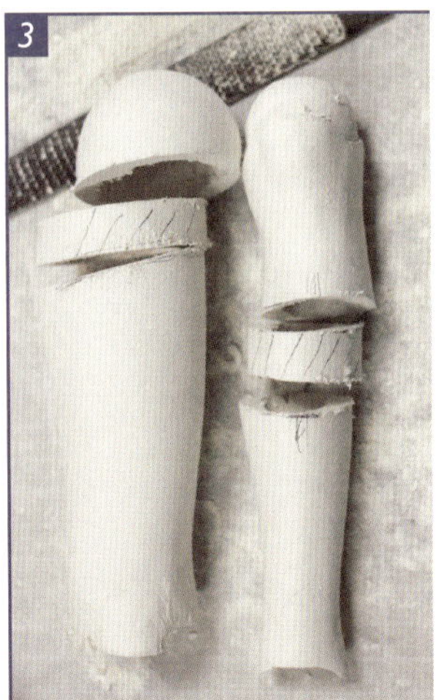

톱으로 자릅니다. 톱날의 두께도 계산해서 잘라 주세요.

4

단면을 거친 줄로 깎습니다. 이것은 점토가 잘 들러붙기 좋게 하기 위해서입니다.

5

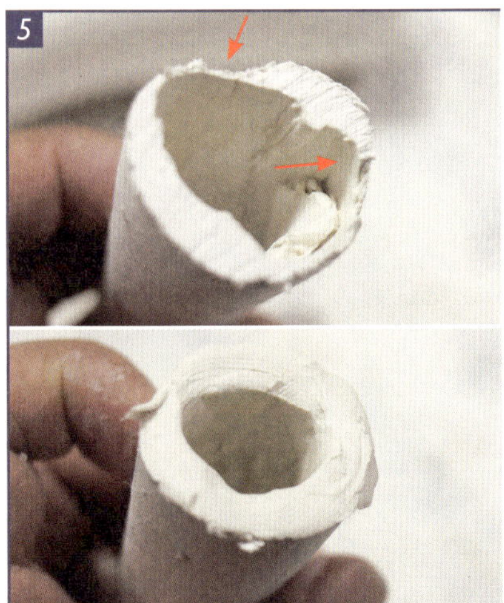

절단한 단면 부근을 보면, 점토 두께가 얇은 부분이 있기 때문에, 점토를 더해서 보강합니다.

6

절단면의 양측에 부드러운 점토를 쌓아 올립니다.

7

압착합니다.

8
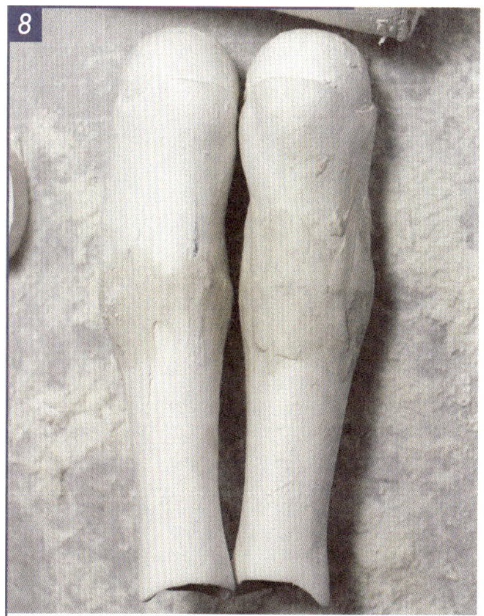
접합부의 점토는 조금 볼록하게 붙여 둡시다.

Advice

건조되면 점토가 조금 줄어들기 때문에, 수정할 때에 조금 많이 점토를 쌓아 놓고, 건조 후에 깎아서 조정합시다.

9
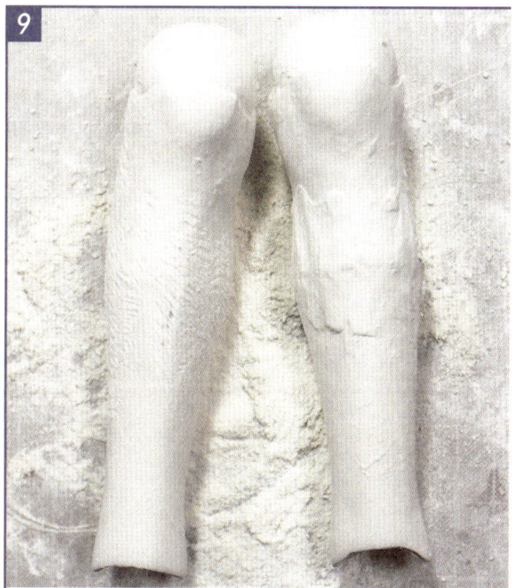
오른쪽이 건조한 후 조금 점토가 줄어든 상태. 왼쪽이 그것을 샌딩한 상태입니다.

10
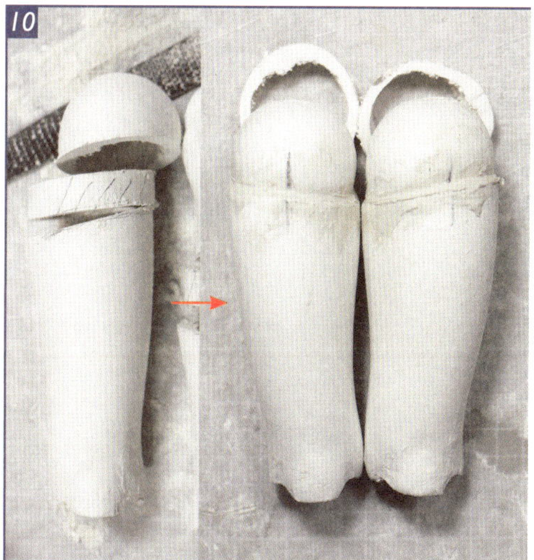
허벅지와 고관절의 구도 마찬가지로 접합합니다.

2»

두상을 올리다

Inflate the head

1
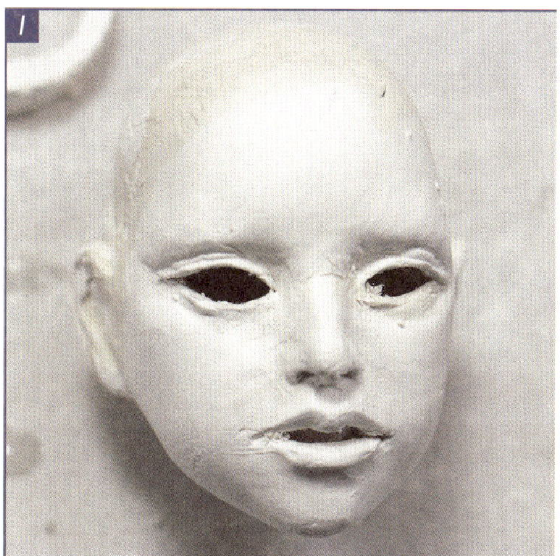
우선은 머라 · 이마 · 정수리 부분에 점토를 쌓아 올려서 얼굴의 밸런스를 바꿉니다. 점토를 덧붙이고 싶은 장소에 물을 발라 둡니다.

2

반죽한 점토를 쌓아 올립니다. 머리의 윗부분이 크게 되어 눈의 위치가 내려가서 어린 인상의 얼굴로 변합니다.

3
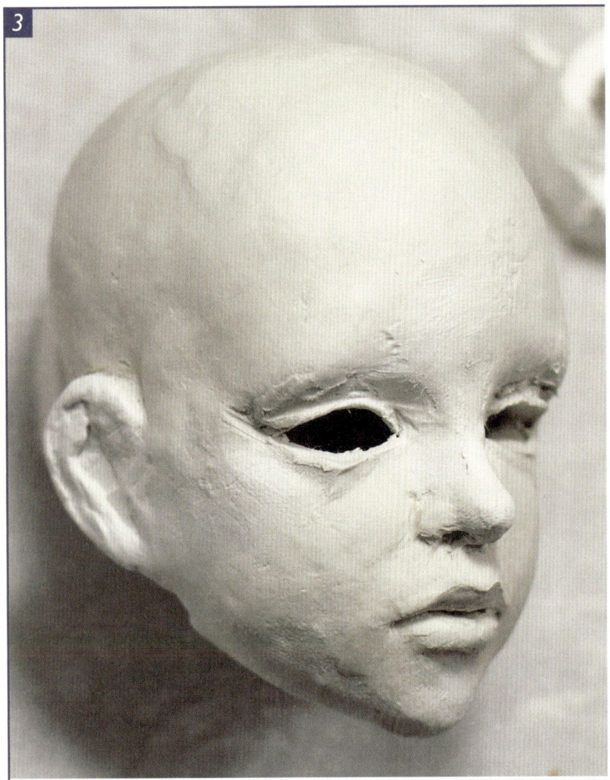

머리의 표정도, 눈은 크게, 코는 위를 향하게 짧게, 입은 작고 두꺼운 입술로 정형합니다.

4
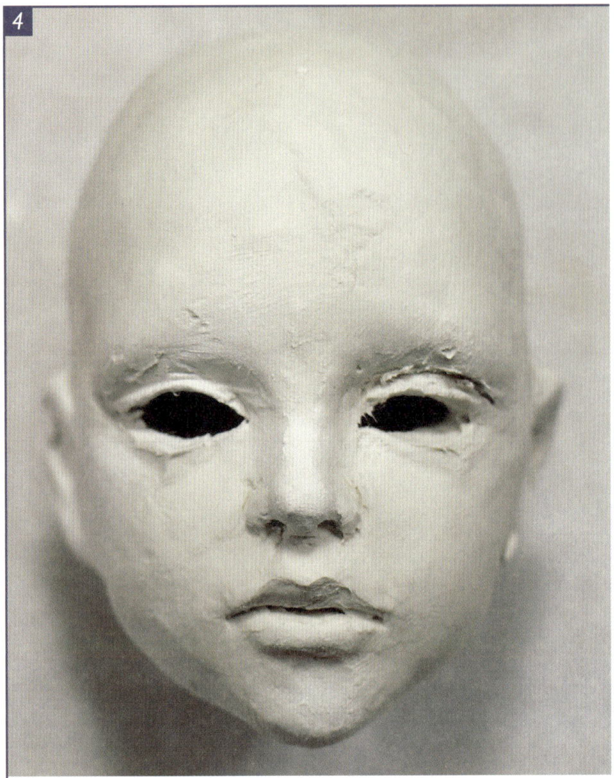

파츠의 배치 밸런스를 바꿔, 생김새를 변경하는 것으로 나이가 어려져 소녀 같은 인상이 됩니다.

3»

보디의 조정
adjustment

1
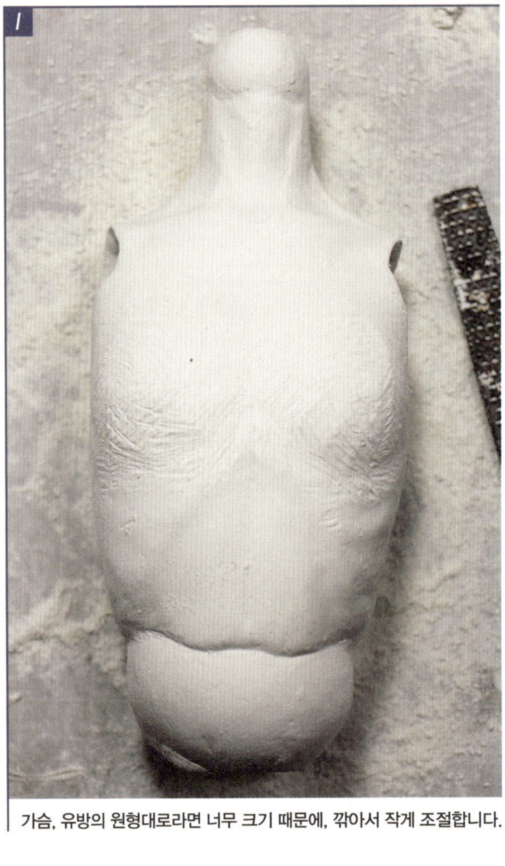

가슴, 유방의 원형대로라면 너무 크기 때문에, 깎아서 작게 조절합니다.

2
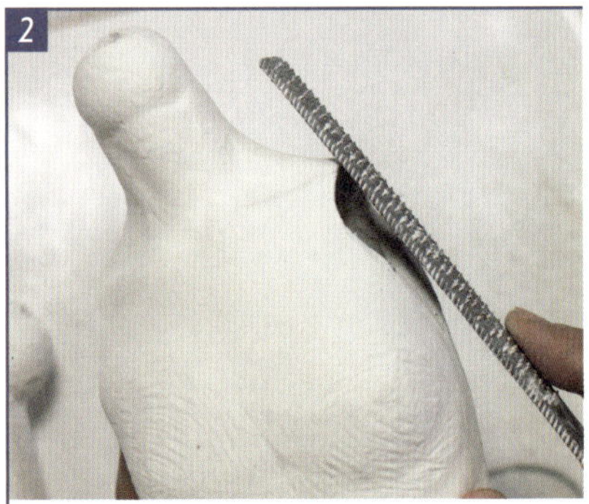

신체는 어깨 폭이 좁아 보이도록, 어깨가 되는 부분을 깎습니다.

3
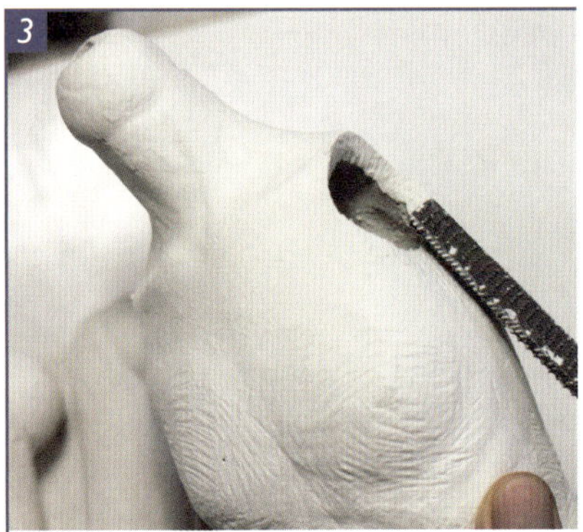

겨드랑이 아래도 깎습니다.

4

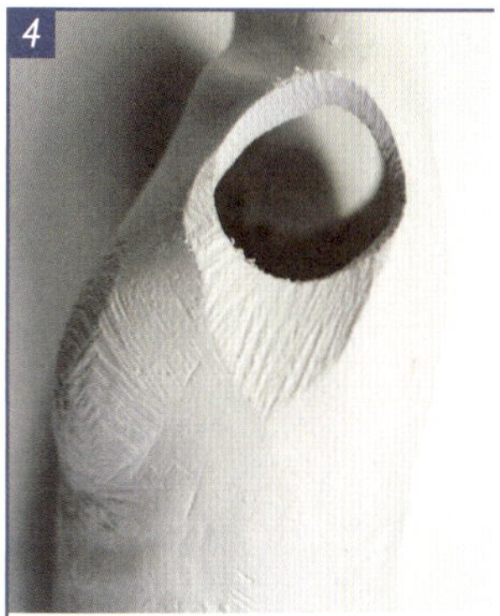

어깨 폭, 겨드랑이 아래를 깎은 상태입니다.

5

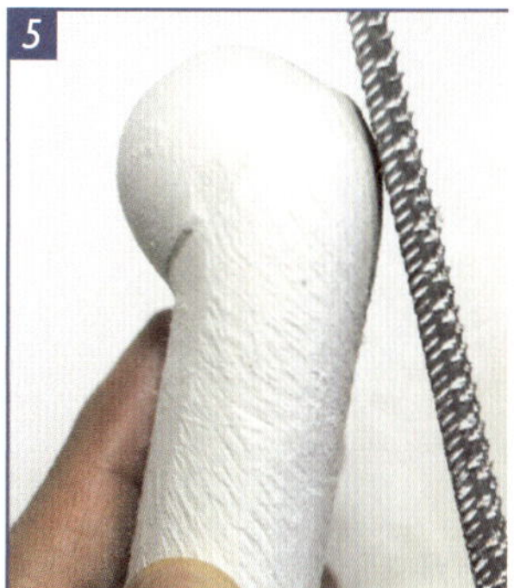

위팔의 어깨 부분이 되는 부분도 깎아서 신체의 인상을 가냘프게 합니다.

6

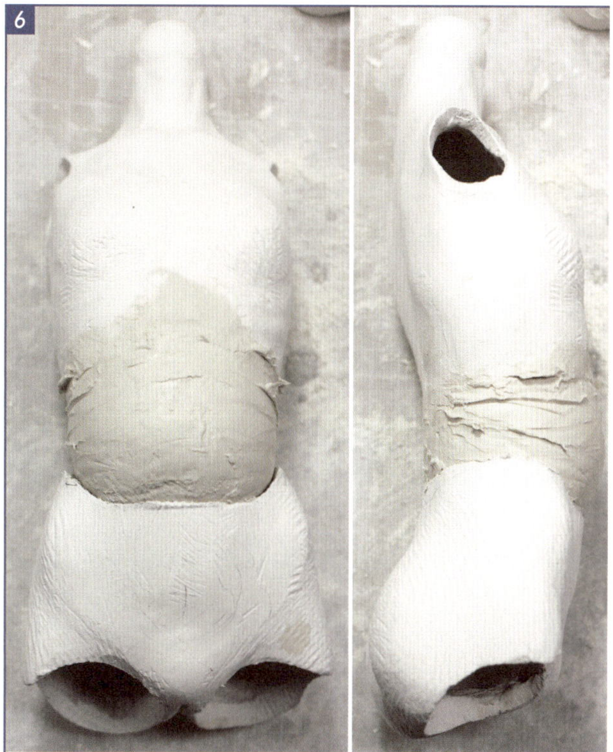

원형에서 복부는 구를 사용하고 있어서 허리가 가는 인상이기에, 여기서는 점토를 덧대 좀 더 통통한 듯 두껍게 합니다. 하복부와의 밸런스를 보면 허리에 점토를 더한 부분이 볼록하게 보입니다.

7

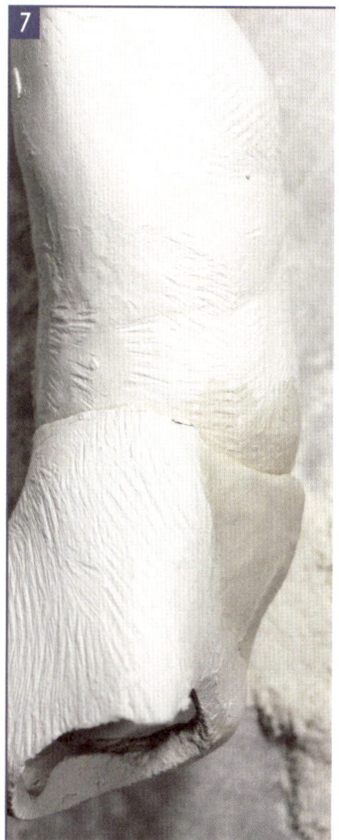

밸런스를 얻기 위해 하복부에도 점토를 쌓아, 복부관절의 라인을 조정합니다.

4»

손가락 포즈

posing of finger

1

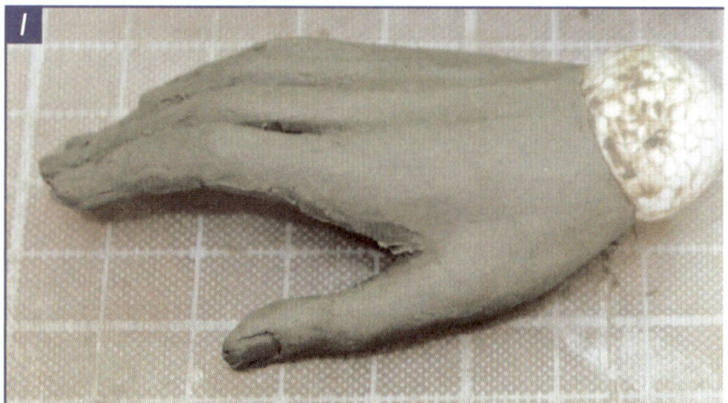

유토원형에서는 손가락 간격을 벌리지 않은 채 틀을 떴습니다. 성형품은 손가락 간격을 벌려 표정을 만들었습니다만, 모델링캐스트나 비스크의 몰드를 만들기 위한 원형으로서는 아직 부족하므로 좀 더 만들어 봅시다.

2

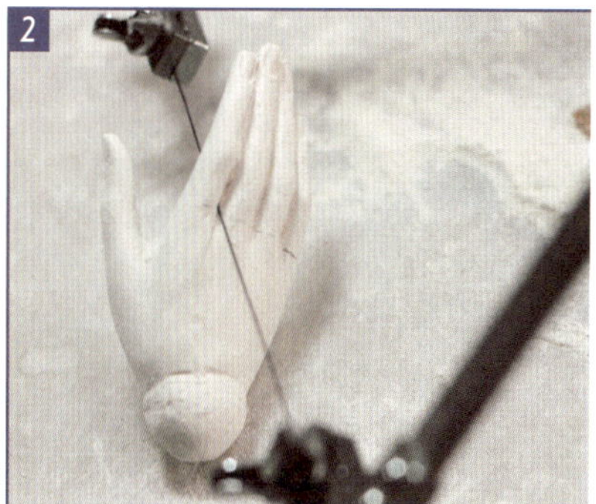

손가락관절을 만들 때(P. 62)처럼 실톱을 사용해 손가락을 잘라냅니다.

3

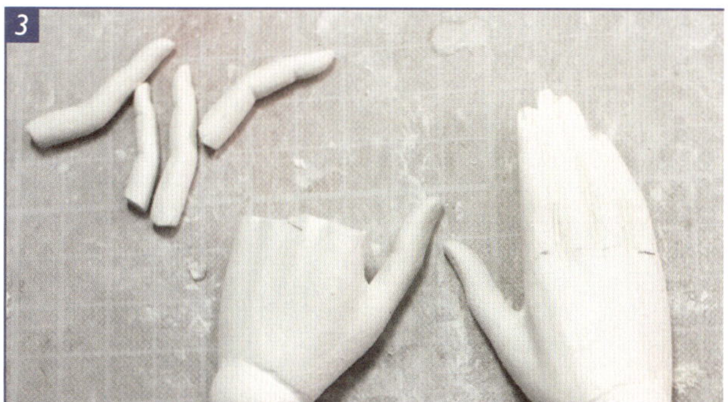

4가락을 잘랐습니다. 엄지는 이번에는 그대로 좋다고 판단해서 그대로 두었습니다.

4

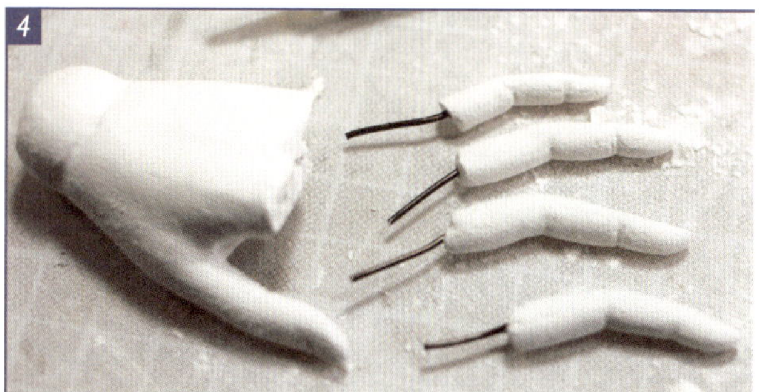

이것으로 손가락과 손가락 사이의 관절 · 주름 · 도톰함 등, 만들기 어려운 부분이 하나씩 조형하기 쉬워졌습니다. 손가락 중앙에 드릴이나 루터로 구멍을 뚫고, 알루미늄선을 넣습니다.

5

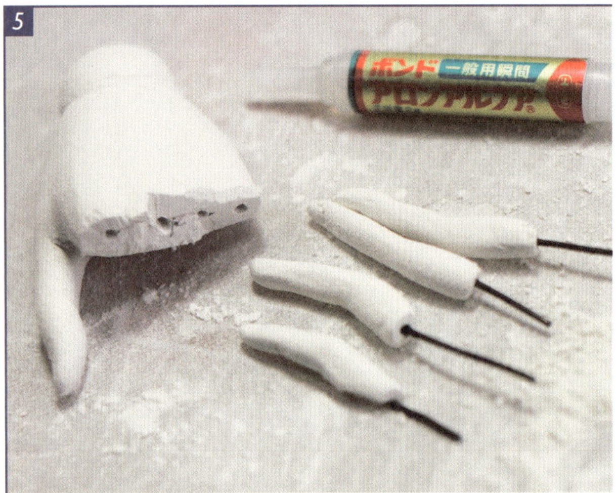

구멍에 순간접착제를 흘려 넣고 손가락 쪽에 선을 고정합니다. 손가락을 만들었다면, 손바닥 쪽도 구멍을 뚫습니다.

6

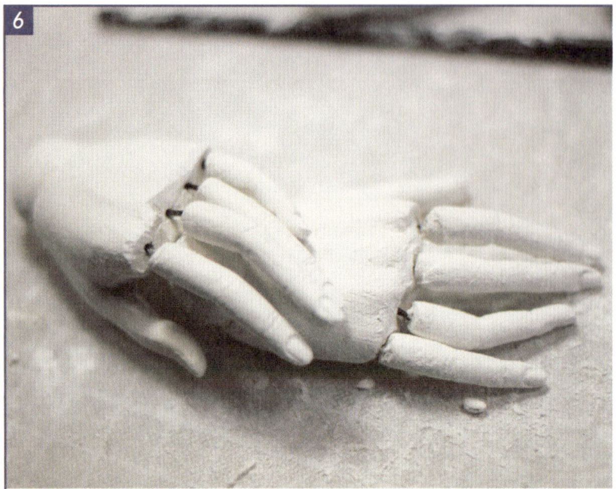

손바닥에 뚫린 구멍에도 순간접착제를 넣어 손가락의 알루미늄 선을 넣고 고정합니다. 손가락의 각도, 포즈를 의식해서 고정해 주세요

7

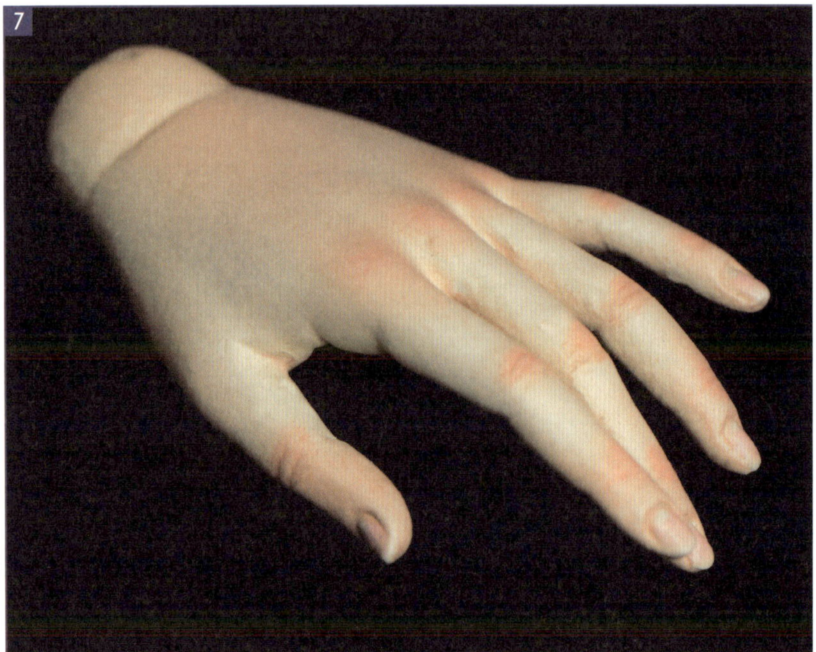

손가락의 밑동에 점토를 붙여 조형하고 도장해서 마감합니다.

Advice

완성 후에도 손가락은 부러지는 경우가 있습니다. 그때는 순간접착제를 부러진 곳에 침투시켜 압착시킵니다.

순간접착제는 액상으로 유동성이 우수하며 틈새에 흘려 넣기에는 궁합이 좋은 접착제입니다. 또 건조한 석분점토에도 친숙하므로, 대수롭지 않은 균열 수리에도 효과적입니다.

순간접착제로 접착하고, 건조 후 균열 선을 가볍게 샌딩한 후 아크릴칼라로 피부색에 맞추어 색으로 보수합니다. 유화채색 마감의 경우는 유화물감으로 색을 맞춰야겠지요.

Advice

손가락 하나하나의 표정을 바꾸고 싶을 때는, 관절마다 잘라서 선을 넣어 구부려서 하는 방법도 있습니다만, 대부분은 과감히 잘라서 손만 처음부터 다시 만드는 것이 빠를 수 있습니다. 어느 쪽이 효율적인지 잘 생각해서 선택하세요.

POINT

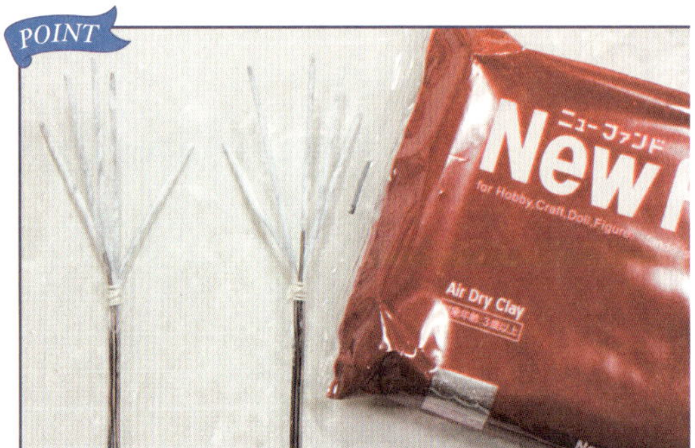

수정할 때보다도 고치는 쪽이 빠른 경우는, 손이나 손가락 등은 와이어로 심재를 만들고, 그 위에 판도 등을 사용해서 새롭게 만들면 좋겠지요.

판도

판도는 마르면 라돌보다 더 단단하고 딱딱해지는 석분점토입니다. 부드러운 상태일 때는 끈기가 있고, 건조하면 단단해집니다. 큰 파츠에 사용하면 건조 후 가공이 힘들겠지만, 손 등의 파손되기 쉬운 부분에 적합합니다.

CHAPTER V

마감

Finish

§1 도장(페인팅)

Painting

V
마감

1. 밑칠하기 → 2. 채색

「요시다식 (초급편)」 P. 80부터의 공정과 거의 같기 때문에, 여기에서는 간단하게 설명하겠습니다. 전에는 피부색 밑칠 위에 유화로 채색했습니다만, 여기에서는 그린 계열과 핑크 계열의 밑 색 위에 채색을 하겠습니다. 같은 투명감의 연출에도, 밑 색부터 창백함을 내면, 채색에서 표현되는 색조와 깊이가 바뀌어지므로, 여러 가지 시험해 보세요. 혈관이나 멍 등도 밑칠 단계부터 궁리하면 재미있는 표현을 할 수 있습니다.

† 준비물

- □ 호분 또는 모델링페스트, 제소
- □ 호분 사용의 경우는 믹서
- □ 수채물감, 유화물감
- □ 스펀지, 붓 등

1» 밑칠하기

foundation coating

1 이번에는 두 패턴으로 밑칠을 하겠습니다. 호분을 사용한 밑칠은 블루그린계입니다. 우선 호분을 반죽해서 믹서로 호분 액을 만듭니다.

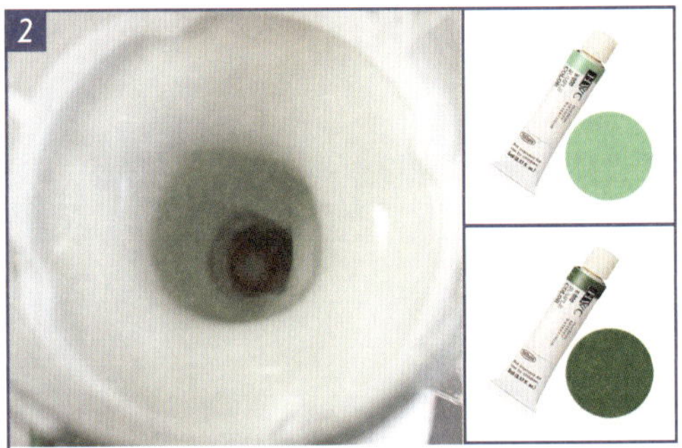

2 수채물감의 테르베르트(terre verte)나 콘포즈그린(compose green)을 섞어서 좋아하는 색조를 만듭니다. 피부의 창백함을 표현하기 위함입니다.

3 이 밑칠 위에 유화로 피부를 만듭니다. 화장할 때 파운데이션을 바르는 감각이겠지요. 우선은 테스트용 파츠를 준비하여 시험해 보는 것이 좋겠지요.

4 밑칠의 색조가 진하면 위에 칠할 피부색도 진해지기 쉽습니다만, 진한 색을 옅게 하는 것은 어렵습니다. 옅은 색부터 시험해 보세요.

5

움직이게 하기 위해 흩트려 놓은 10개의 손가락도 하나씩 칠합니다. 손가락 분량이 보다 많아졌군요.

6

손 주위 등 세밀한 부분은 칠이 두꺼워지는 것과 칠하다 만 부분에 주의하세요.

7

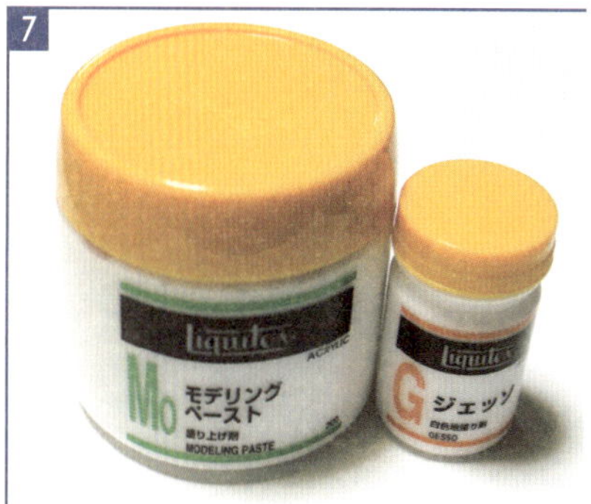

또 하나는 모델링페스트와 제소의 혼합액으로 밑칠을 합니다.

8

이쪽의 색은 엷은 피부색으로 해보았습니다.

9

엷은 핑크색으로 되어 있는 것이 보이나요?

10

밑칠이 끝나면 안구 부분의 막에 물을 묻혀 무르게 하고, 헤라나 이쑤시개를 사용하여 떼어냅니다.

밑칠 도료에 관하여

가정에서도 취급하기 쉬운 모델링페스트와 제소, 일본화나 일본 인형에서 사용되는 전통적인 호분, 이 두 개가 대표적인 인형의 밑칠 도료로, 그 중간 즈음의 것이 근래 발매된 「돌 피니시」입니다. 아크릴계 도료로 마무리용 호분과 같은 질감이고, 밑칠용 호분보다 연마하기 쉽기 때문에 칠해서 마무리하실 분이나 호분을 어려워하는 분에게 좋을지도 모르겠습니다. 점토나 도료와 같은 소재는 새롭게 등장하기 때문에, 여러 가지 시험해 보면서 자신에게 어울리는 소재를 찾아 주세요.

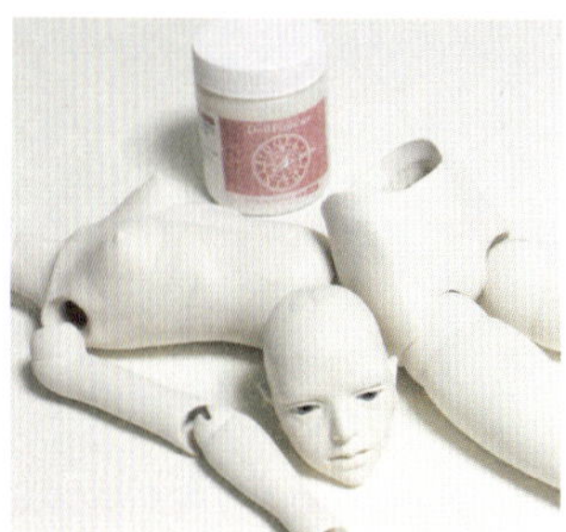

2»

채색
paint details

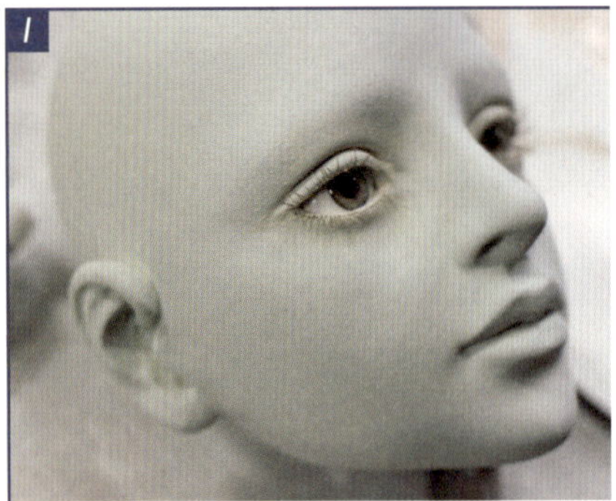

1 유화물감에 의한 채색입니다. 창백한 피부를 만들기 위해 색은 앞서 칠한 그린 계열의 호분으로 되어 있습니다.

2 유화물감의 로즈그레이와 화이트, 옐로오우커 등을 섞어서 취향대로 피부색을 만듭니다.

3 만들어진 물감은 스펀지를 사용하여 색을 얹듯이 바릅니다. 바르기 어려운 부분은 붓을 병용해서 사용합니다.

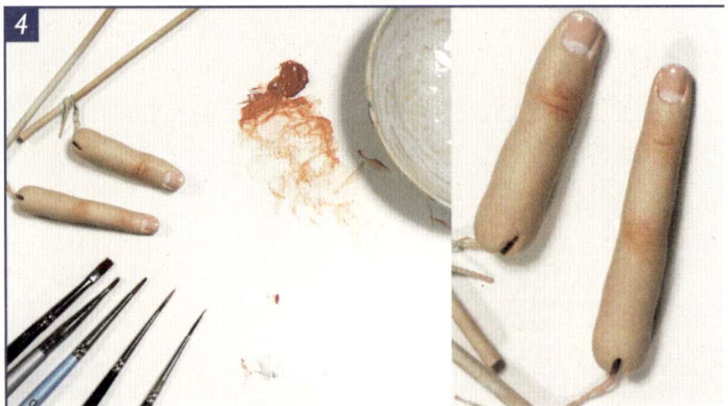

4 손끝의 손톱을 그리기에는 가늘고 긴 붓을 사용합니다.

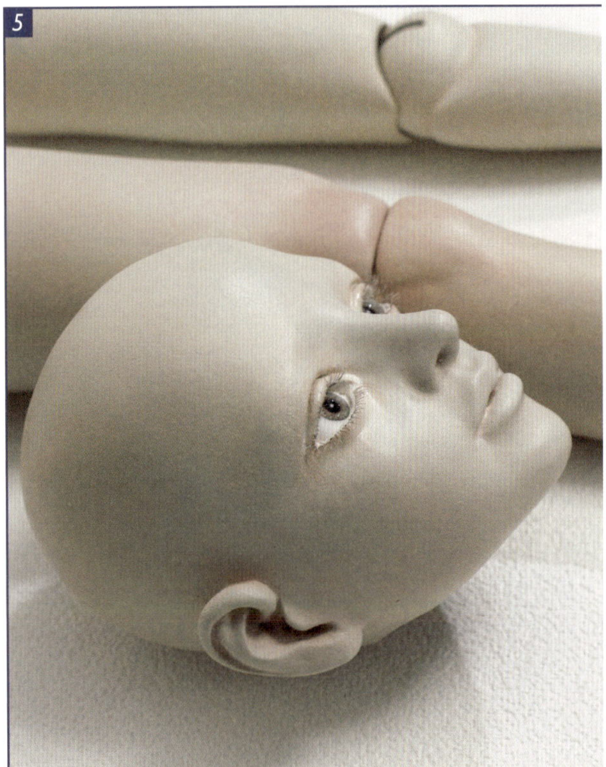

5 피부의 창백함을 표현하기에는 일부러 투명한 색 무리를 만듭니다. 두껍게 칠해서 균일한 색조가 되지 않도록, 침착하게 색을 입힙니다.

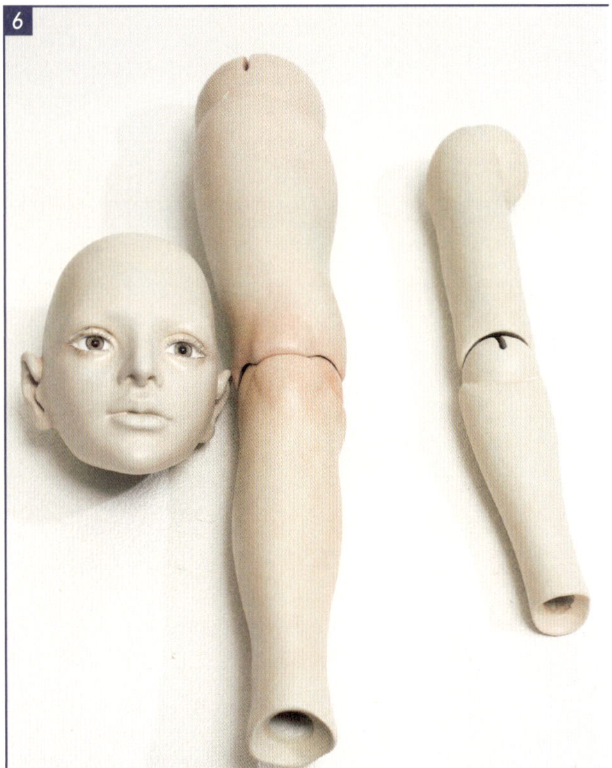

6 다리는 무릎의 붉음을 강하게 합니다. 늘어 놓고 보면, 머리 · 팔은 아직 엷군요. 전체의 색조를 보면서 조정해 주세요.

7

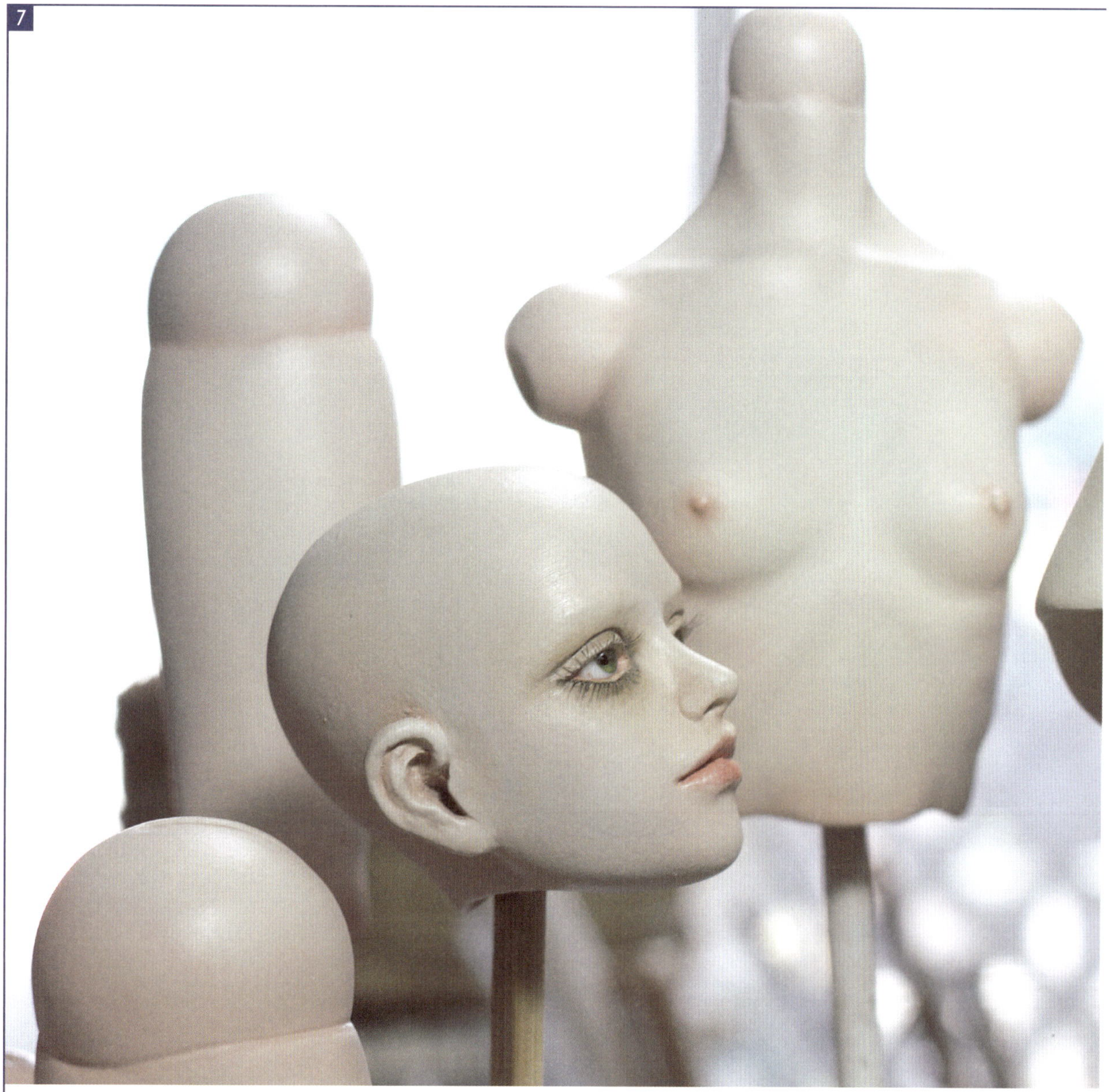

이쪽은 핑크 계열의 모델링페스트 밑칠에 채색을 한 것입니다. 유화물감의 미스트그린을 엷게 발라 투명감을 냈습니다. 유화물감은 건조 시간이 걸리지만, 그러데이션과 투명감이 있는 물감입니다. 엷게 펴 바르면 밑칠의 색조도 비쳐 보입니다. 오일이나 미디엄 등으로 섞어야 하는 어려움이 있지만, 유화의 독특한 표현이 가능합니다.

볏짚 묶음

인형 장인들은 볏짚 묶음에 인형파츠를 꽂아서 작업합니다. 저도 젊을 때 구입한 볏짚 묶음을 소중하게 사용해 왔습니다만, 교실에 놓아둔 볏짚은 사용빈도가 많은 만큼, 빨리 상합니다. 볏짚 묶음은 쉽게 구할 수 없어서 새로 바꾸기가 어렵습니다만 짚이 아니어도 구멍을 뚫은 스티로폼 판을 이용한다든지 대용 가능한 것도 있습니다. 사진과 같이 무언가로 궁리해서 대용품을 만들어 보면 작업도 순조로워질지 모릅니다.

▲사진은 교실의 멤버가 만든, 상자에 골판지를 쑤셔 넣은 파츠 세우는 판입니다. 이것이라면 간단히 만들겠죠.

V
마감

§2 스타일링

Styling

1. 헤어 메이크 → 2. 의상

여기도 기본 공정은「요시다 (초급편)」P. 96부터와 같습니다만, 이번에는 정수리 부분을 가르마가 아닌, 가마에서 마감합니다. 정수리 이외는 한쪽이 재봉된 가발을 붙여 갑니다만, 판매되고 있는 가발에서 좋아하는 색이나 질감의 헤어가 아니면 이와 같이 만들어도 좋겠지요. 지금은 적합한 가발도 많이 판매되고 있지만, 볼륨, 실루엣에 구애된다면 역시 직접 머리카락을 붙이는 것이 확실하겠지요.

† 준비물

- □ 기호품의 머리카락 묶음
- □ 목공용 본드
- □ 전기인두
- □ G크리야 (본드)
- □ 가위, 브러시, 빗

1» 헤어 메이크

Hair arrange

1 이번에는 인모 웨이브의 그레이를 사용합니다. 우선 가발 만드는 작업입니다.

2 처리하기 쉬운 양의 다발을 브러시로 정돈해서 목공용 본드를 바릅니다. 웨이브 헤어는 본드 바를 부분을 잘 브러싱한 후 풀어놓고 작업합니다.

3 수공예용 전기인두로 눌러서 본드를 말리고 굳힙니다. 시간이 있다면 자연건조도 OK.

4 붙일 곳을 5mm 정도 남깁니다. 이번에는 헤어를 짧게 사용하므로 적절한 위치에서 잘라 나머지도 같은 방법으로 처리해서 가발을 만듭니다.

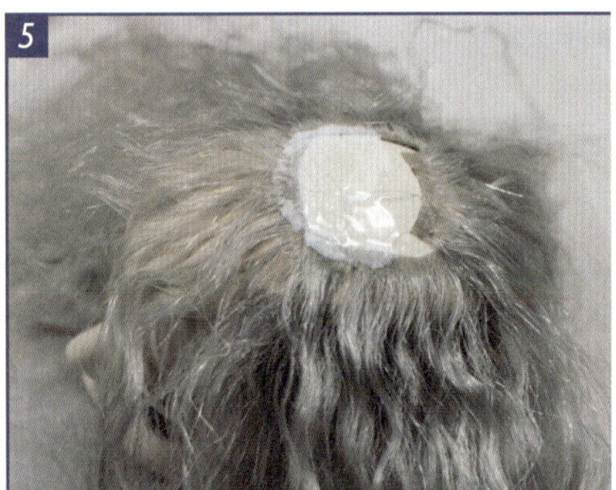

5 정수리의 가마를 만듭니다. 만들어진 가발을 원형으로 귀 윗부분부터 방사형으로 층층이 붙여 갑니다.

6 가마의 위치를 남기고 가발을 원의 형태로 붙입니다. 굳은 가발의 접착 부분은 인두로 열을 가하면 부드러워지므로 곡선의 힘든 부분은 가발의 본드 부분을 원형으로 정돈한 후 붙입니다.

7 가마에 쓸 묶음을 준비해서 고무줄로 묶습니다.

8 고무줄 끝보다 2~3mm 위에서 단면이 평평하게 자릅니다.

9 접착제는 본드「G크리야」입니다. 접합할 양면에 바르고, 건조 후에 면을 맞춰 눌러 붙입니다.

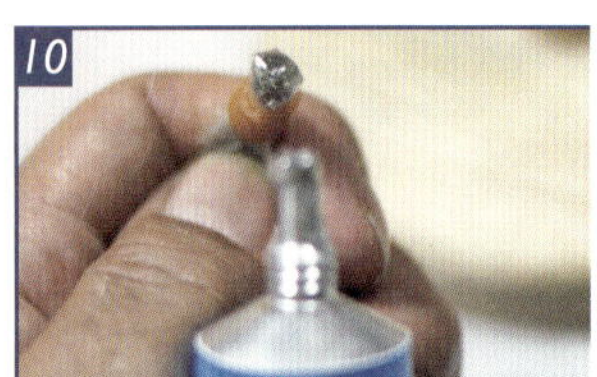

10 머리 묶음의 단면에 G크리야를 묻힙니다.

11

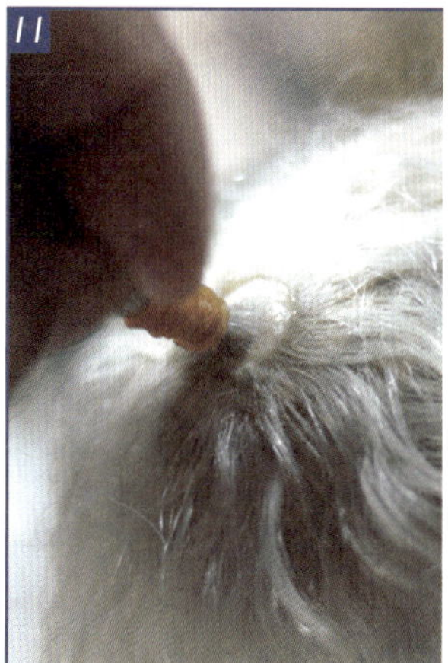

정수리의 가마를 붙이는 위치에도 G크리야를 바르고 묶음의 단면을 눌러 붙여, 잡은 채로 문질러 붙입니다. 접착제를 묶음과 스며들게 하기 위함입니다.

12

아직 붙이지 말고, 양쪽 모두 충분히 건조시킵니다.

Advice

접착제가 마르기 전에 머리 묶음을 정수리에 붙여 버리면, 묶음 중심부가 떠서 깨끗한 방사형을 만들 수 없습니다. 머리 묶음의 접착부를 잡아 보아 말라있으면 붙입니다. 통상 20분 정도 말린 후 접착합니다.

13

건조를 기다리는 동안 붙인 헤어를 정돈합니다. 작업할 때는 키친타올 홀더를 작업용 스탠드로 사용하면 편리합니다.

V

마감

14

브러시, 이발용 칼, 솎음가위, 헤어스타일링기 등으로 헤어를 만집니다.

15

헤어무스나 하드스프레이를 사용해도 좋습니다.

16

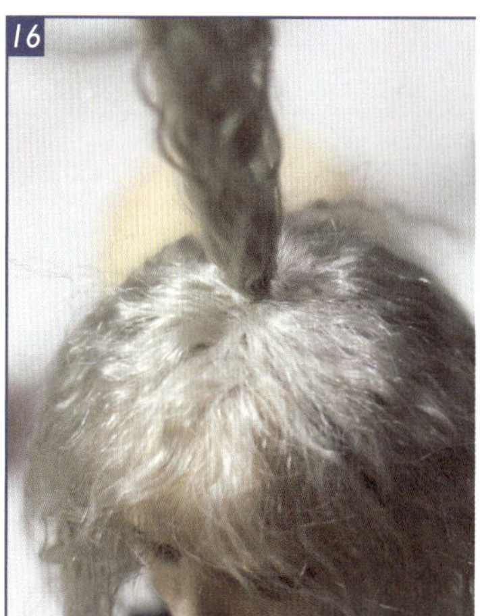

접착제가 건조되면 고무줄을 풀어서, 묶음을 수직으로 비틀듯이 가마를 누릅니다.

17

묶음 중심 부근에서 방사형으로 펼칩니다. 중심 부분을 손가락으로 눌러서 모양을 만들고, 그곳을 압착하면 완성됩니다.

18

이 인형은 안쪽은 짧고 바깥쪽은 긴 웨이브헤어로 조금 특이한 헤어스타일을 해보았습니다.

2 »

의상
Dress

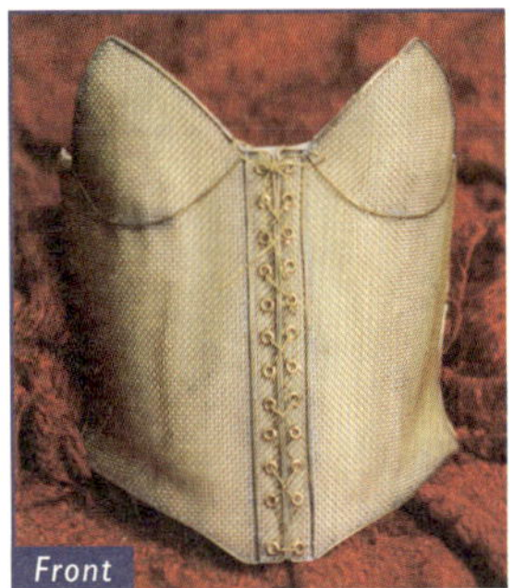

인형에 직접 입히는 타입입니다. 금속이 부딪히면 피부 표면에 상처를 입히므로 안쪽에는 가죽을 붙였습니다.

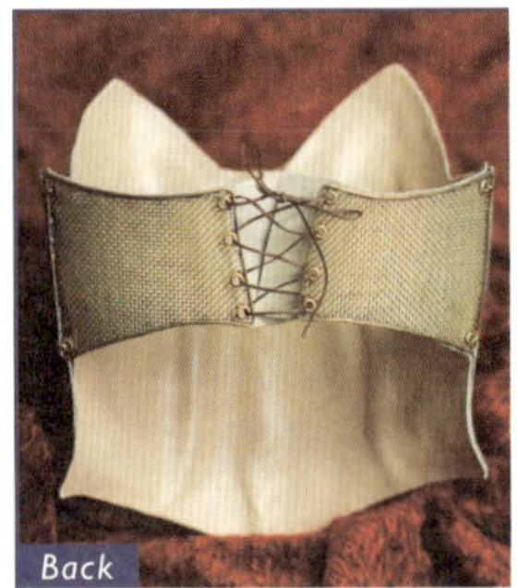

앞면의 짜임은 디자인일 뿐, 실제로는 뒤쪽으로 엮어 올려 입힙니다.

구체관절인형은 알몸이 조형의 기본이 됩니다. 그럼 인형이 완성되었을 때의 의상은 어떻게 할 것인가? 인형 작가 중에는 자신이 모든 것을 만드는 분도 있고, 의상을 전문 복식 디자이너나 만족스런 파트너에게 부탁하는 분도 많습니다. 앤틱 인형 드레스를 사용하는 분도 있겠죠.

그래도 모처럼 고생해서 만들었는데 옷으로 감추는 것도 뭔가……라고 하겠지만 알몸으로는 냉정해 보여서 인형에 코르셋을 입히는 경우가 자주 있습니다.

여기에서 만든 것은 금속 코르셋입니다. 저는 어릴 적부터 황동 소재를 납땜해서 모형을 만들어 보았기에 금속 중에서는 황동이 익숙하고 좋습니다. 시간이 지나면 거무스레해지거나 녹이 슬거나 하는 것도 멋이 있습니다. 인형의 몸에 맞춰 디자인을 정해 본을 떠서 만들고, 황동 망 소재를 잘라내어 윤곽을 황동 선으로 에워싸 납으로 고정했습니다.

원피스 위에 입힐 타입. 이쪽은 의상 위에 입힐 것이기에 모두 금속 그대로입니다. 리본이나 가죽 끈 등을 사용해서 입힙니다.

리본도 같은 방법으로 망 소재와 황동 선으로 끝 단 처리를 했습니다.

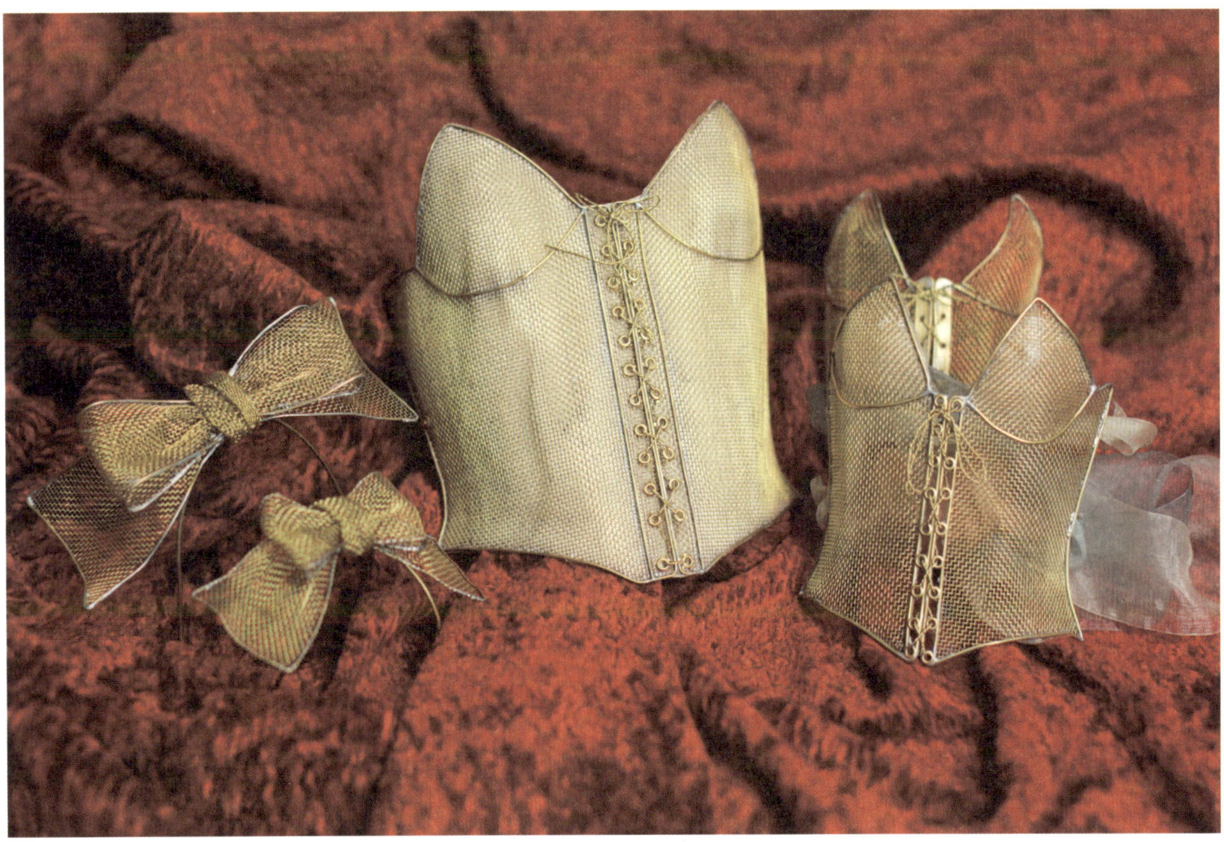

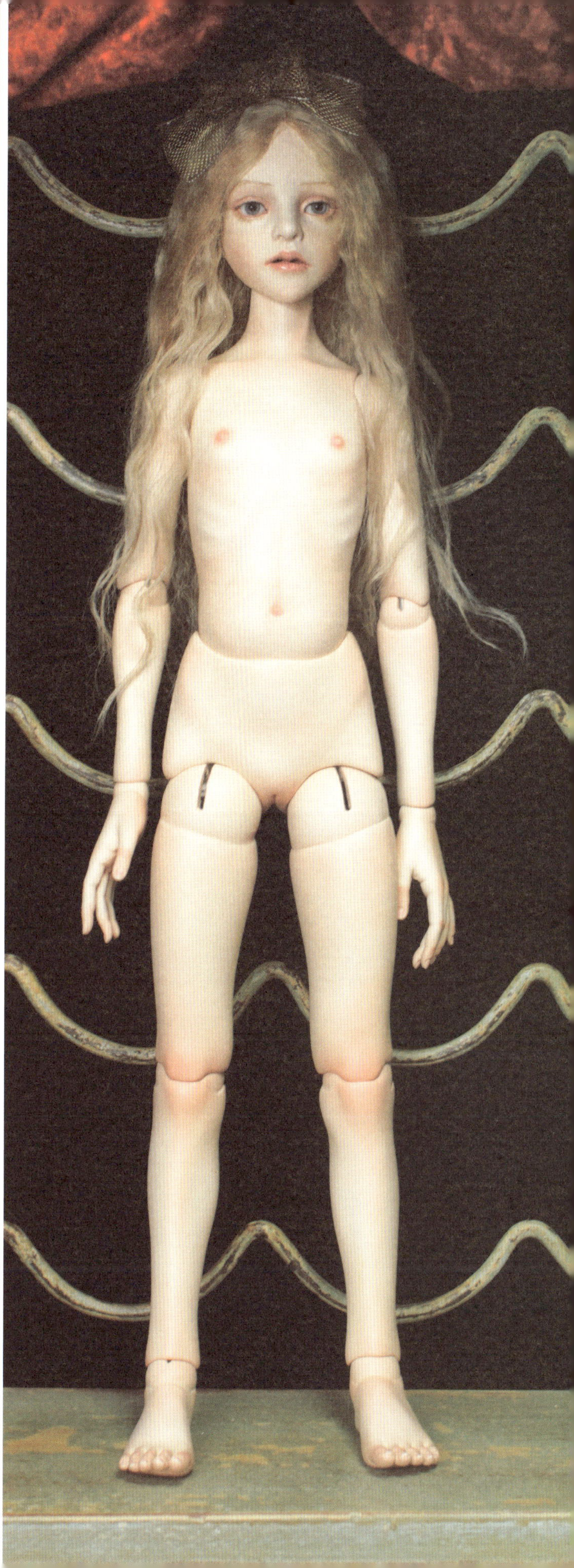

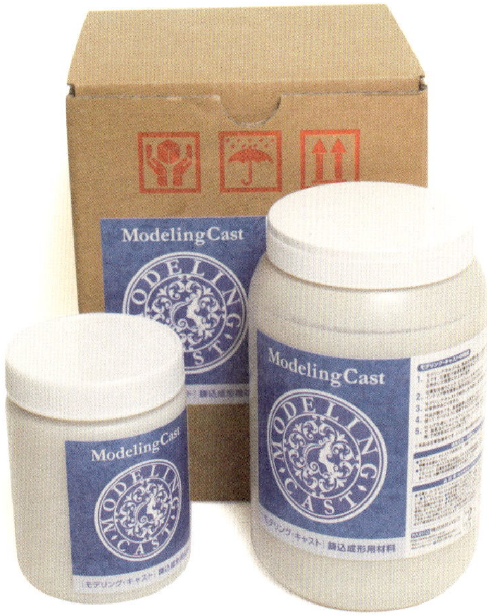

모델링 캐스트

P. 124부터 설명한 액상점토. 이 상품의 등장에 의해, 비스크인형을 동경해 왔지만 자택에서 가마를 구비할 수 없는 분도 쉽게 복제할 수 있게 되었습니다. 건조 후에는 가볍고 단단하며 장시간 두어도 표면이 변색되지 않습니다. 라돌과의 궁합도 좋기 때문에 모델링캐스트로 뽑은 것을 라돌로 수정 · 가공하는 것도 가능. 폭넓은 표현이 가능해졌습니다. 만들고 싶은 인형의 크기에 맞춰 1kg, 3kg, 6kg을 구입해 주세요. 병 타입은 그대로 섞어서 사용할 수 있어 편리합니다.

돌 피니시(호분)

밑칠용 도장. 매트해서 호분과 같은 질감이 나는 타입. 결이 고운 입자로 연마하기 쉽고 제소와 같은 감각으로 사용할 수 있습니다만, 연마하면 자연스럽게 고급스런 광택이 나옵니다. 고생스런 호분 만드는 수순을 줄이고 호분의 질감은 즐길 수 있는 재료입니다. 겹쳐 발라 두면 메이크 완료 후에도 오일로 닦아낼 수 있습니다.

돌 피니시 (투명 광택 없음)

이쪽은 투명감이 있는 매트타입. 한번으로 매트하게, 겹쳐 바름으로 아련한 투명감과 광택이 나옴. 호분 타입과 마찬가지로 페인팅오일 등으로 메이크를 지우고 수정할 수 있기 때문에 가벼운 메이크와 마감에 적합한 듯합니다. 두 종류 모두 모델링캐스트만이 아닌 다른 점토류에도 사용할 수 있습니다.

마이카 파우더

운모를 고운 분말상태로 빻은 것. 액상점토의 이형제로 사용합니다. 석분점토에서 모형을 뽑을 때 베이비파우더를 사용했지만 마이카파우더를 사용해도 OK. 베이비파우더는 타르크(활석)을 빻은 것으로 같은 분말이어도 내용이 다르기 때문에 모델링캐스트를 사용할 때는 이쪽을 사용합니다.

Online Shop

유토나 모델링캐스트처럼 처음으로 사용하는 재료는 실제 보고 선택하는 것이 제일이지만, 근처에서 구할 수 없는 경우도 많습니다. 이번에 사용한 재료의 대부분은 우측에 표기된 온라인 숍에서 구입이 가능합니다. 제작의 베이스가 되는 유토 전반이나 파디코 제품으로 모델링캐스트 관련 상품 외 기타, 페더나이프, 금속헤라, 안구, 인형용 헤어 등의 도구·재료도 판매되고 있기 때문에, 묶음으로 이용하면 편리하다고 생각합니다. 석분점토 등은 묶음할인이 있으므로 친구들과 함께 이용하는 것도 좋겠지요.

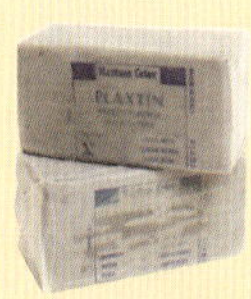
유토

카루이유토

라돌

석고 (1kg)

Hearty PADICO オンラインショップ

http://www.rakuten.ne.jp/gold/heartylove/

PADICO 株式会社パジコ

〒150-0001 東京都□谷□神宮前1-11-11-607

℡0120-296-845 http://www.padico.co.jp/

CHAPTER Ⅵ

복제

Molded item

§1 파팅라인

Parting line

1. 팔·다리의 설정 2. 보디의 설정 3. 두상의 설정 4. 손·발의 설정 5. 몰드 뜨기의 준비

최근, 구체관절인형을 만들 때에 상급자가 사용할 수 있도록 된 복제용 소재로 「모델링캐스트」(구-이지슬립)가 있습니다. 형틀로 만들어진 복잡한 석고 몰드가 필요합니다만 확실하게 뽑기 쉬운 형태만 된다면 흘려 넣기·틀에서 뽑기 자체는 그다지 어렵지 않습니다. 자신 있는 원형 작품이 만들어졌다면, 꼭 복제를 도전해 보세요.

원형은 4장까지 만들어 본 라돌 완성작입니다. 유토원형과는 달라, 소재가 단단하고 표면이 다듬어져 있으며, 관절구 받침도 설정되어있습니다. 받침은 안쪽으로 오목하기 때문에, 그곳에도 틀을 분리할 필요가 있습니다. 유토원형의 몰드 뜨기처럼 심플한 2분할이 아닌, 적어도 3분할 이상의 석고틀이 됩니다. 또 소재가 딱딱하다는 것은 파팅라인이 정확하지 않으면 몰드가 분리되지 않는다는 뜻입니다. 그것을 고려한 후에 여기서는 몰드 뜨기에서 가장 어려운 부분인 세밀한 파팅라인의 설정, 틀에서 뽑는 것은 두상·신체·손·발의 파츠를 사용해서 설명합니다. 기본적인 공정은 P. 18부터 참고해 주세요.

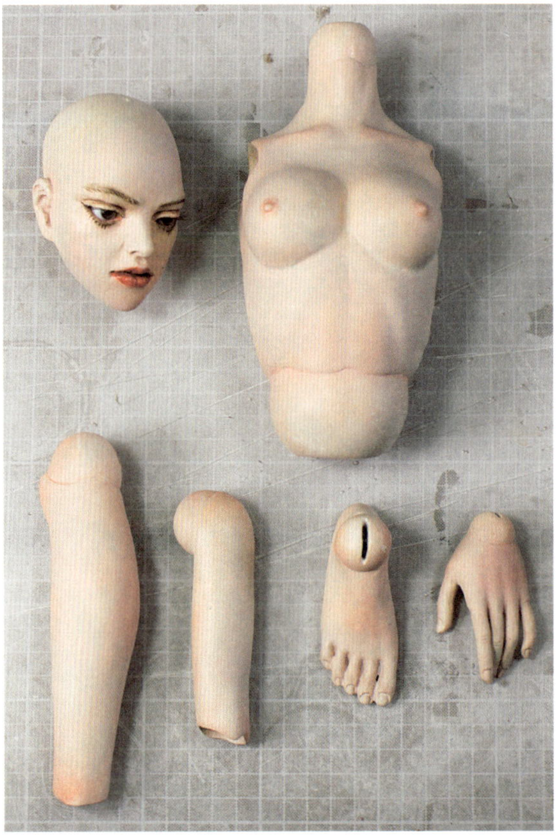

※ 이번에는 해설용으로 채색이 끝난 완성작을 원형으로 합니다.

† 준비물

- □ 마루용 왁스
- □ 붓, 접시
- □ 유토(소랑)
- □ 심 홀더 (펜슬 심)
- □ 유성펜 등

주입구

모델링캐스트를 흘려 넣기 위해 열어 둔 주입구. 뚫어 둘 곳은 한 곳으로 몰드 중에서 큰 구멍을 뚫어야 할 곳, 가슴관절의 중앙 부분에 설정합니다.

1» 팔·다리의 설정

set up arms & legs

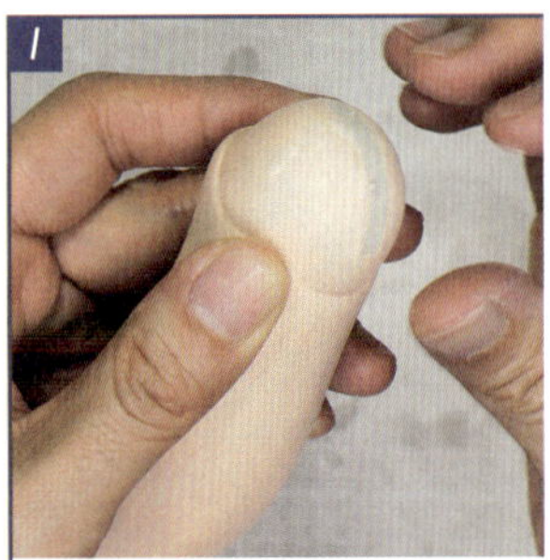

1 우선은 종아리 설정입니다. 관절의 구멍이 뚫려 있으면 그곳으로 석고가 흘러 들어가 버리므로, 각 파츠의 틈과 구멍을 유토로 막아 둡니다.

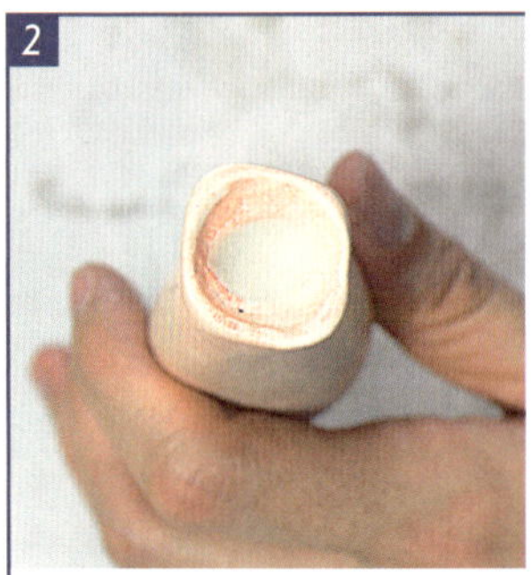

2 틀에서 뽑은 후 구멍 · 긴 틈은 다시 뚫어야 하므로 원래 위치를 알 수 있을 정도로 메워 주세요.

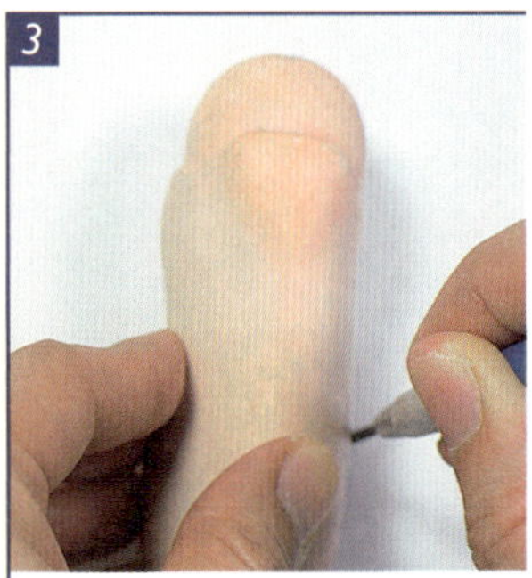

3 설정 방법은 이전(P. 18)과 같으므로 이번에는 심 홀더를 사용해봅니다. 심을 길게 뺄 수 있으므로 편리합니다.

4

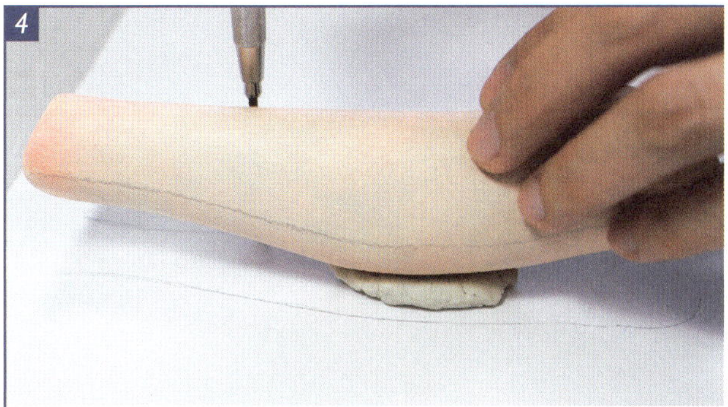

종이에 수직으로 세운 펜슬 심으로 파츠의 측면을 대고 긋습니다. 실루엣을 베끼는 이미지로, 인형이 불안정하면 유토로 평평하게 고정시켜 주세요.

5

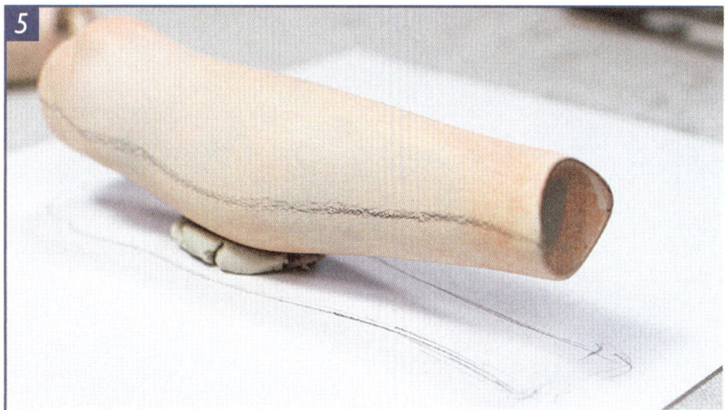

맨 위에서 봤을 때 파츠의 가장 외곽 라인이 파팅라인이 됩니다. 위에서 보아 잘 설정되어 있는지 확인해 주세요.

6

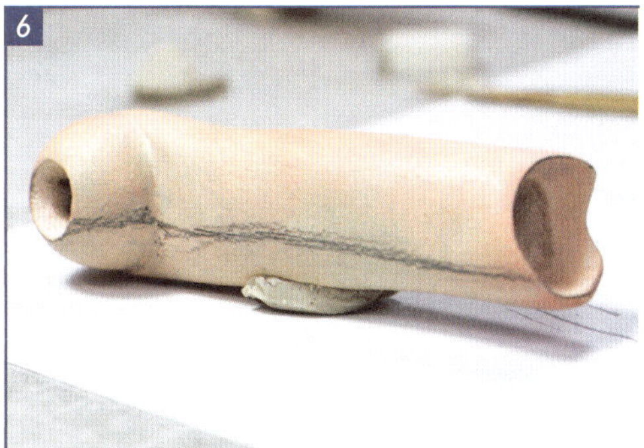

유토로 고정해서, 다른 파츠와 같이 라인을 그립니다. 3분할. 주입구는 어깨 부분이 됩니다.

7

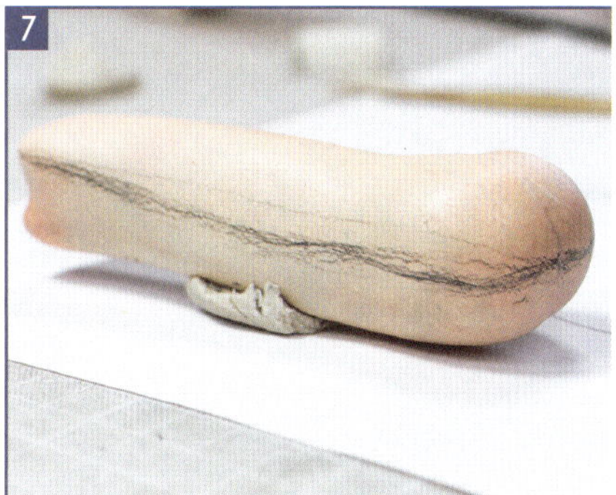

어깨 관절구와의 관계로 위팔은 사진과 같은 선이 됩니다. 다리와 남은 파츠도 마찬가지로 작업해 주세요.

2»

바디의 설정

set up the body

1

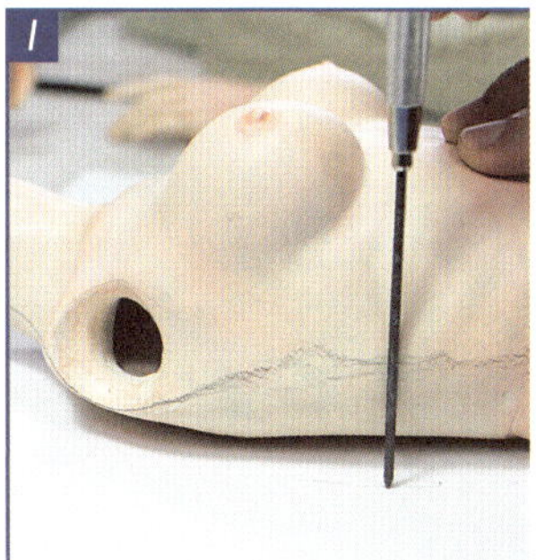

기본 공정은 앞과 같습니다. 단지 가슴이 커서 파팅라인이 몸 측면의 높은 위치에 옵니다.

2

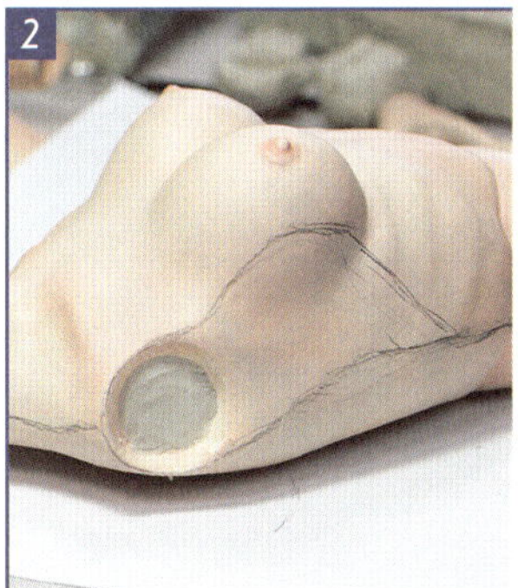

팔의 받침 부분도 있기 때문에, 파팅라인은 사진처럼 됩니다.

3

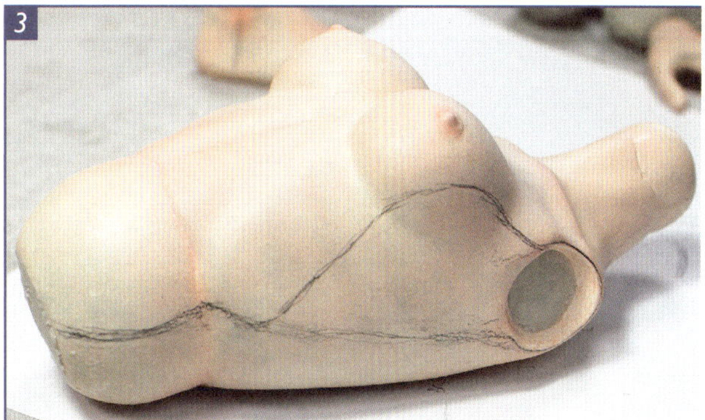

몰드는 4분할. 주입구는 복부관절의 구멍 부분입니다.

4

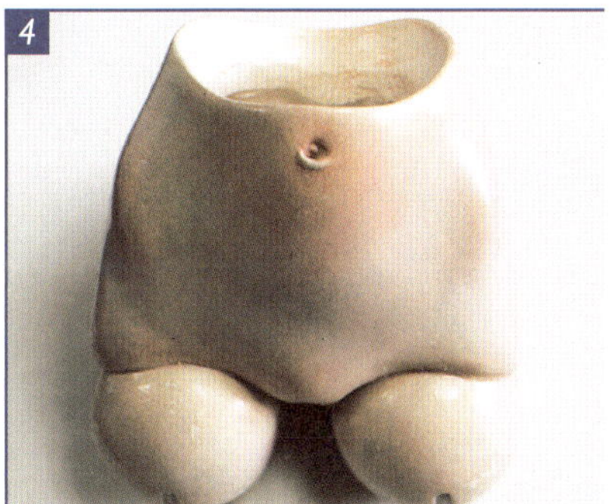

허리는, 고관절에 관절구가 붙어 있습니다. 가랑이가 엉덩이와 구로 둘러싸여 몰드를 뜨기 어려운 형태입니다.

5

파츠를 수평으로 놓은 상태면 3분할로 몰드 뜨기가 불가능합니다. 뽑기 쉬운 각도, 복부보다 엉덩이 쪽을 높게 한 상태로 파팅라인을 설정합니다.

6

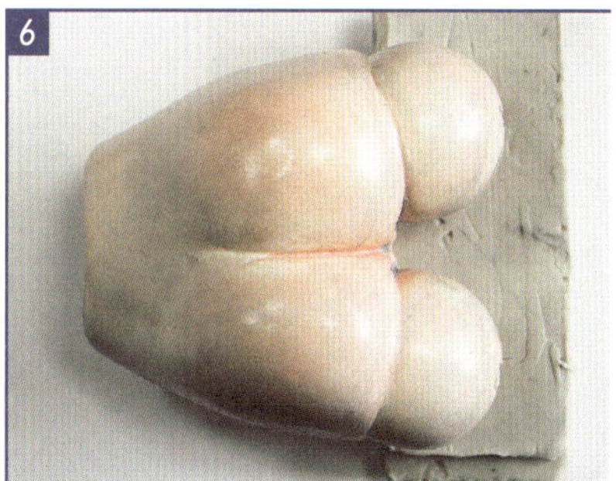

맨 위부터 파팅라인을 정합니다. 측면의 전후로 분할 선을 그려 복부 주입구의 설정을 생각하면 3분할로 몰드가 가능할 것 같습니다.

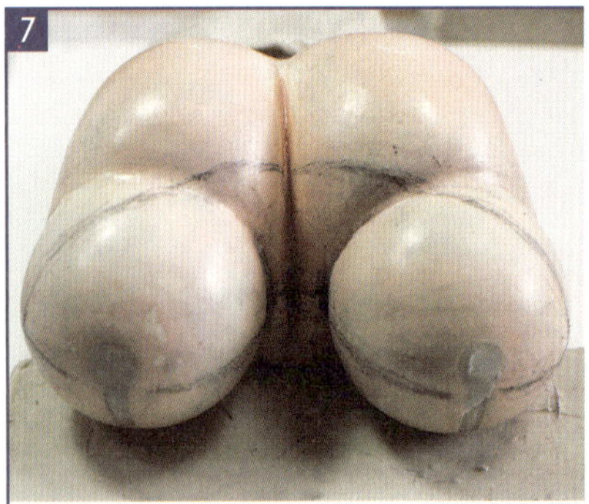

3분할로 가능할 것 같지만 보다 빼기 쉽도록 가랑이 부분도 분할을 넣어서 4분할로 합니다.

앞 · 뒤 · 복부 주입구 · 가랑이 부분의 4분할입니다.

다른 파츠와 같이 구멍 · 틈은 막아 주세요

3 »

두상의 설정

set up a head

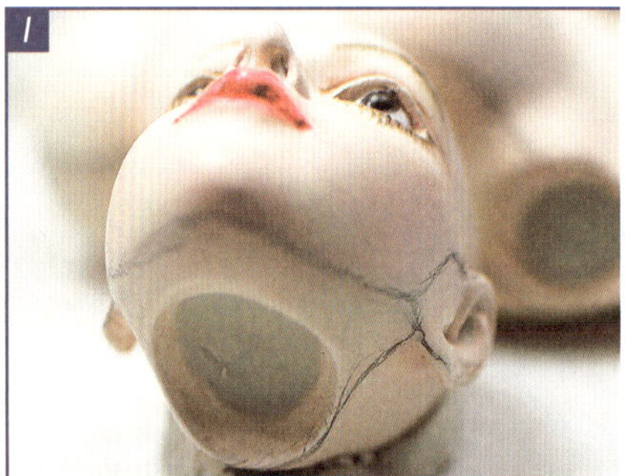

두상은 목의 받침 주위와 귀의 분할로 몰드를 뜹니다. 전면 · 후두부 · 목의 받침 부분부터 턱 · 양쪽 귀로 5분할입니다.

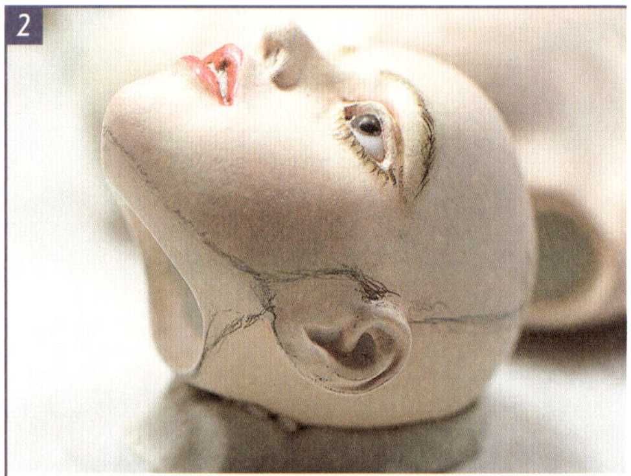

우선 걸리기 쉬운 입 · 코 · 귀의 구멍을 유토로 얇게 메웁니다.

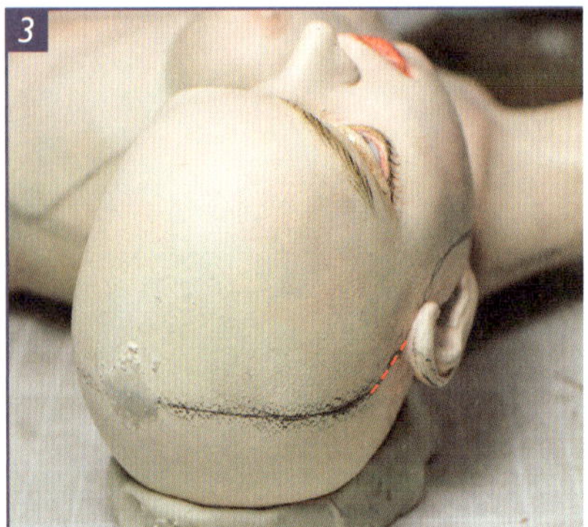

귀의 위부터 정수리 부분까지의 분할에 주목.

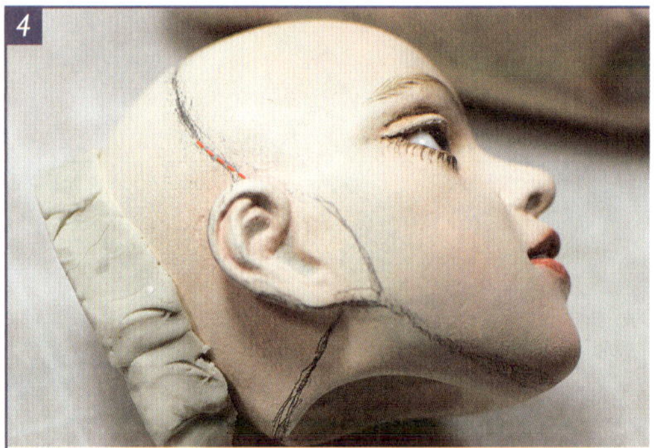

얼굴과 후두부를 분할하는 데에 귀 위의 위치가 틀어지면 분할이 안 됩니다.

Advice

파팅라인의 설정은 마치 입체 퍼즐 같습니다. 어떻게 틀을 빼면 스무드할까, 마지막에 어떻게 석고틀을 분리할까를 생각해서 정하세요.

4 »

손•발의 설정

set up hands & feet

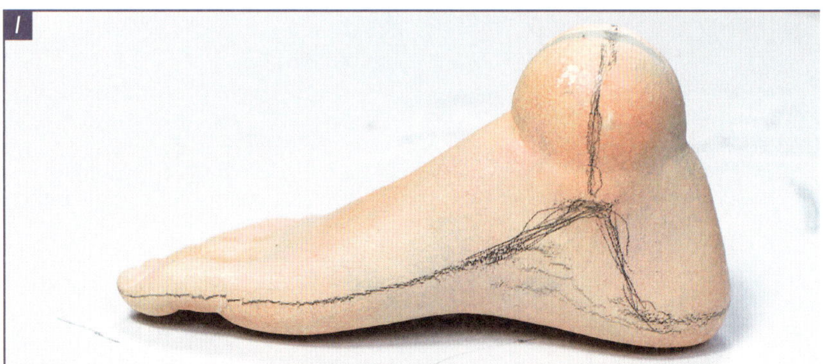

발은 간단해 보이지만, 석분점토로 모형 뽑기에서도 3분할 이상이 되는 어려운 부분입니다.

2

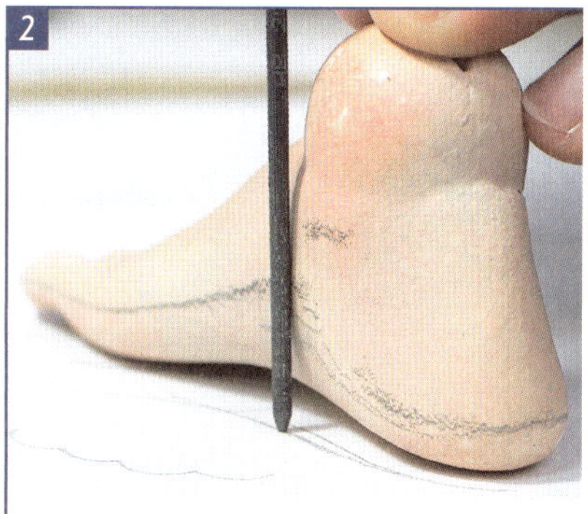

뒤꿈치, 복사뼈 주변의 요철에 의해 분할이 바뀝니다. 안쪽의 복사뼈가 정점이 되어 파팅라인에 영향을 줍니다.

3

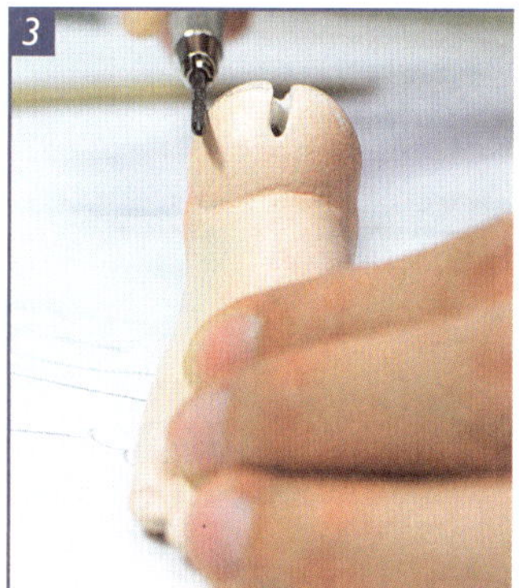

구 부분은 심을 옆으로 해서 표시하세요.

4

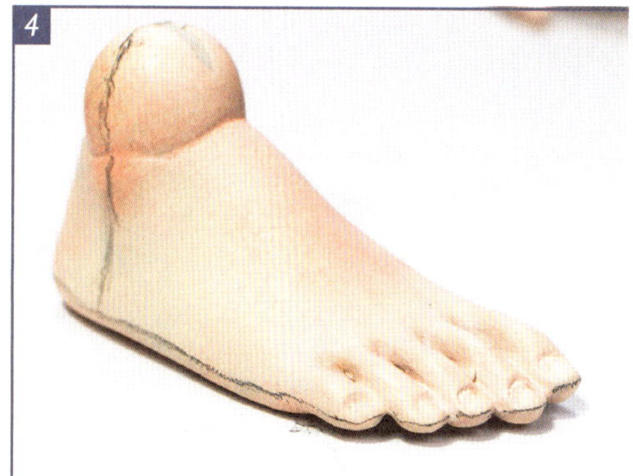

발바닥 · 발등 · 뒤꿈치의 3분할이 됩니다.

5

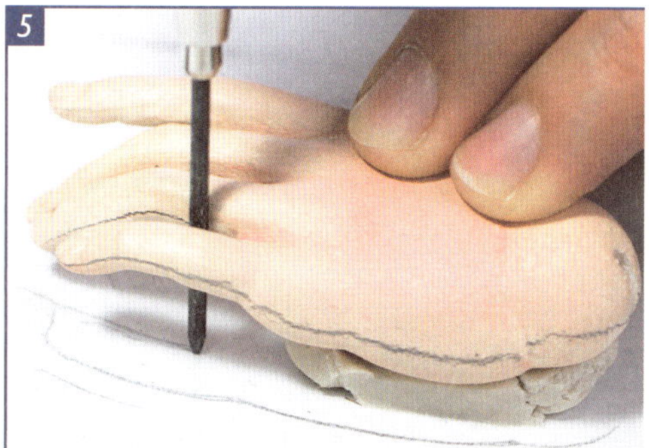

손은 손가락의 표정에 따라 난이도가 바뀝니다. 초급자는 몰드 뜨기 쉬운 형을 의식해서 원형을 만들어야겠지요.

6

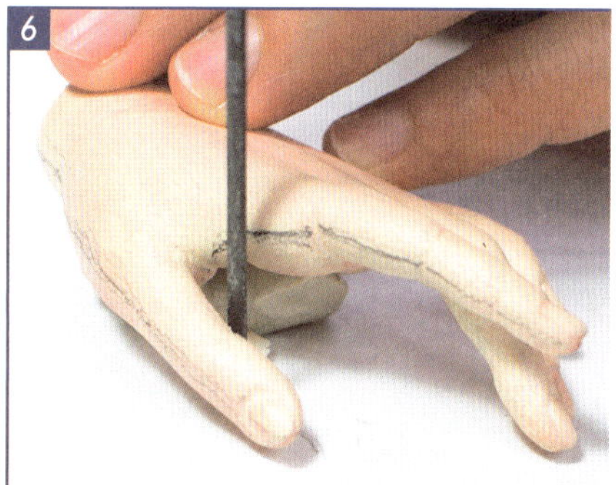

맨 위에서 보아 벌린 손가락이 손가락끼리 손바닥과 겹치지 않도록, 손가락의 움직임은 소극적으로 되어 있습니다.

7

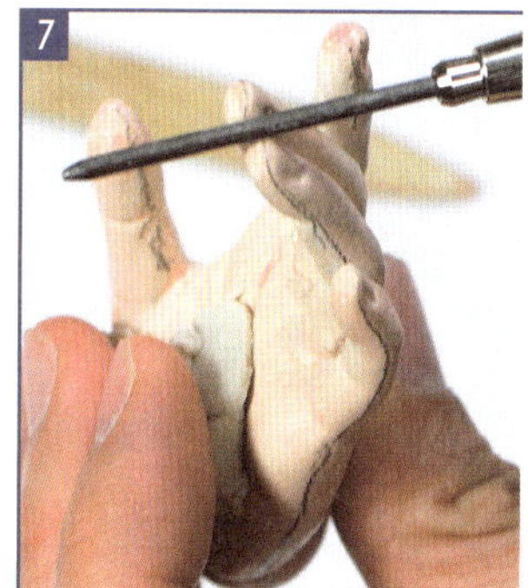

손가락은 옆면을 잘 보고 틀 뜨기 쉬운 각도로 결정하세요.

8

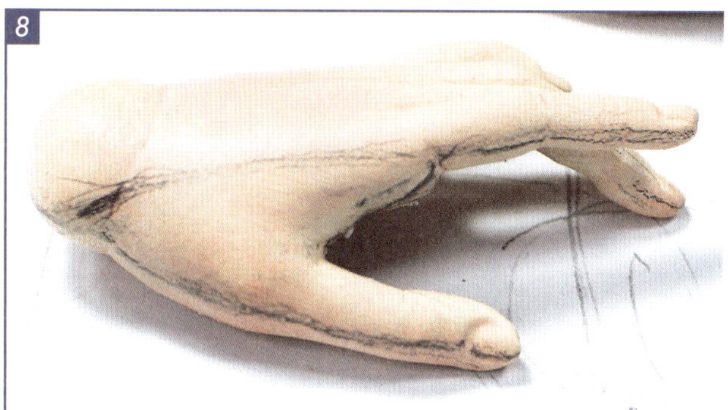

다른 파츠와 같이 라인을 그렸습니다. 2분할로 무리일 경우, 3분할, 4분할로 하는 경우도 있습니다.

9

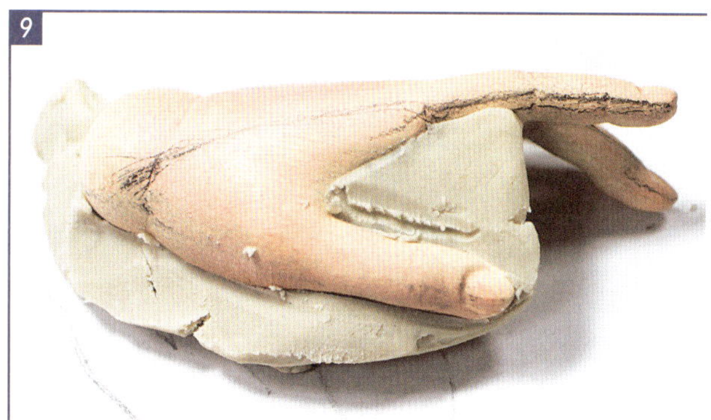

전 · 후 · 엄지 부분의 앞 · 뒤 4분할로 하는 경우입니다.

10

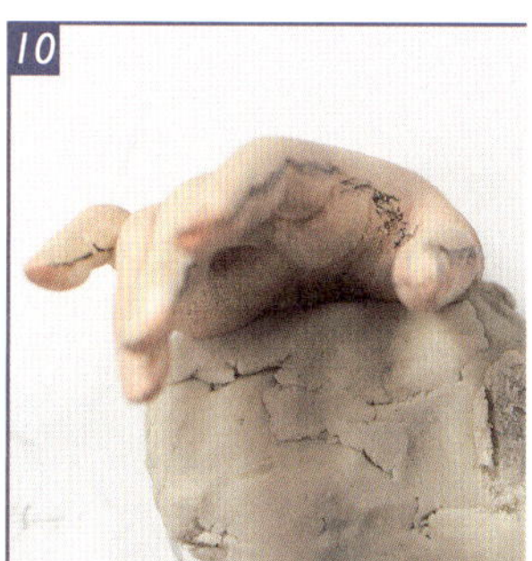

알기 어려운 경우에는 P. 122의 실제 분할 몰드와 맞춰 보아 이미지 해 보세요

5»

몰드 뜨기의 준비

prepare for
mold making

1

모든 파팅라인이 설정되면, 이형제의 왁스 (마루용 수성왁스)를 전체에 바릅니다. 얼룩지지 않도록 2~3회 반복해서 바릅니다.

2

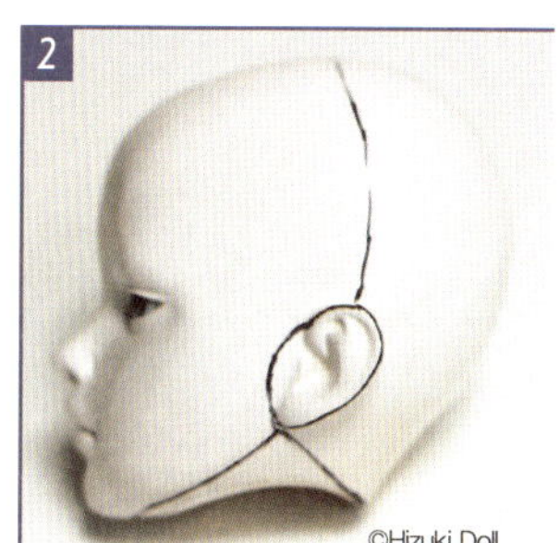

틀 뜨기에 익숙하지 않을 경우, 왁스가 마르면 마카 등으로 파팅라인을 겉에 겹쳐 그려 확실히 알 수 있도록 해두세요.

§2 석고몰드 만들기

Plaster mold making

VI 복제

1. 유토의 준비
2. 팔·다리의 틀 뜨기
3. 두상의 틀 뜨기
4. 바디의 틀 뜨기
5. 손 틀 뜨기
6. 발 틀 뜨기
형틀에 대하여

모델링캐스트를 사용하는 데에 가장 중요한 것은 원형을 빼기 쉬운 석고틀을 만드는 것입니다. 몰드에서 뽑아낸 단계의 모델링캐스트는 얇고 부드러운 상태이므로, 원형을 빼낼 수 없다면 틀에서 뽑을 성형품도 부서져 버립니다. 석고틀을 잘 만드는 일은 매우 중요합니다.
틀에서 뽑은 작업 자체는 P. 18에서 한번 설명했지만, 여기에서는 파팅라인의 위치까지 원형을 유토로 메워, 그것을 높은 형틀로 에워싸 석고를 흘려 넣어서, 적절한 두께의 틀로 만듭니다. 형틀로 장방체의 형태가 되어 흘려 넣는 작업의 안정성도 확보할 수 있습니다. 또한 석고의 품질도 틀 마감에 관계 있습니다. 가능하면 특급 상품을 사용해서 세부까지 원형을 재현하는 몰드를 만듭시다.

† 준비물

- □ 카루이유토
- □ 팔레트나이프, 대나무헤라
- □ 자
- □ 석고반죽
- □ 마루용 왁스
- □ 붓
- □ 나무망치, 밀대, 점토판 등
- □ 클램프
- □ 적당한 판 상태의 물건

1» 유토의 준비

set a oil-based clay

1 파팅라인에 사용할 유토를 준비합니다. 재사용하는 유토는 나무망치나 망치로 블록 상태를 만들어 둡니다.

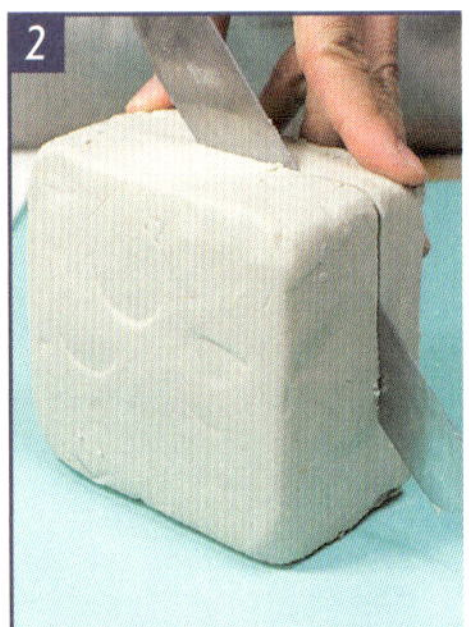

2 블록 상태의 유토를 팔레트나이프로 2cm 정도 두께로 자릅니다.

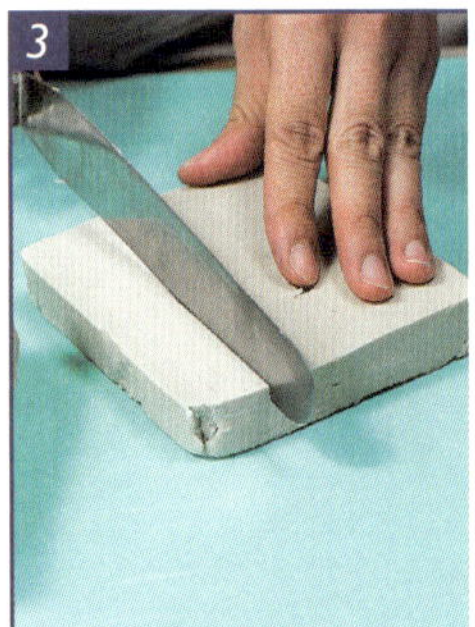

3 필요한 사이즈로 잘라 두세요.

4 판으로 쓸 유토는 밀대나 파이프를 사용하여 평평하게 늘려 둡니다.

2» 팔 다리의 틀 뜨기

make a mold of arms & legs

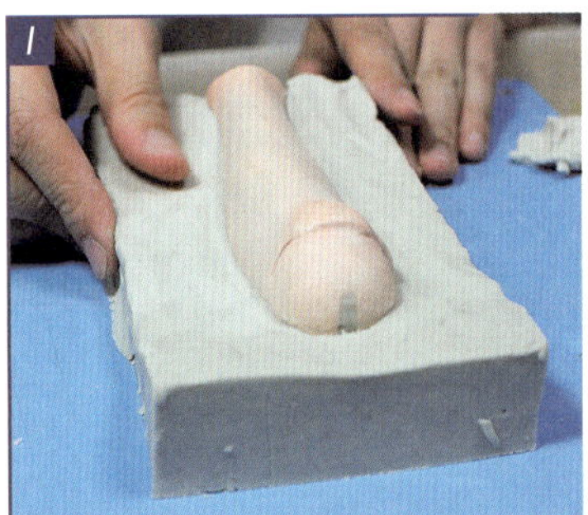

1 파츠의 파팅라인에 맞춰 유토를 붙입니다. 유토의 폭이 석고의 두께가 되기 때문에 , 원형 표면에서 2cm 정도 두껍게 합니다.

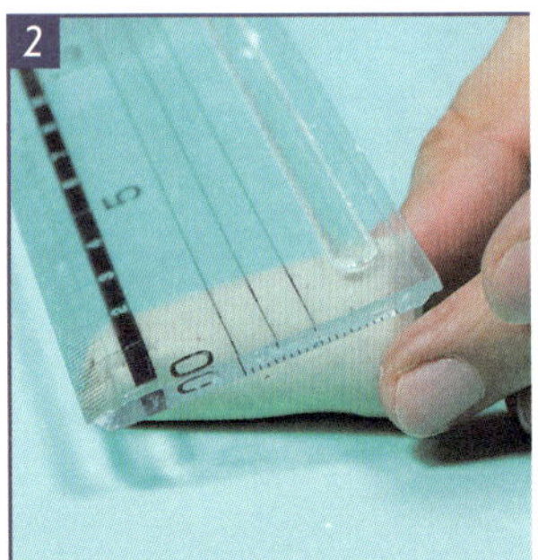

2 무릎관절구는 위에 주입구를 붙입니다. 유토로 원뿔 형태를 만듭니다. 자를 사용하여 측면이 매끈하도록 합니다.

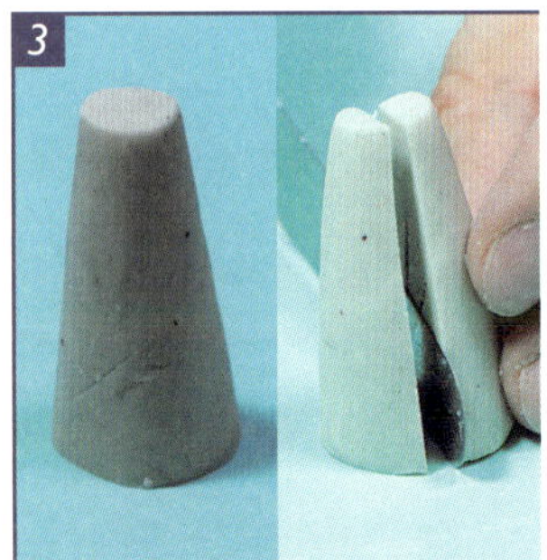

3 원뿔형의 유토가 만들어졌습니다. 팔레트 나이프로 분할합니다.

4

분할한 원뿔의 반쪽을 원형의 주입구가 되는 부분에 설치합니다.

5

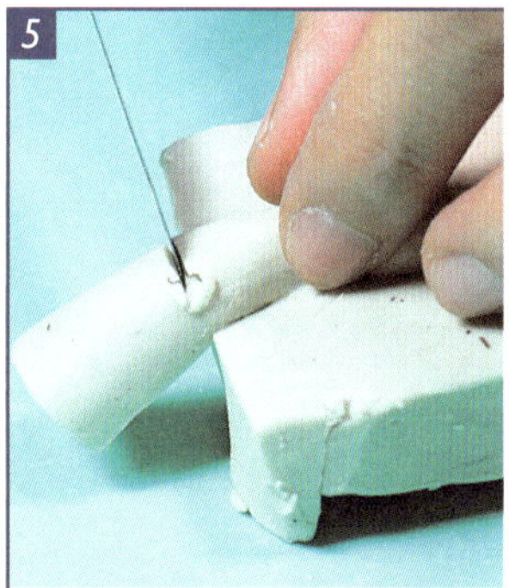

벽에서 튀어나온 여분의 유토는 자릅니다.

6

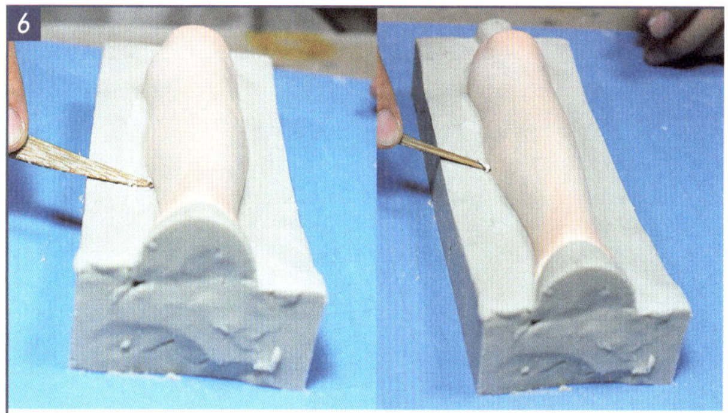

파팅라인의 유토면은 평평하게 정리합니다.

7

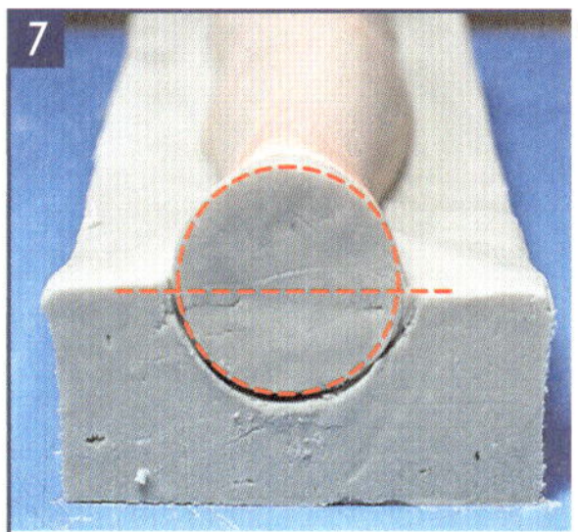

발목관절의 받침이 되는 부분의 유토를 분할합니다. 발목에, 바깥으로 넓어지는 원뿔형이 파묻힌 형태입니다. 발목 쪽에서 보면 원 중심선이 분할선이 되도록 합니다.

POINT

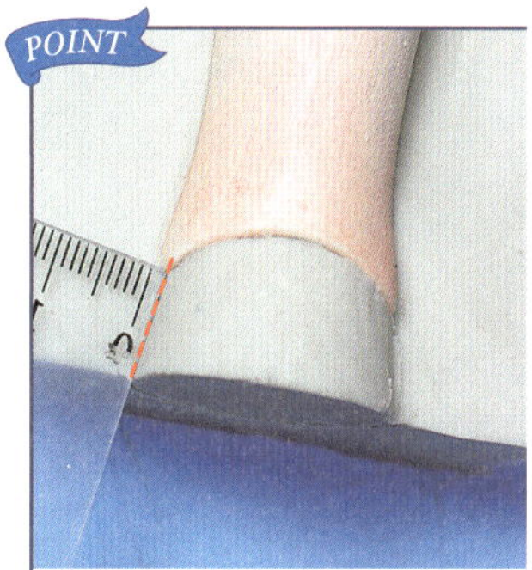

자를 대어 확인하고, 측면은 직선이 되도록!

8

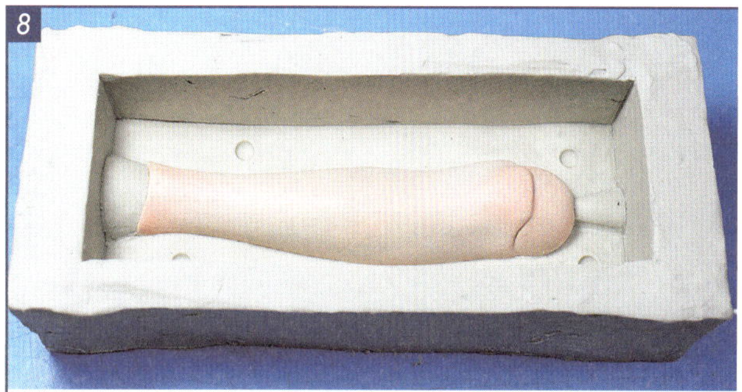

파팅라인에 붙여 둔 유토 주위를 한층 더 블록 상태로 자른 유토로 에워쌉니다. 무릎관절구 위에 설치한 원뿔이 주입구입니다. 분할된 틀의 맞물리는 표시로 오목(얕은 구멍) 표시를 해두세요.

9

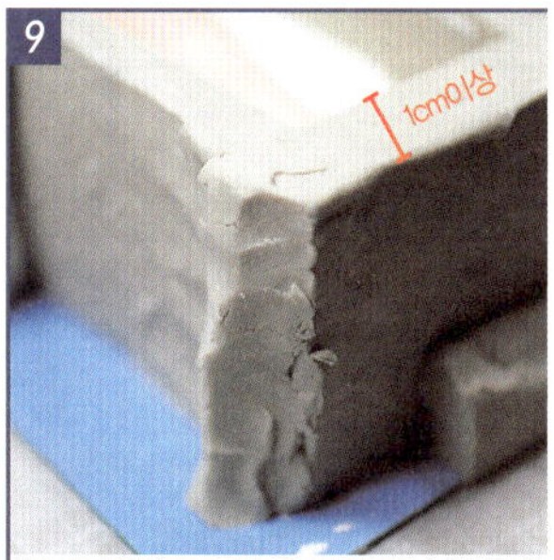

외벽으로 사용하는 유토의 두께는 1cm 이상. 큰 파츠의 경우에는 2cm 이상이 안심. 외벽의 높이는 원형파츠의 가장 높은 위치에서 2cm 정도 높게 합니다.

Advice

큰 파츠는 석고 양도 많기 때문에, 외벽이 약하면 석고의 무게로 벌어질 수 있습니다. 유토끼리의 맞물림이 벌어질 경우, 더욱더 유토를 덧붙여 보강해 주세요.

10

형틀이 되었다면 석고반죽을 만들어 넣습니다. (P. 28 참조)

11

기포가 생기지 않도록 적당량의 석고를 흘려 넣으세요.

12

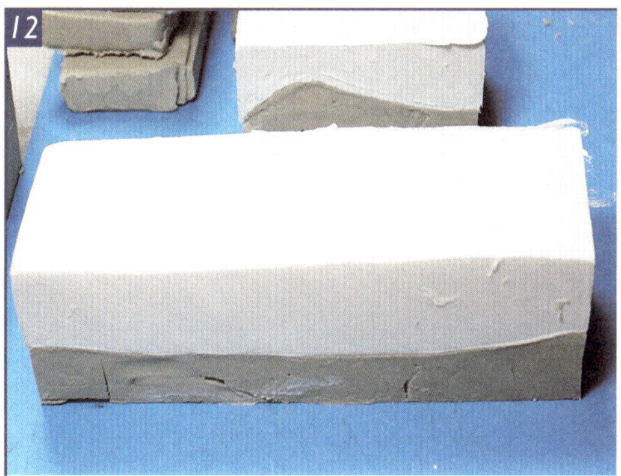

석고반죽이 경화되면 유토 형틀을 떼어냅니다.

13

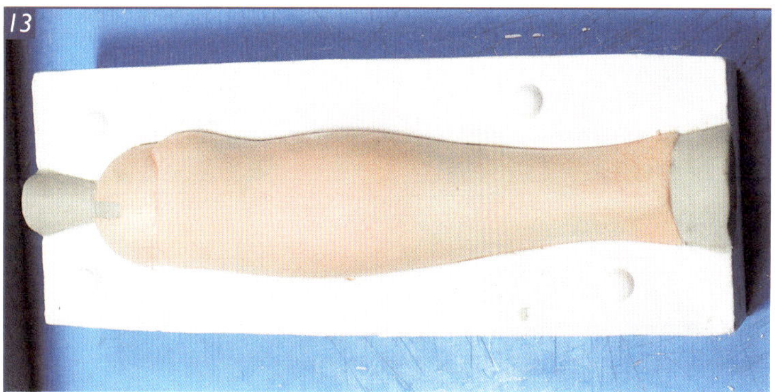

몰드를 뒤집어, 주입구, 발목의 받침을 정리합니다.

14

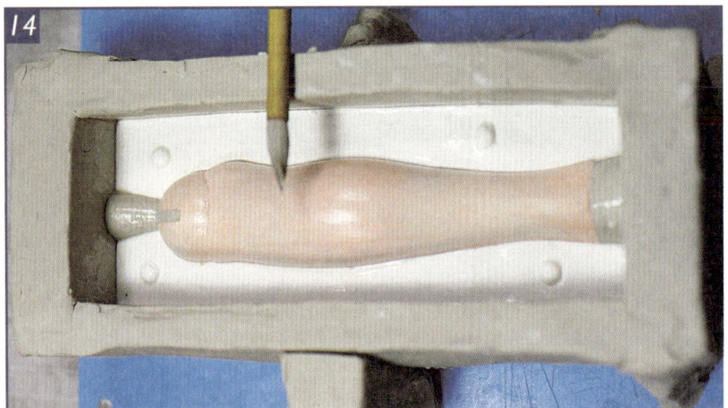

다시 한 번 유토로 외벽을 만들고, 이형제로 왁스를 석고면에 바릅니다. 반드시 왁스가 마른 후에 석고반죽을 넣어 주세요.

15

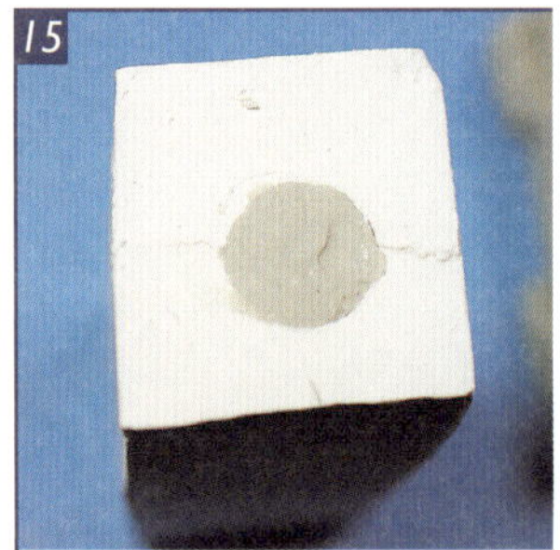

뒷면도 경화되면 외벽을 떼어내고, 다음은 발목 부분의 분할입니다. 뽑은 틀을 맞춰, 벌어질 것 같으면 고무 밴드로 묶어 주세요.

16

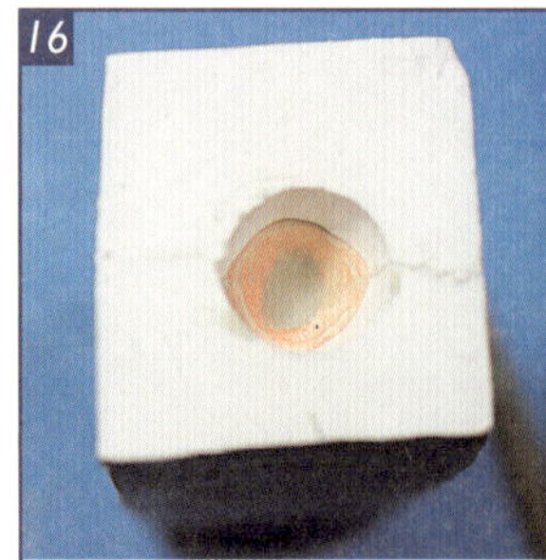

발목 받침의 유토를 떼어내고 왁스를 바릅니다. 내부의 유토는 석고반죽이 내부까지 들어가지 못하게 남겨둡니다.

17

왁스가 마르면 석고반죽을 흘려 넣습니다.

18

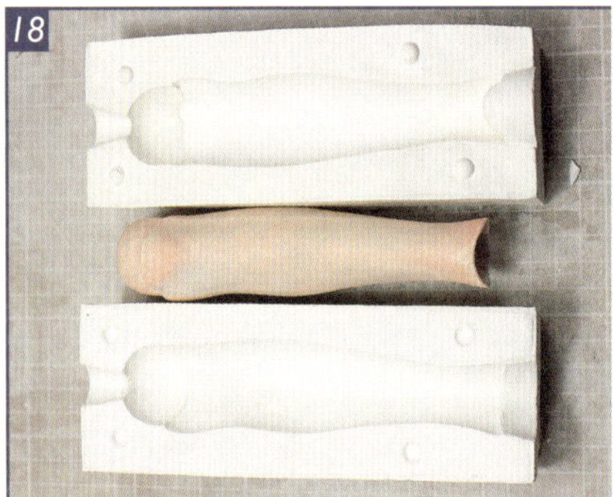

경화 후, 몰드의 파팅라인에서 틀을 분리하고 원형을 뽑아냅니다.

19

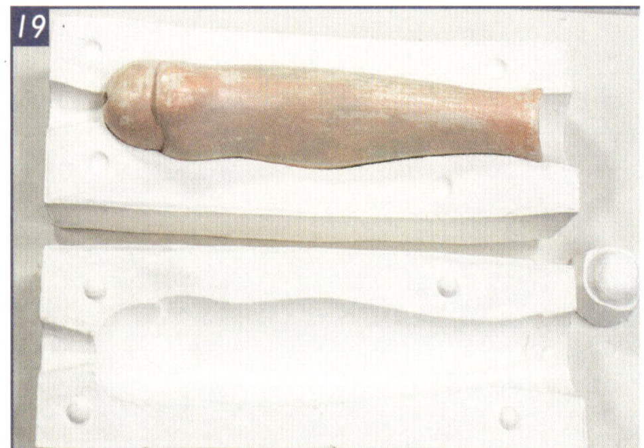

전 · 후 · 발목의 3분할로 틀 뜨기가 성공입니다. 팔, 허벅지도 각각의 분할대로 작업해 주세요.

3»

두상의 틀 뜨기

make a mold
of a head

두상과 보디의 형틀은, 나무틀 판을 클램프로 묶어서 만듭니다. 큰 파츠나, 빈번하게 틀 뜨기를 할 때에는 방수 가공된 두꺼운 판(12mm)을 종류별로 준비해서, 원형에 맞춰 조합한 후 형틀로 쓰면 합리적입니다.

1

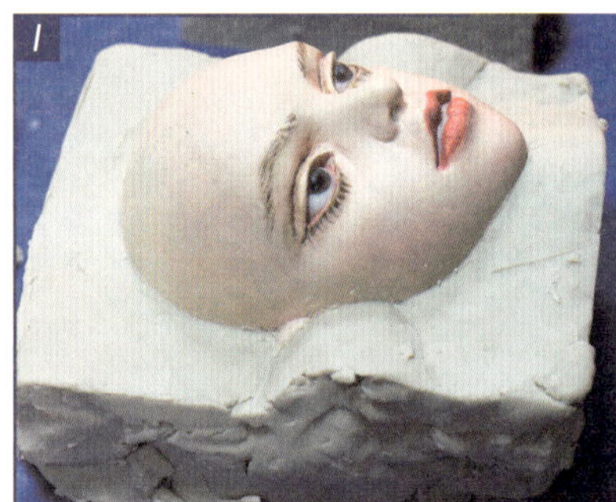

두상은 안면 · 후두부 · 목관절 주위 · 양쪽 귀까지 5분할. 파팅라인에 따라 유토를 세트합니다. 목이나 귀 부분의 처리는 앞서 설명한 발목 주위를 참고해 주세요.

2

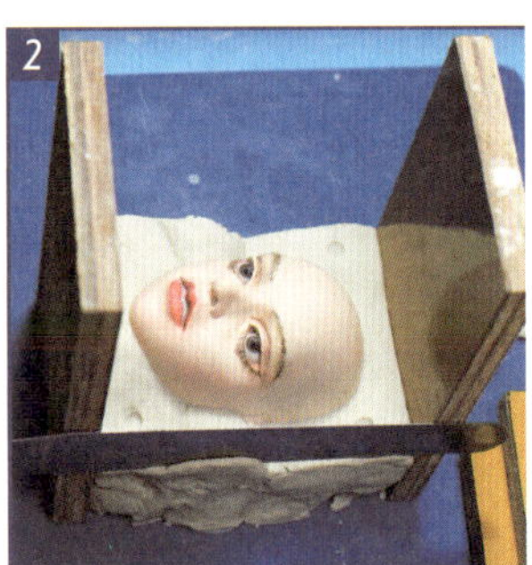

판틀을 유토에 맞대고, 판의 폭에 맞춰 튀어나온 부분은 자릅니다.

3

측면도 판을 맞춰 클램프로 묶고, 석고를 흘려 넣습니다.

4

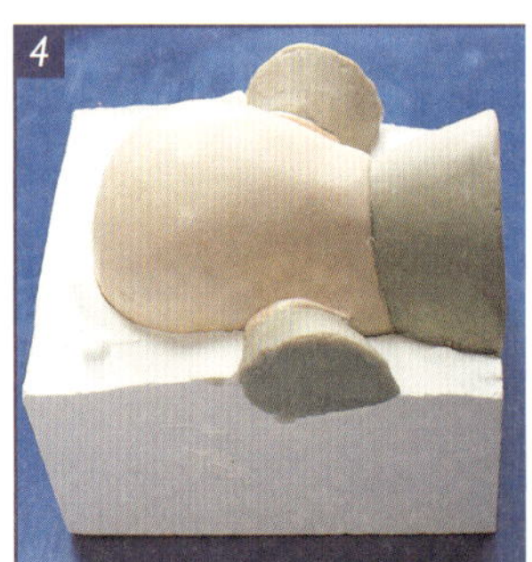

석고가 경화되면 뒤집어서 유토를 떼어내고, 귀 · 목관절 주위의 유토를 붙이고 다시 정돈합니다.

앞서 주의한 것처럼, 원뿔형은 어디까지나 직선 상태를 유지해 주세요.

Advice

그냥 보면 깔끔하지만, 이와 같이 휘어진 주변은 석고틀끼리 떼어낼 수 없는 형상입니다. 반드시 측면은 반듯하게, 직선 상태로 해 주세요.

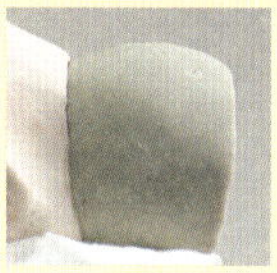

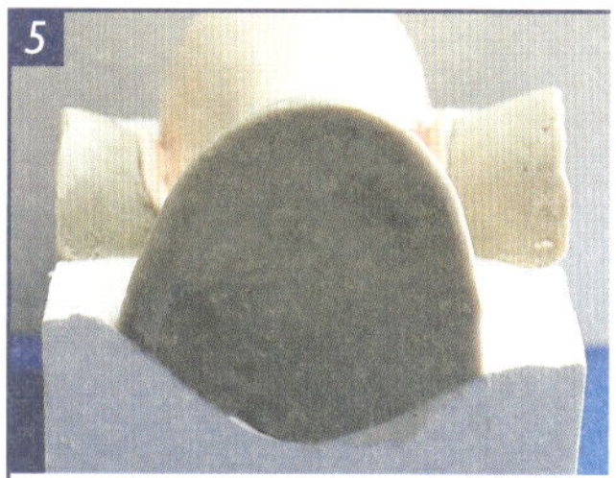

아래쪽에서 본 형태입니다. 석고를 판 틀로 감싸고, 석고면에 왁스를 발라 후두부 쪽에 석고반죽을 넣습니다. 경화 후 목관절 부분의 틀 뜨기입니다. 두상의 주입구는 후두부에 두는 것이 많습니다만, 이번처럼 주입구를 받침에 하는 경우도 있습니다.

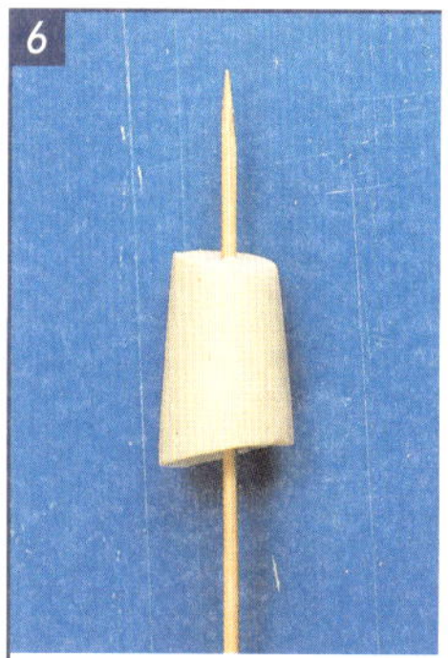

유토로 원뿔형을 만들어 상하를 사진처럼 커트합니다.

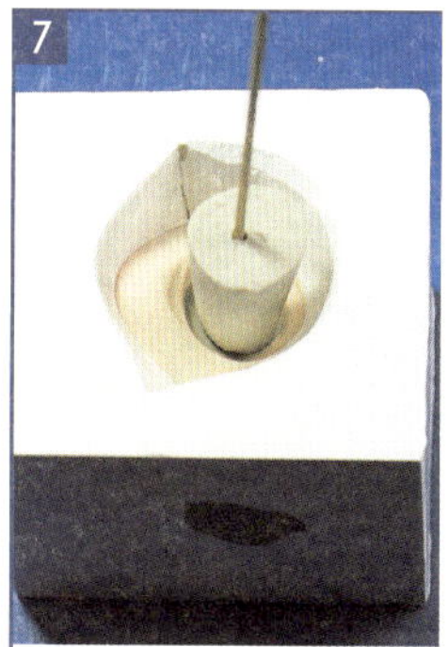

왁스를 바른 후, 목관절 중앙에 대꼬치로 찔러 고정시킵니다.

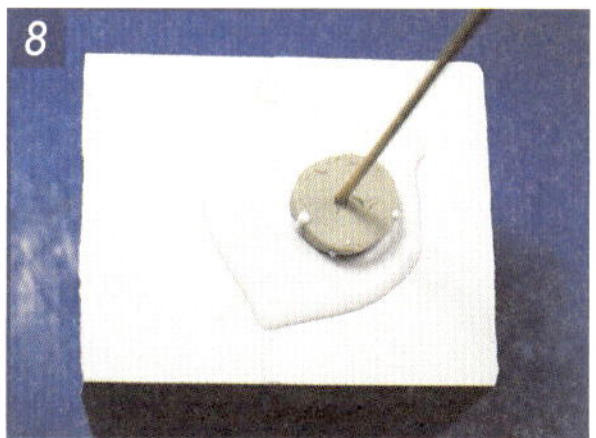

석고를 흘려 넣습니다.

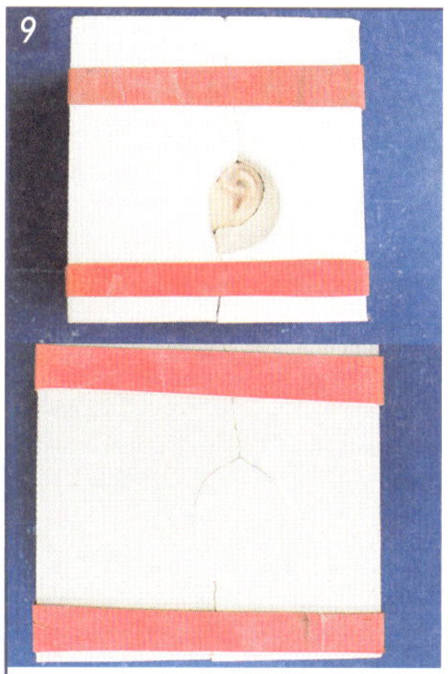

귀 부분은 한쪽씩 작업합니다. 유토를 떼어 내고, 왁스를 바른 후, 건조 후 석고를 넣습니다. 석고틀이 분리될 것 같으면 고무 밴드로 묶어 둡니다.

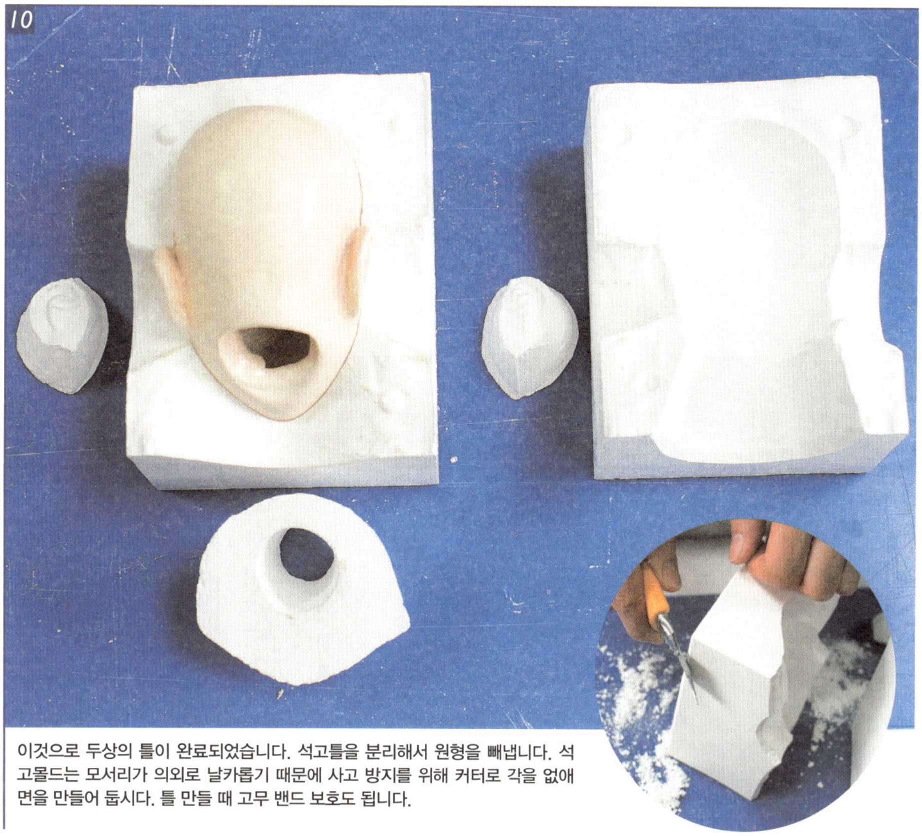

이것으로 두상의 틀이 완료되었습니다. 석고틀을 분리해서 원형을 빼냅니다. 석고몰드는 모서리가 의외로 날카롭기 때문에 사고 방지를 위해 커터로 각을 없애면을 만들어 둡시다. 틀 만들 때 고무 밴드 보호도 됩니다.

4»

보디의 틀 뜨기

make a mold of a body

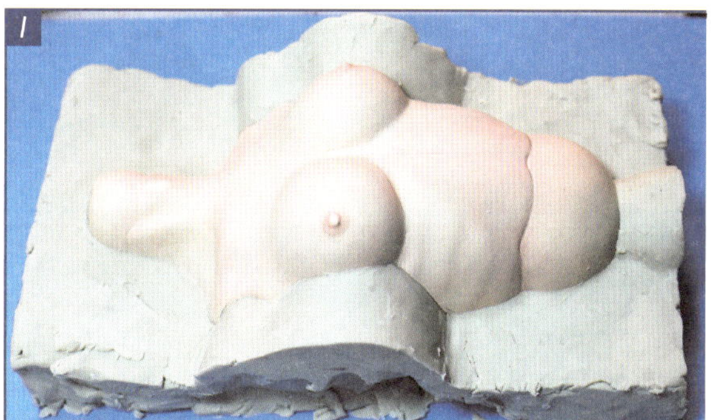

두상과 같은 순서입니다. 전 · 후 · 좌우 어깨 받침 부분의 4분할, 복부 아래의 구멍을 주입구로 합니다. 우선은 파팅라인에 맞춰 유토를 붙입니다.

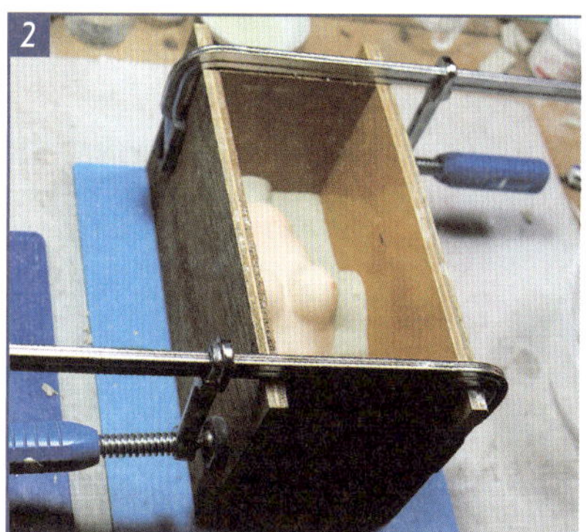

나무판을 클램프로 고정합니다.

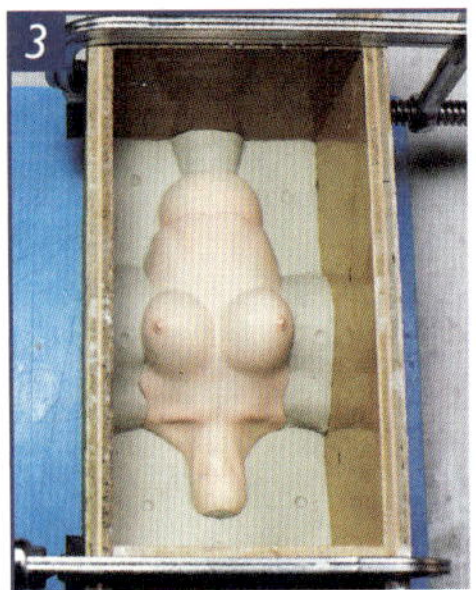

3 석고반죽을 흘려 넣습니다. 경화되면 뒤집어, 다른 파츠처럼 어깨받침 부분과 복부의 주입구 형태를 정리해 주세요.

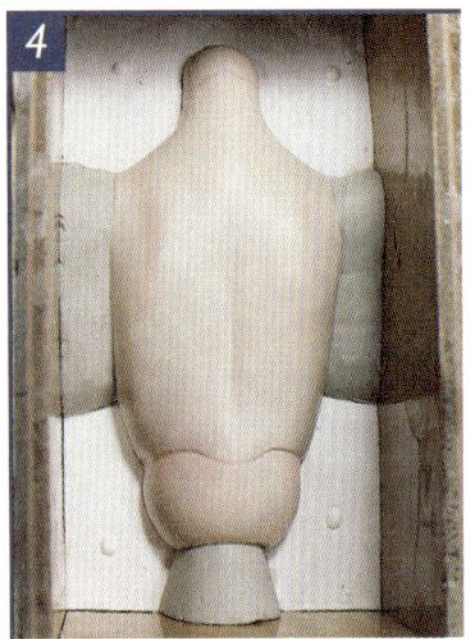

4 석고틀에 나무판을 대고, 석고면에 왁스를 발라 건조 후 석고를 넣습니다.

5 어깨 받침 부분의 유토는 떼어내고 왁스를 바릅니다. 석고틀이 벌어질 것 같으면 고무 밴드로 묶어 주세요.

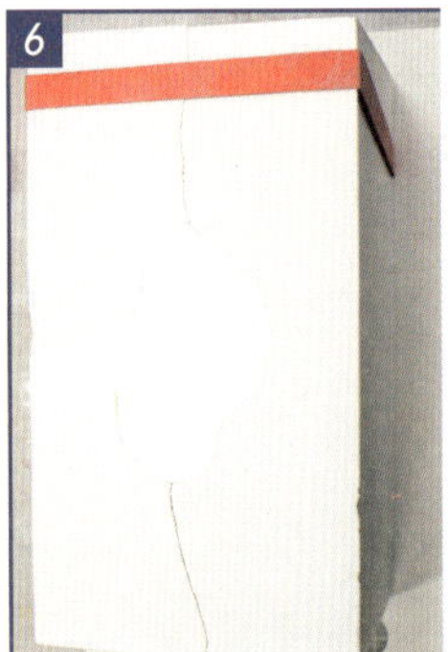

6 왁스가 마른 후 석고반죽을 넣어, 경화를 기다립니다.

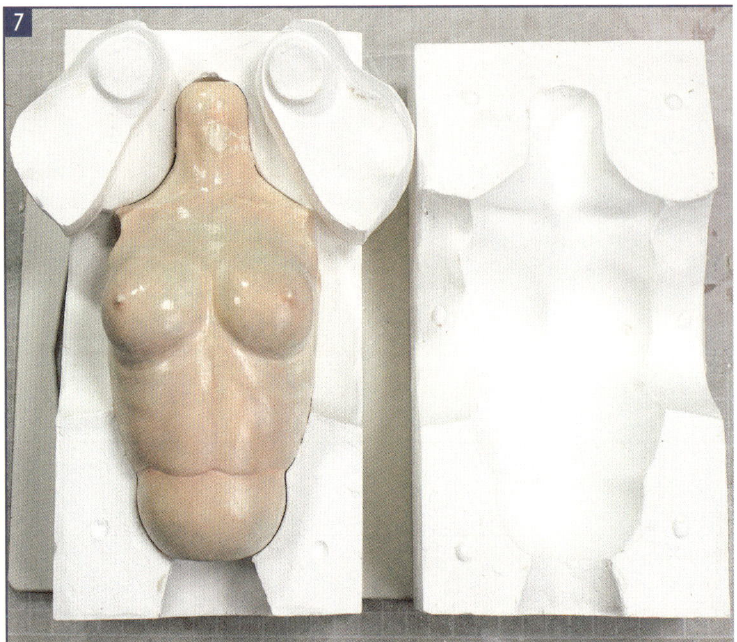

7 원형을 꺼내면 종료. 몰드의 원형면에 왁스가 붙어 있으면, 그 상태로는 모델링캐스트의 흡수를 방해하므로 고운 스펀지사포(파인, 슈퍼파인)등으로 가볍게 샌딩해서 제거해 주세요.

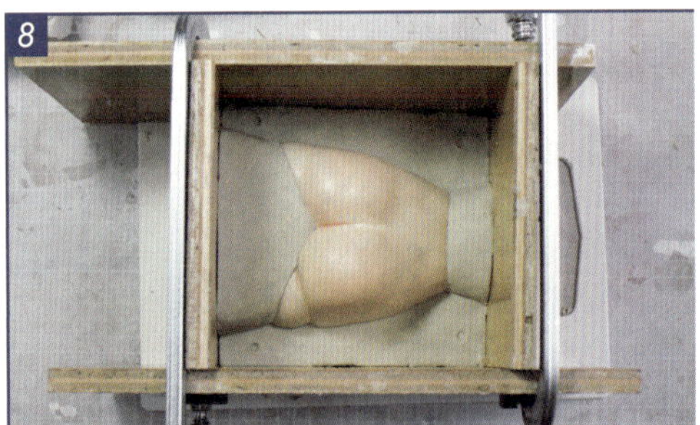

8 복부 상반신과 같게 판과 클램프로 형틀을 했습니다. 전후 상하의 4분할. 파츠의 뒷면에 석고반죽을 흘려 넣어 경화 후에 형틀을 떼고 뒤집어 앞면의 복부 주입구와 가랑이 분할 파츠가 되는 유토 모양을 정돈합니다. 왁스 도포 · 건조 후 판을 에워싸 석고반죽을 넣습니다.

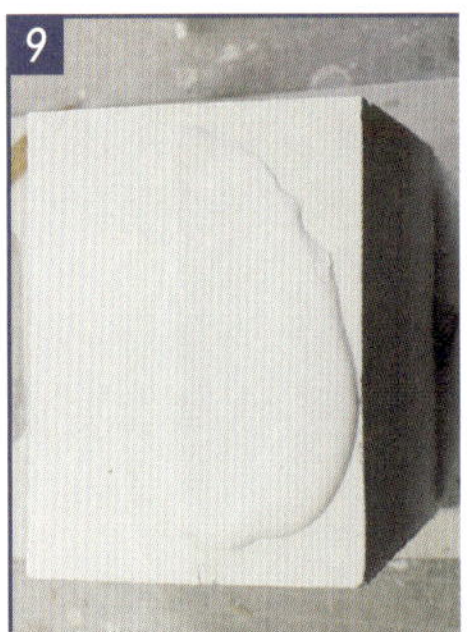

9 경화 후, 가랑이 쪽의 유토를 떼어 내고 왁스를 발라 건조 후에 석고반죽을 넣습니다.

10 복부관절의 받침 부분에 주입구를 세웁니다. 원뿔상태의 유토를 다른 것과 같이 세탱해 주세요.

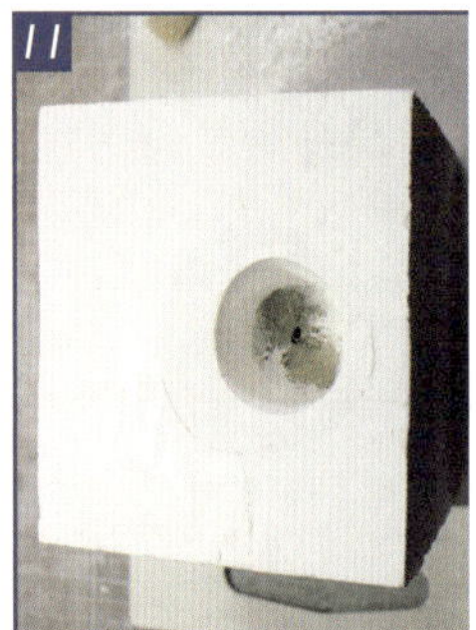

11 순서는 P. 110의 두상 주입구와 같습니다.

5»

손 틀 뜨기

make a mold of hands

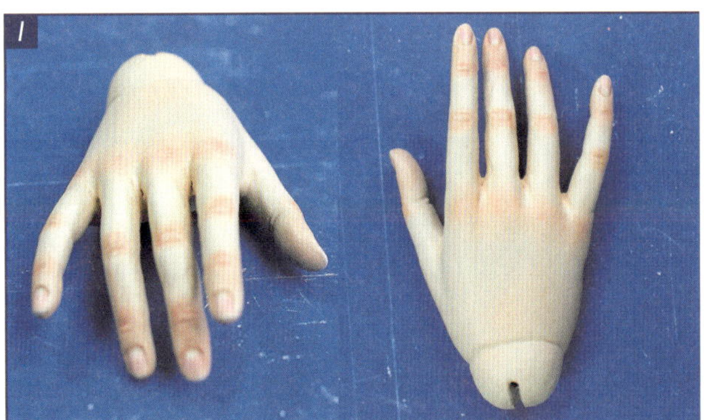

1 손가락에도 표정이 있기 때문에, 이 원형의 모습이라면 2분할로 나올 수 있습니다.

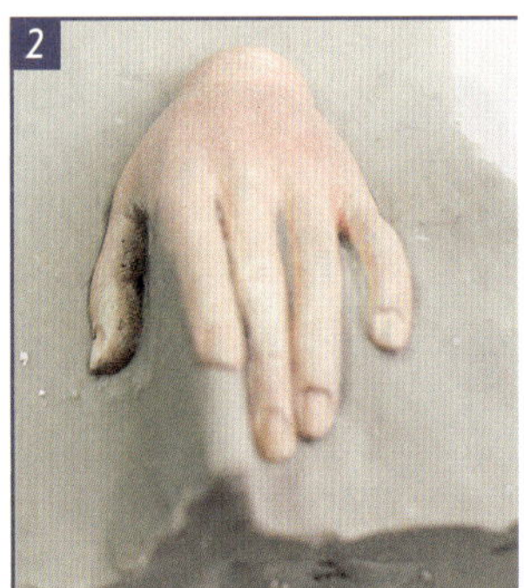

2 파팅라인에 맞게 유토를 붙입니다.

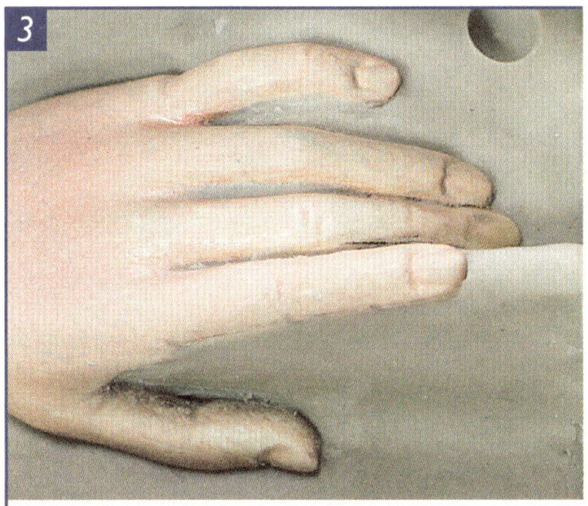

엄지의 밑동, 검지와 겹치지 않게 하세요.

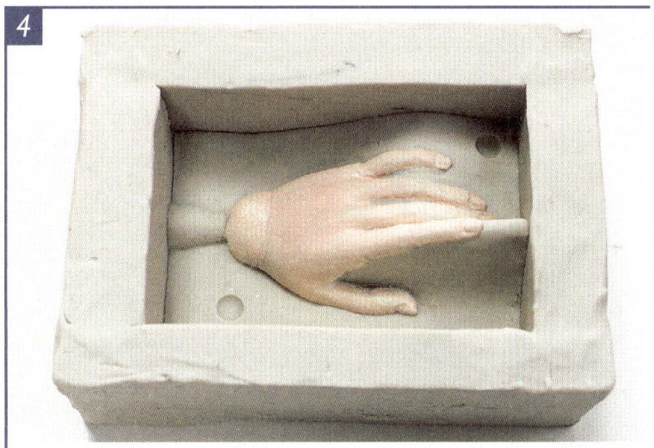

파팅라인의 유토에 맞물림의 암수를 표시해서, 그 주위에 나무판이 아닌 유토로 형틀을 만듭니다.

Advice

손발처럼 소량만으로 석고반죽을 만들고 싶은 경우, 볼이 아닌, 비닐 계량컵이나 종이컵, 스푼 등을 사용해서 석고와 물을 섞어 주세요.

석고와 물을 넣고 흡수를 기다립니다.

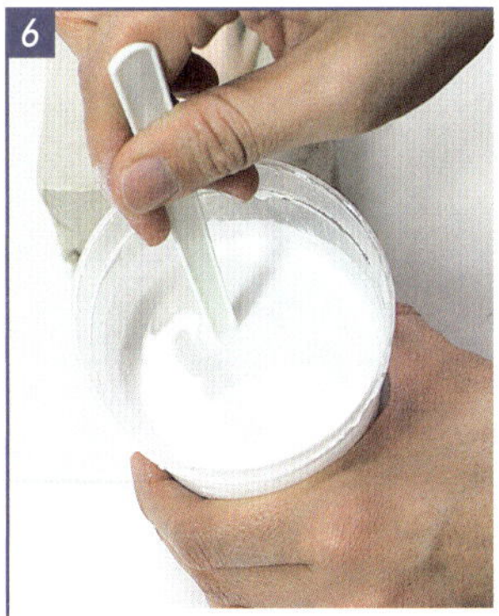

교반을 시작합니다. 기포 주의.

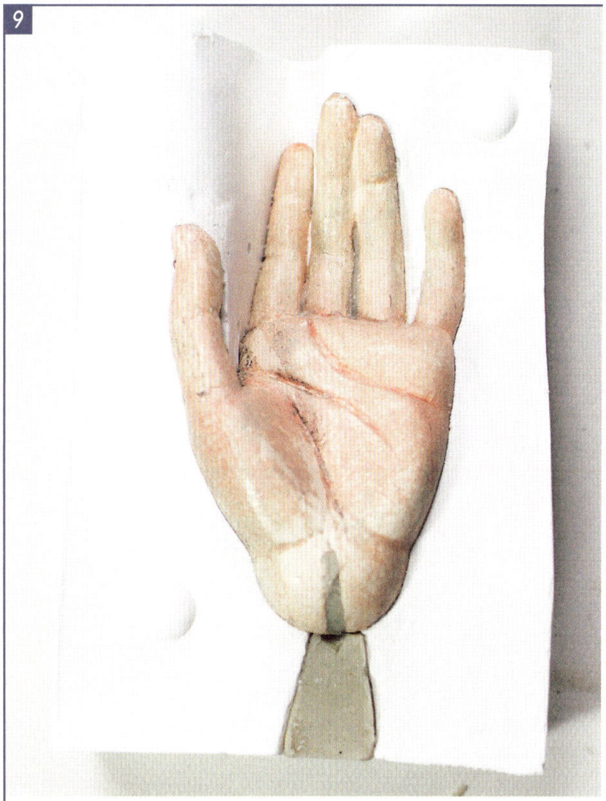

석고가 경화되면 유토 벽을 떼어내고, 뒤집어서 주입구를 정형합니다.

걸치듯이 석고를 넣습니다.

점토판을 가볍게 흔들어 탈포합니다.

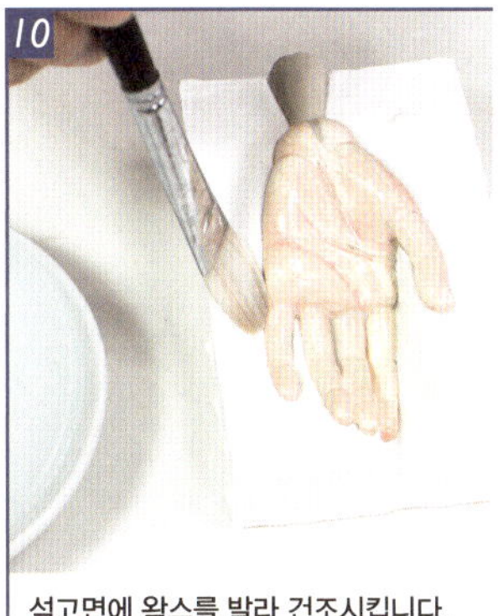

석고면에 왁스를 발라 건조시킵니다.

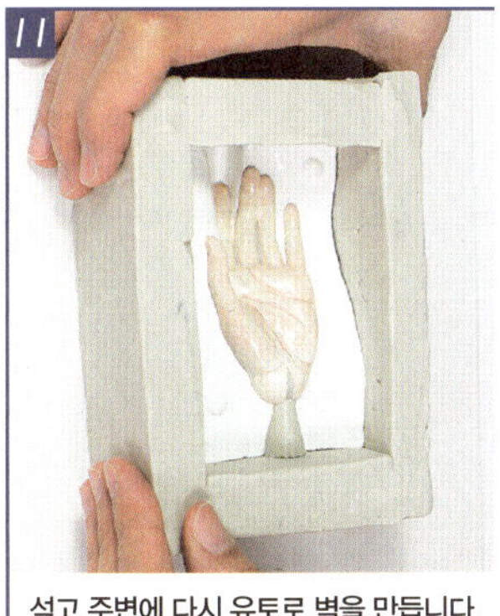

석고 주변에 다시 유토로 벽을 만듭니다.

석고반죽을 넣어 경화 후 뒷면도 같은 방법으로 작업합니다.

파팅라인에서 몰드를 분할합니다.

VI

복제

14

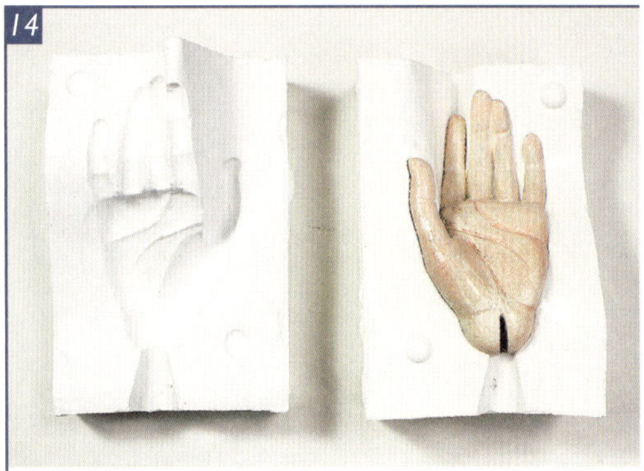

원형을 빼냅니다.

Advice

이번은 아슬아슬하게 2분할로 되었습니다만, 여유를 갖고 4분할로 한 경우는 다음과 같습니다. 엄지의 외측과 내측, 나머지 네 손가락의 외측과 내측으로 분할해서 만드는 방법입니다.

15

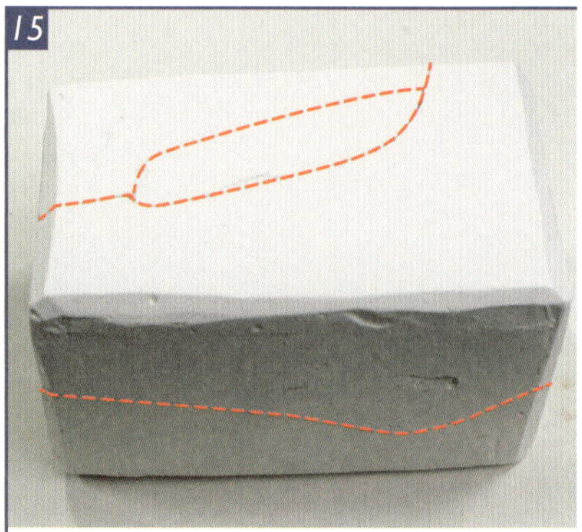

4분할로 틀을 짠 상태입니다.

16

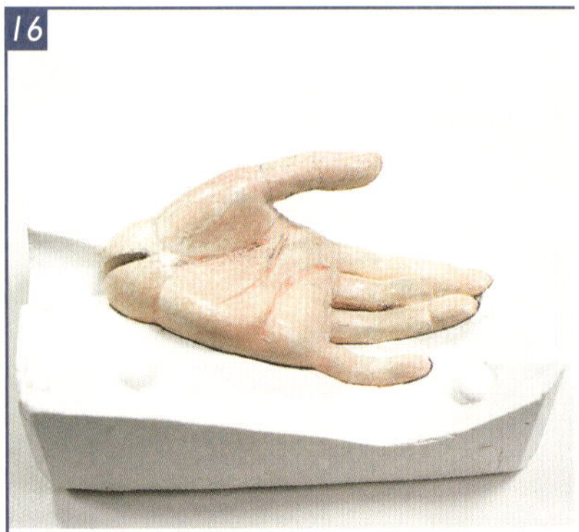

손등 쪽 틀입니다.

17

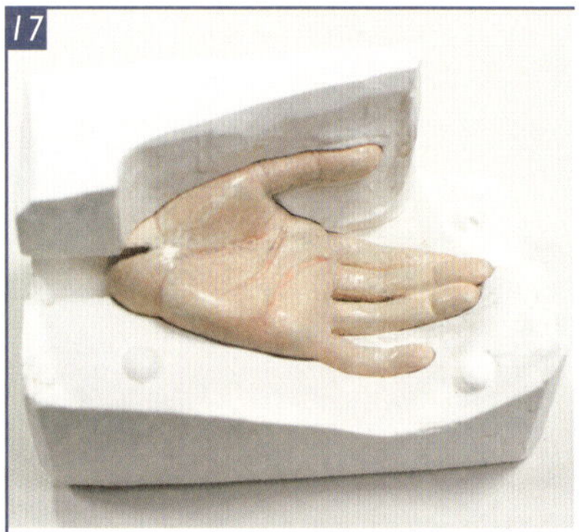

등 쪽에 맞춰진 엄지손가락의 바깥쪽 틀입니다.

18

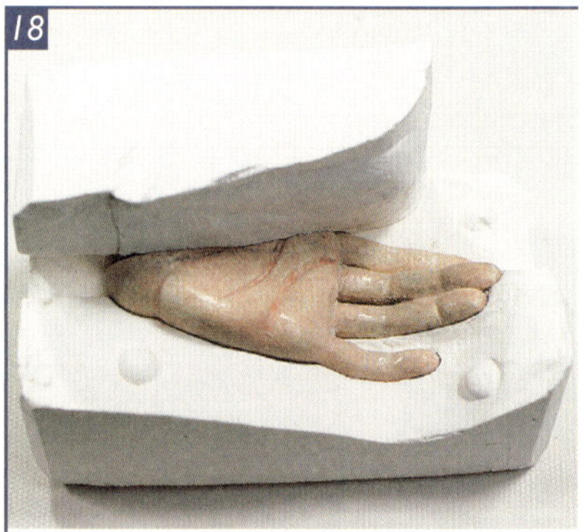

한층 더 엄지손가락 안쪽의 틀을 조합한 상태입니다.

19

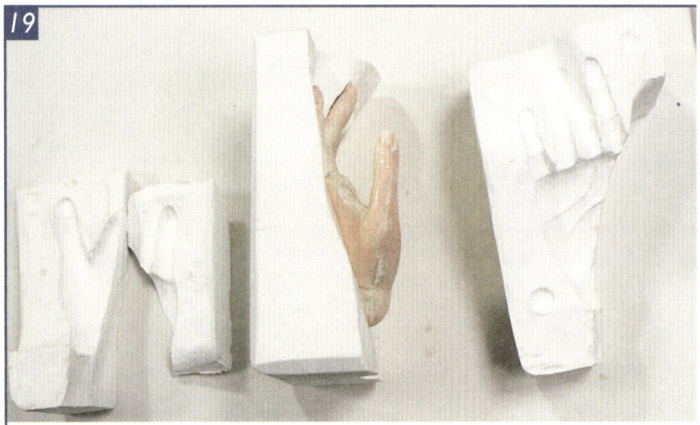

4분할의 파츠를 나열한 상태. 엄지손가락에서 2분할, 그 외 2분할로 되어 있습니다.

6» 발 틀 뜨기

make a mold of feet

1

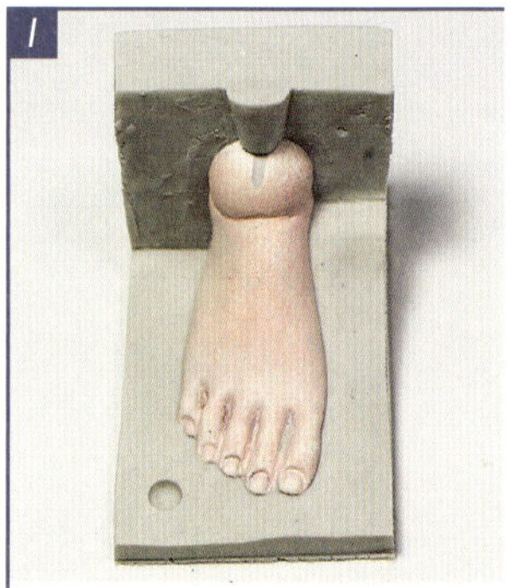

발은 등 쪽 · 발뒤꿈치 쪽 · 바닥 쪽의 3분할로 됩니다.

2

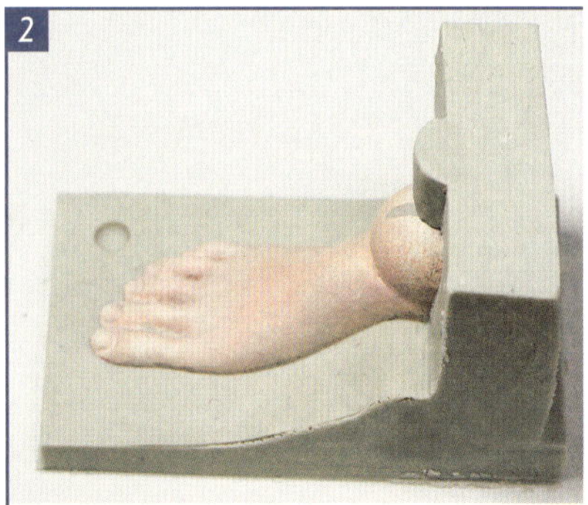

순서는 손이나 다른 파츠와 같이 진행해 주세요. 구멍이나 틈 부분도 잊지 말고 막아 주세요.

3

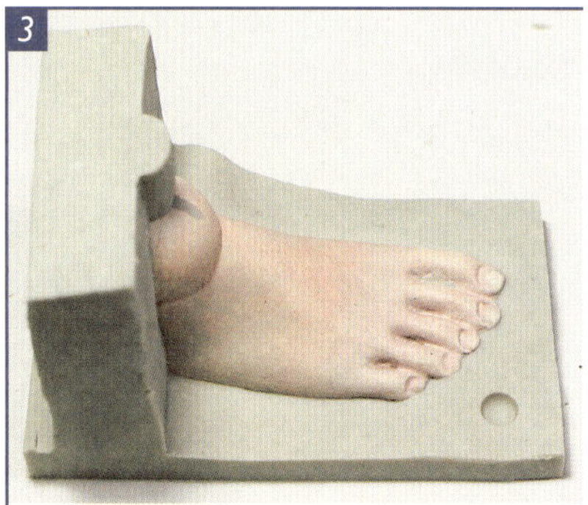

발은 발등 부분부터 틀을 뜹니다.

4

주입구는 발목관절구 위에 설정합니다.

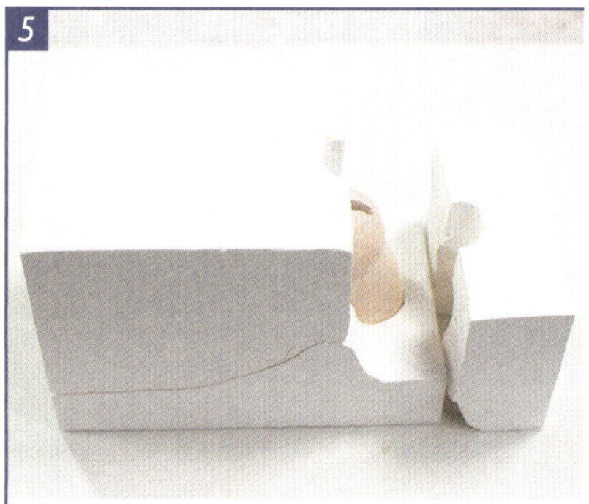

5 등 쪽의 틀 뜨기가 끝나고, 석고반죽이 경화하면 다음은 뒤꿈치 쪽입니다.

7 전 분할의 틀 뜨기가 완성되면, 원형을 꺼냅니다.

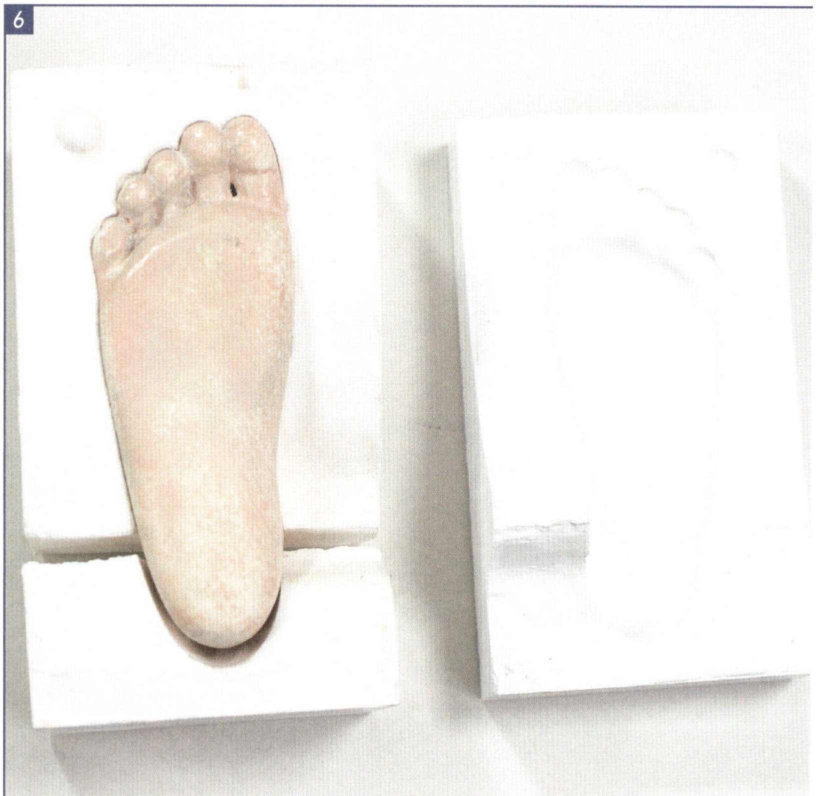

6 뒤꿈치 부분의 뜰을 뜨면 마지막으로 발바닥 쪽 틀을 뜹니다.

column»

형틀에 대하여

about form work

1 나무판이 아닌 유토·두꺼운 종이·플라스틱판 등, 주변에 있는 재료를 형틀로 해도 OK. 이번에는 골판지를 사용합니다.

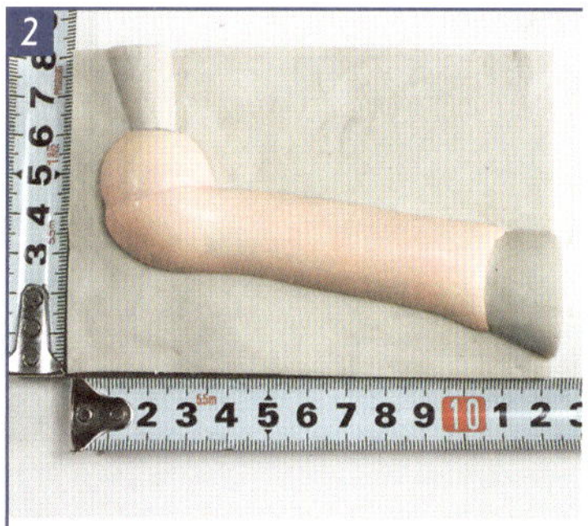

2 파팅라인의 유토면 길이와 석고몰드의 두께를 확인합니다. 위팔 부분은 3등분입니다.

Advice

팔꿈치의 관절 부분, 어깨관절부의 주입구의 형태에 주의해 주세요. 주입구가 위쪽이 되도록 조금 경사지도록 틀을 뜹니다. 기포가 잘 빠지도록 석고틀 내부의 형상, 주입 방식을 배려해 주세요.

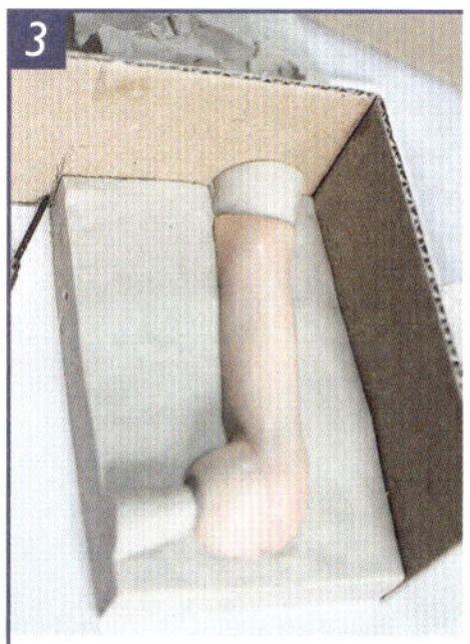

3 사이즈에 맞춰 자릅니다. 주변에 있는 가공이 쉬운 물건으로 만들어 보세요.

4 골판지의 이음새는 테이프로 확실히 붙여 줍니다.

5 골판지 종이 안쪽에 이형제 왁스를 바릅니다.

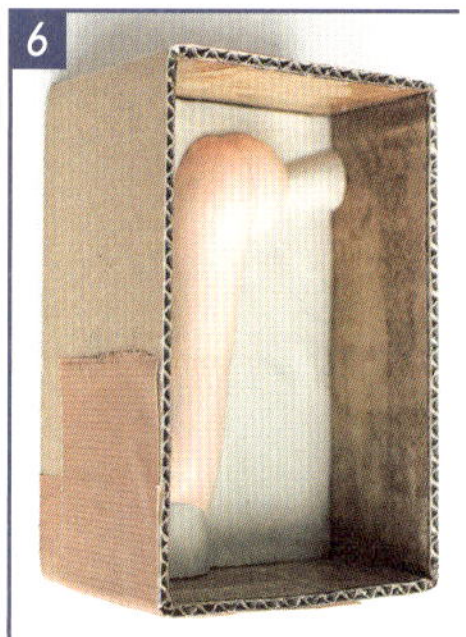

6 왁스가 마르면 틈이 생기지 않도록 네 귀퉁이를 테이프로 방지 벽처럼 고정합니다.

7 석고반죽을 흘려 넣습니다. 표면이 경화되면, 뒷면도 같은 방법으로 틀을 뜹니다.

§3 모델링 캐스트

Modeling Cast

1. 틀 뜨기 준비 → 2. 흘려 넣기 → 3. 슬립 빼기 → 4. 모형 빼기(탈형) → 5. 보수·날개 처리

모델링캐스트는 보통의 흙점토 소재와 달라, 흐물거리는 상태의 수용성 점토입니다. 석고가 수분을 흡수하여 만들어지는 소재이기에 실리콘 틀에서는 사용할 수 없습니다. 모델링캐스트를 석고몰드에 흘려 넣고 잠시 후, 석고가 수분을 흡수하면 접촉면에 모델링캐스트의 피막이 만들어집니다. 2~3mm의 적절한 피막 두께가 확인되었다면 여분의 모델링캐스트를 몰드에서 배출하고 경화를 기다려 모형을 빼내면 성형 작품이 됩니다. 뺀 상태의 것은 조금 말랑거리는 상태입니다만, 건조되면 가볍고 단단하게 되어, 비스크 등과 비교해서 취급도 간단합니다.
이번에는 인형 한 체 분량이 아닌, 바디·얼굴·손발을 뽑아서 오브제로 해 보았습니다. 만들려고 생각하면 몇 개라도 같은 형태를 뽑아낼 수 있기 때문에 그것을 활용한 작품 만들기도 즐겁지 않을까 하고 생각합니다. 모델링캐스트는 직접 채색해도 OK이며, P. 86부터처럼 밑색을 칠한 후에 채색해도 좋겠지요.

† 준비물

- □ 모델링캐스트
- □ 비커(대), 둥근 막대 봉
- □ 분무기 마이카파우더, 붓
- □ 고무 밴드, 페더나이프
- □ 고무망치, 대나무헤라 등

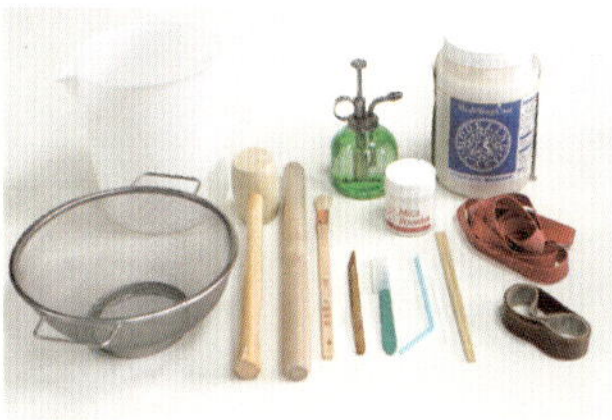

1» 틀 뜨기 준비

prepare for mold making

1

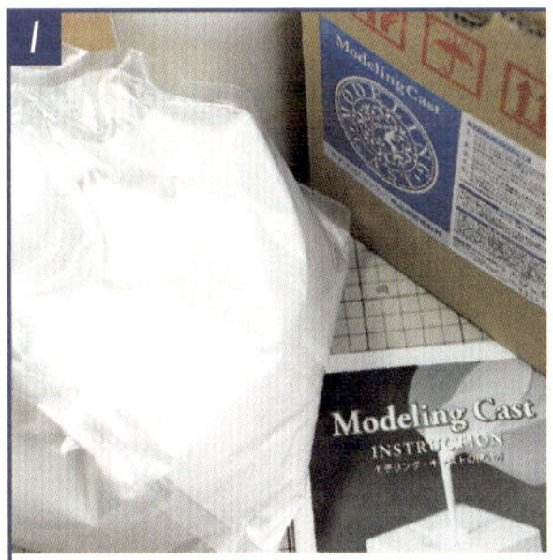

모델링캐스트는 용량에 따라 용기가 달라집니다. 병 타입을 발견하기 쉽겠지만, 이번에는 비닐 용기에 들어 있는 6kg를 사용합니다.

2

비닐 용기 안에서도 휘저을 수 있게 보이지만, 역시 효율이 없기 때문에 큰 비커에 옮깁시다.

3

기포가 들어가지 않도록 주의하면서 둥근 봉으로 잘 섞습니다.

POINT

모델링캐스트에는 펄프가 섞여 있습니다. 잘 섞지 않으면 위에 뜬 물만 흘려 넣게 되어 물이 새게 됩니다.

POINT

틀에서 뽑는 작업을 몇 번인가 반복하면 덩어리나 불순물이 섞이는 경우가 있습니다. 그 경우는 고운 채로 걸러서 사용합시다.

4

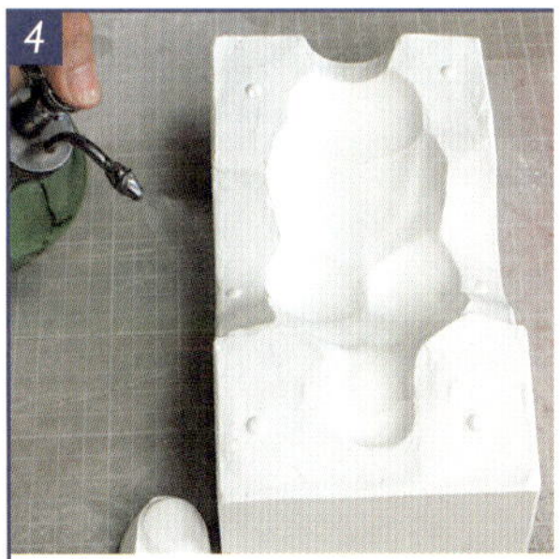

석고틀을 준비합시다. 석고틀이 건조되어 있으면 이형제가 달라붙기 어렵기 때문에 틀 안쪽에 분무기로 가볍게 적셔 놓습니다.

5

이형제 마이카파우더(운모)를 틀 안쪽에 붓으로 가볍게 도포합니다.

6

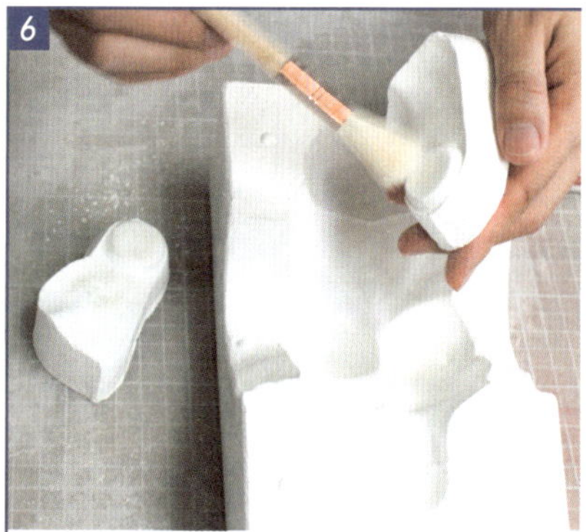

분할 틀 모두, 받침에도 잊지 말고 파우더를 바릅니다.

7

얼굴의 앞뒤, 귀 등의 섬세한 부분에도 바릅니다.

8

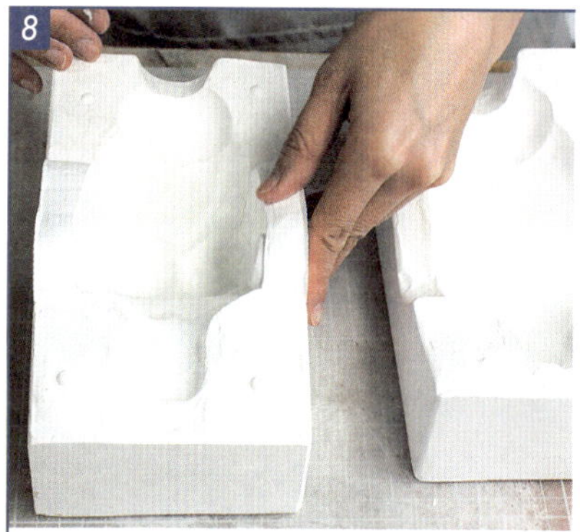

석고틀의 분할 파츠를 맞춥니다.

9

확실히 맞물려 있는지 확인해 주세요.

10

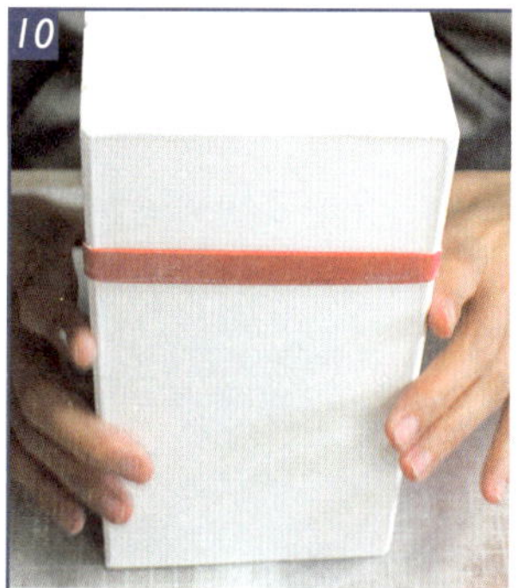

고무 밴드로 석고몰드를 묶습니다.

11

가로 · 세로 · 분할 파츠 각 부분에 고무가 걸쳐지도록 해 주세요.

12

느슨하면 액체를 넣을 때에 새어나올 수 있으므로, 전 파츠를 확실하게 고정합니다.

2»

흘려 넣기

pour modeling cast

1

비커에서 섞은 모델링캐스트가 너무 무거우면 작은 비커에 옮겨 보세요.

2

석고몰드에 모델링캐스트를 흘려 넣습니다. 주입구 중심의 높은 위치에서 흘려 넣습니다.

POINT

일정의 속도로 슬립이 끊이지 않도록 주의해서 흘려 넣습니다.

3

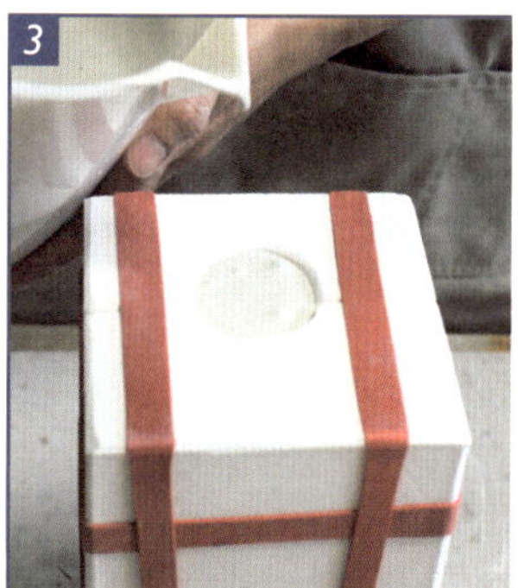

몰드의 주입구 끝까지 부어 둡시다.

4

통통 석고몰드를 진동시켜 기포를 빼냅니다.

5

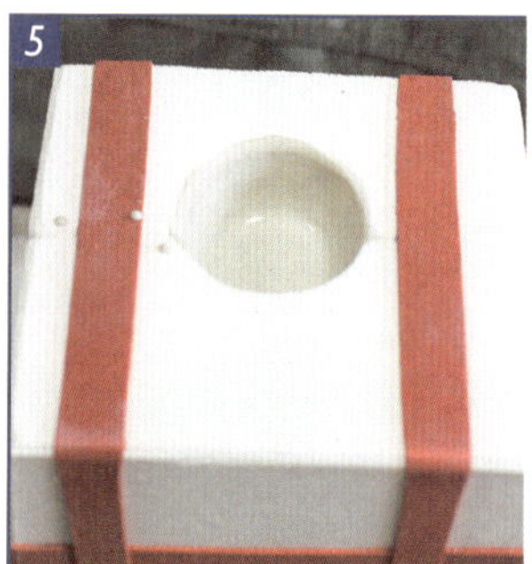

석고몰드가 수분을 흡수해서 모델링캐스트가 굳어 가면, 주입구 수위가 가라앉아 낮아집니다.

6

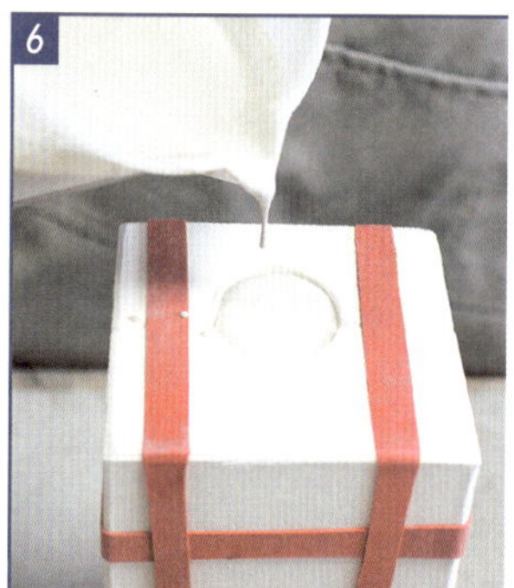

표면에서 빠진 분량만큼 모델링캐스트를 보충해 줍니다.

POINT

모델링캐스트의 슬립이 진해져서 사용하기 힘들어진 경우는 물로 희석해서 농도를 조정해 주세요.

7

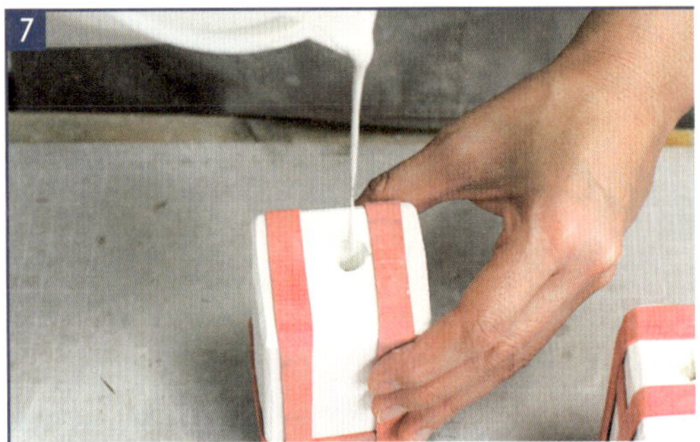

손이나 발 등의 작은 틀에 흘려 넣는 경우에는, 농도를 약하게 물로 희석해서 대처해 주세요. 작은 파츠는 주입구도 작고, 슬립의 농도에 영향을 받습니다.

8

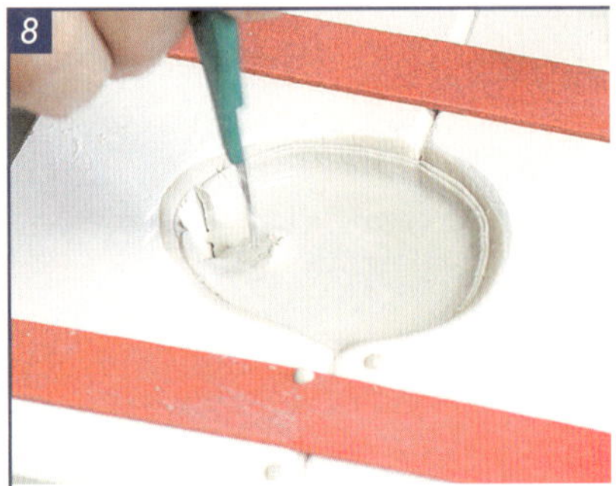

석고몰드의 주입구 부분에서 모델링캐스트의 두께가 충분한지 어떤지, 헤라나 페더나이프로 확인해 주세요.

3»

슬립 빼기

modeling cast removing

1

두께가 확인되면 슬립을 빼냅니다. 두께는 2~4mm 의 두께가 적절합니다.

Advice

슬립의 알맞은 두께까지 걸리는 시간은 몰드의 크기·건조 상태에 따라 다르지만, 작은 몰드는 4분 정도, 큰 몰드라면 15분 정도 걸립니다. 경우에 따라 꽤 달라지기 때문에, 데이터로 기준을 만들어 가는 것이 좋겠지요

2

급속하게 슬립을 빼면 슬립틀이 찌그러지는 원인이 되므로 특히 큰 석고몰드의 경우 천천히 빼 주세요.

3

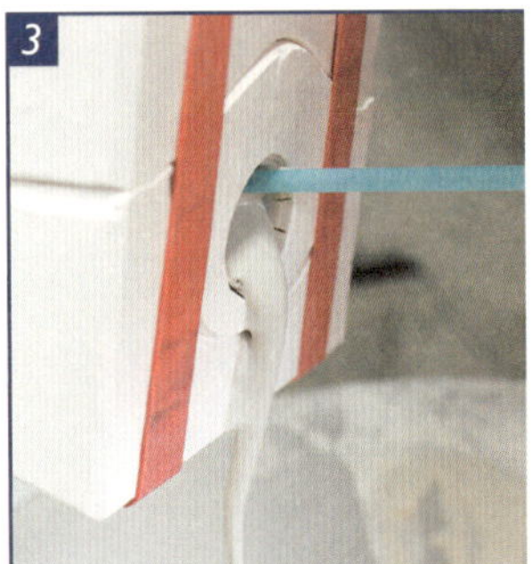

주입구가 크면 넣고 빼기가 좋지만, 막히기 쉬운 경우는 빨대로 공기를 불어넣어 슬립을 뺍니다.

4

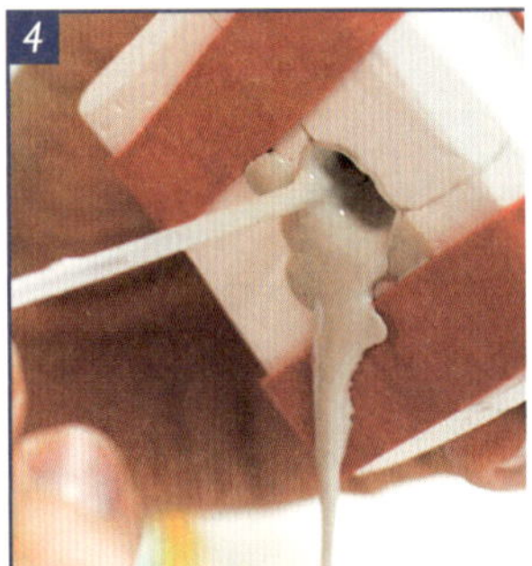

작은 부위도 빨대를 이용해서 빼냅니다. 빨대도 입구의 크기에 맞춰 가는 것을 사용합시다.

5

슬립을 뺀 후, 나무젓가락을 놓고 몰드 주입구가 아래를 향하게 올려 놓아 두세요.

6

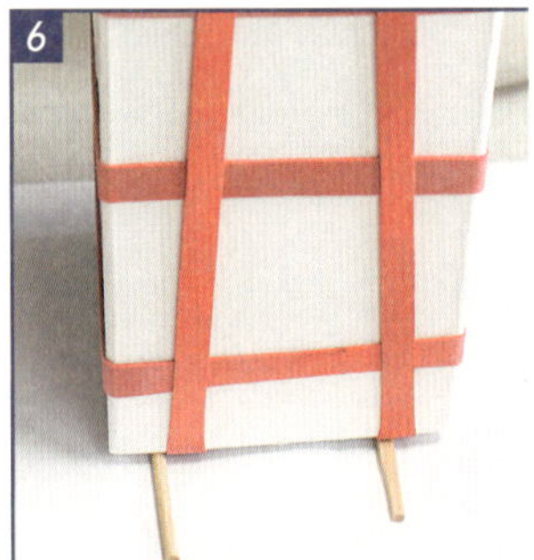

그 상태로 잠시 모델링캐스트의 경화를 기다립니다. 큰 보디 등은 상당 시간 걸리는 경우가 있습니다.

4»

모형빼기-탈형

form removal

1

주입구에 들러붙은 모델링캐스트를 떼어내고, 단단함 · 석고몰드와의 간격을 체크해 주세요.

2

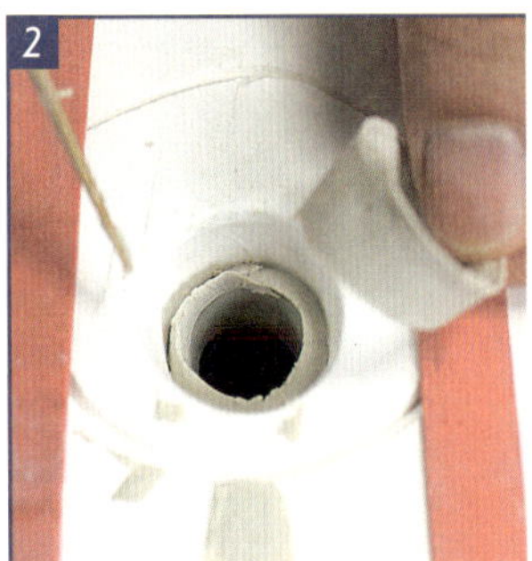

모형과 몰드 사이에 틈이 생겨서, 단단해지면 석고몰드에서 빼냅니다.

3

고무 밴드를 풉니다. 이때 틀이 분리되지 않도록 주의해 주세요.

4

고무망치로 가볍게 석고면을 두드립니다. 안에서 분리되어 있으면 석고몰드끼리 맞닿는 소리나 감촉이 전해집니다.

5

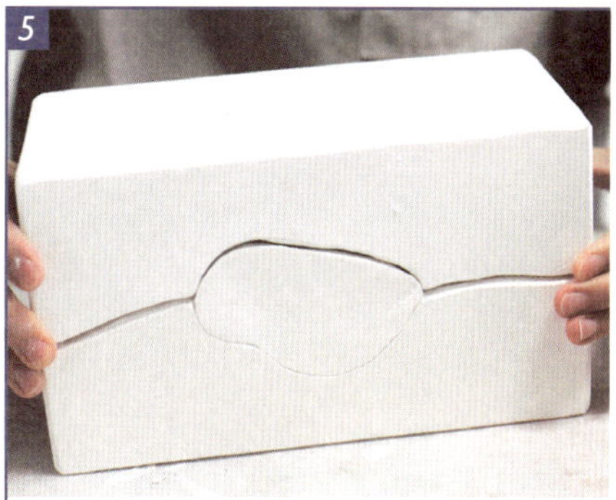

안의 파츠가 부서지지 않도록, 천천히 석고몰드를 분리합니다.

6

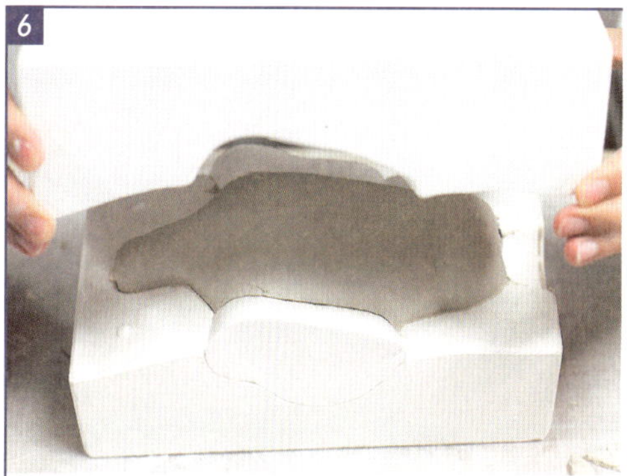

몰드를 분리할 때에는 똑바로 위를 향해 분리하도록 해 주세요.

7

반대쪽을 빼낼 때도 고무망치로 석고몰드를 두드려 주세요.

8

무리하게 분리하지 말고 진동으로 자연스럽게 파츠가 떨어지도록 해주세요.

POINT

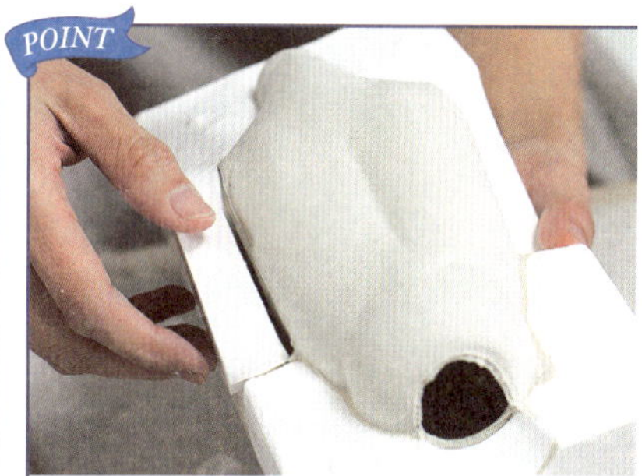

좀처럼 분리되지 않는 경우, 석고몰드의 한쪽 면을 분해한 후, 다른 한 면이 석고몰드에 넣어진 채 건조시켜, 몰드와 모델링캐스트의 사이에 충분한 간격이 생기고 난 뒤 분리하는 것이 좋다고 생각합니다.

9

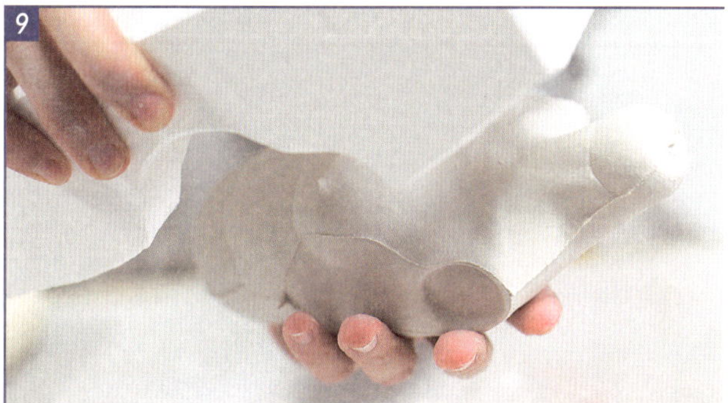

경화된 모델링캐스트가 석고몰드에서 떼어지면, 몰드를 뒤집으면서 손바닥에 놓도록 합니다.

10

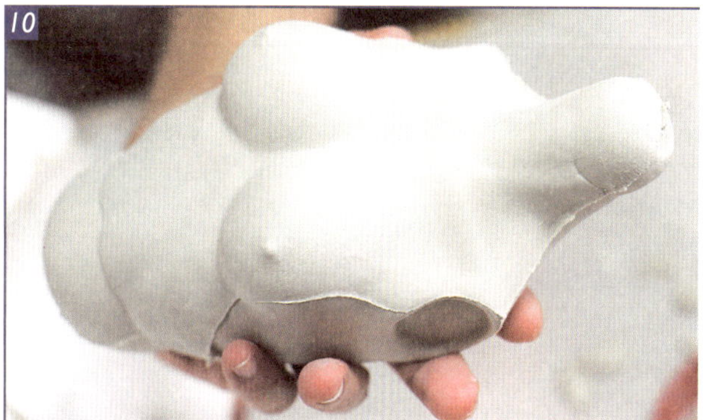

모형 빼기 성공입니다.

11

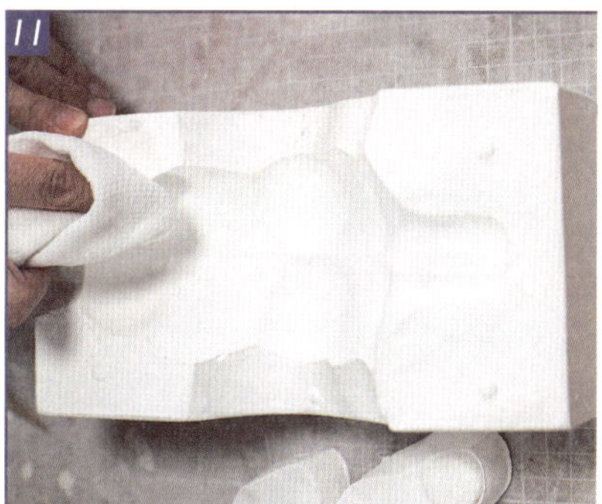

완료되면 석고몰드를 다음 회에도 쾌적하게 사용할 수 있도록, 재빨리 헤라나 적신 천으로 깨끗하게 해 둡시다.

12

두상파츠도 앞에서와 같은 방법으로 탈형합니다.

13

많은 방향에서 고무망치로 석고면을 두드립니다.

14

고무망치의 진동으로 조금씩 모델링캐스트를 석고몰드로부터 들뜨게 합니다.

15

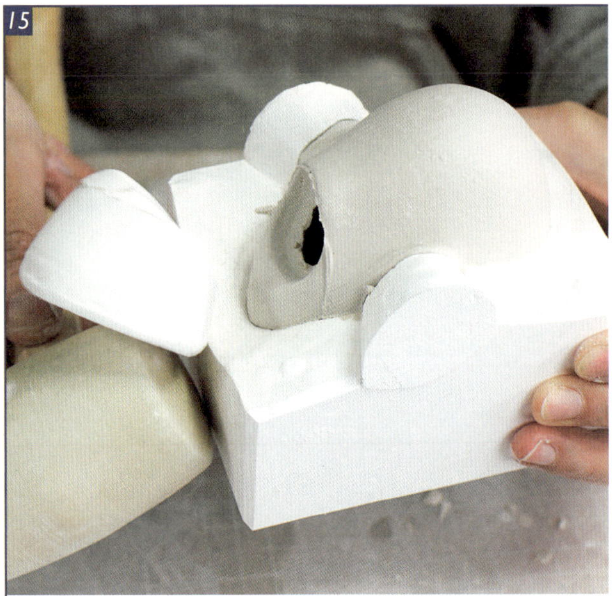

반드시 자연스럽게 석고몰드 파츠가 분리됩니다. 성급하게 떼어내지 않도록.

16

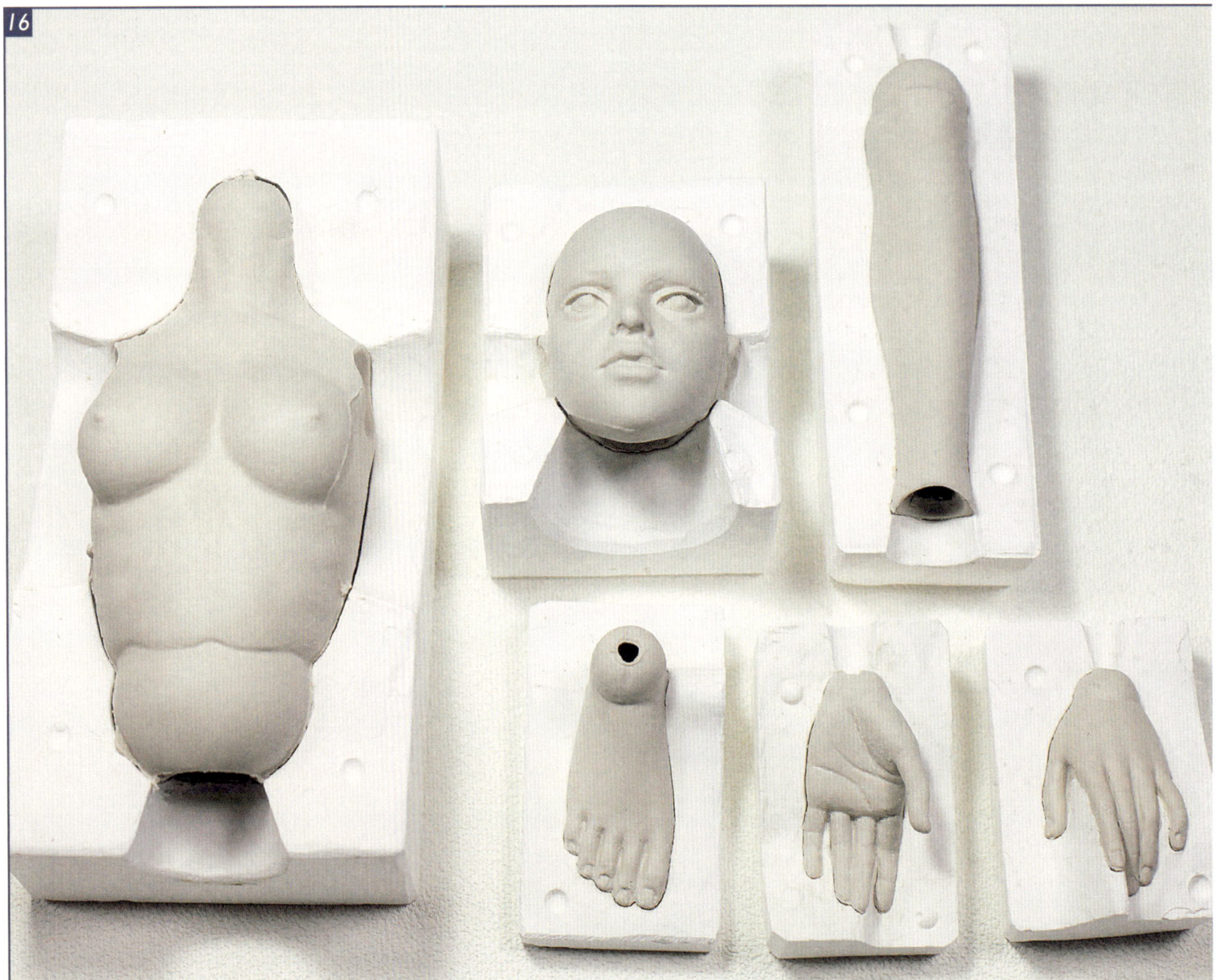

각 파츠에서 같은 방법으로 작업을 완료합니다. 모델링캐스트의 모형 빼기 성공입니다.

5 »

보수, 날개 정리

repair mending

POINT

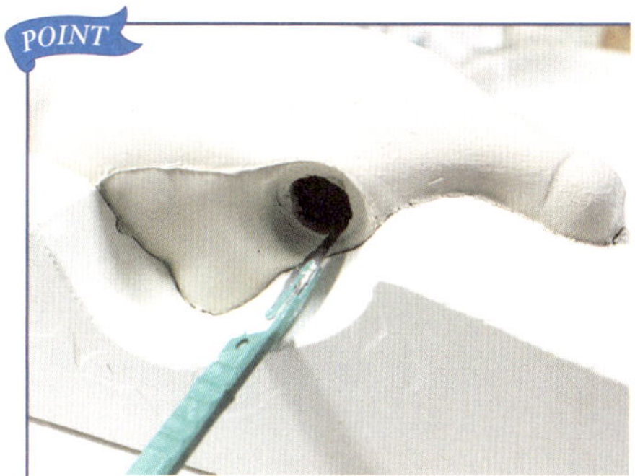

모델링캐스트는 완전하게 건조되면 상당히 딱딱해져서 건조 후 가공이 힘들기 때문에, 보수 등은 반건조의 상태(탈형 후 7~8시간 정도)에서 작업해 두는 것이 편하겠죠.

1

소량의 모델링캐스트를 준비하고, 구멍이나, 균열 등이 있으면 수정부위에 직접 발라서 고쳐 줍니다.

2

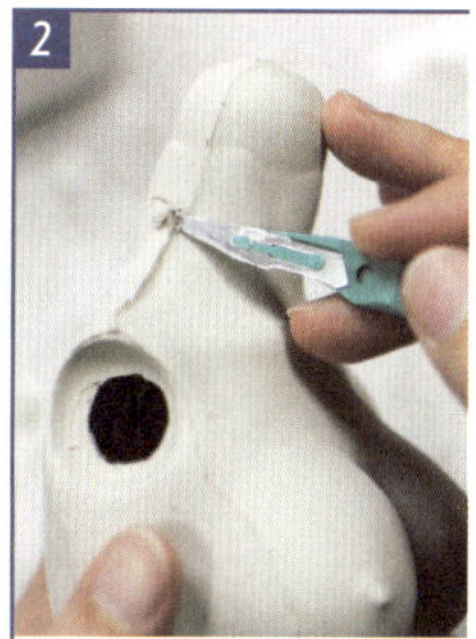

작업에는 날이 얇은 페더나이프를 사용합니다. 파팅라인의 날개를 정리합니다.

3

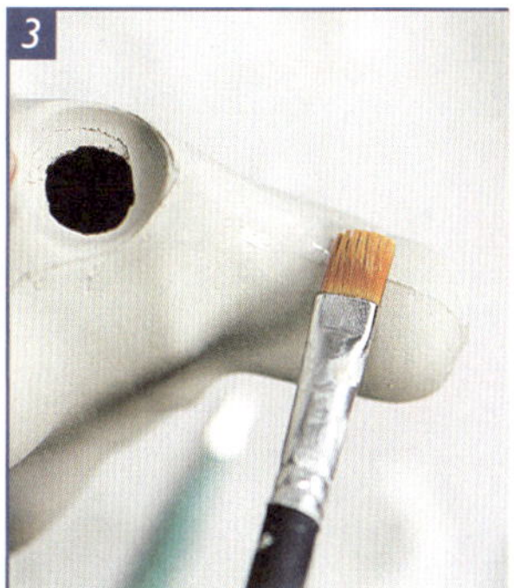

적신 붓이나 천으로 닦아서 흐물거리게 합니다.

4

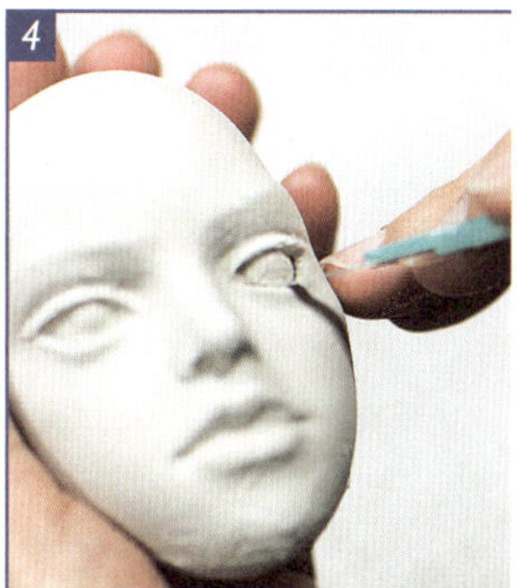

페더나이프로 눈에 구멍을 뚫습니다.

5

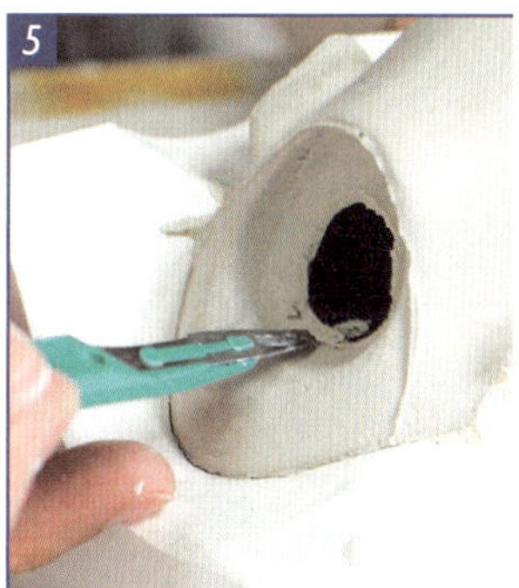

관절 부위의 구멍도 깔끔하게 해 둡니다.

6

모델링캐스트는 건조하면 원형에 비해 10% 정도 줄어듭니다. 가볍고 단단한 소재이기 때문에 활용 방법도 아이디어에 따라 다양해지겠지요.

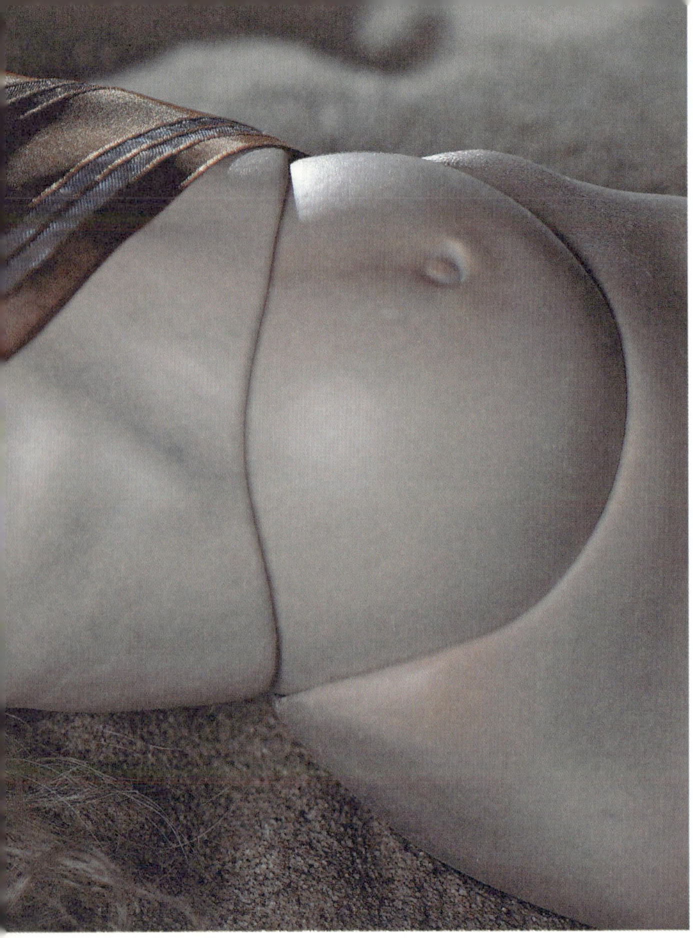

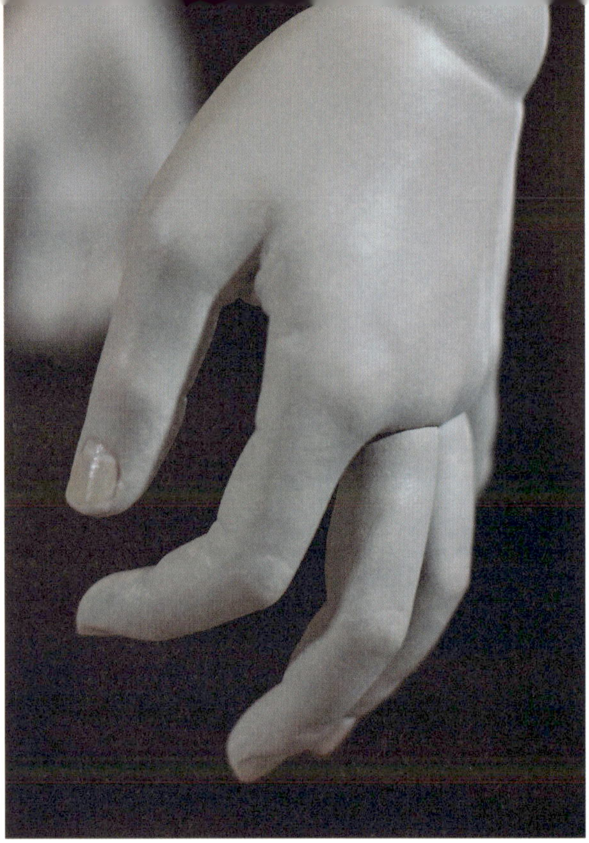

Afterward

저의 초등학생 때 애독서는 월간「소년」. 그 시대의 남자아이에게 인형이란, 철인 28호나 아톰으로, 아직 피규어라는 단어는 없었습니다. 텔레비전은 흑백이었으나 아톰이나 철인 28호의 애니메이션이 마음 설레게 한 세대입니다.

전차나 전함, 전투기의 프라모델부터 시작해서, 고무동력의 비행기 등, 레이싱자동차, 오토바이, 그런 것들에 둘러싸여 지내온 모형소년이었습니다.

그것이 어느 틈에 인형을 만들기 시작하여, 어느 사이엔가 인형작가로 불리어지게 되었고,「요시다식 구체관절인형 제작기법서」라는 책을 하비재팬에서 출판하게 되었습니다. 별거 아닌 저는 원래 하비재팬스러운 남아였던 것입니다.

이미지가 있고, 그 이미지를 형태로 만들기 위한 프로세스가 보이게 되면, 현실의 세계에 그 이미지는 실체가 되어 나타납니다. 인간은 그렇게 꿈에 그린 것을 형태로 만들어 활용해 왔습니다.

그들 중에는 가슴을 요동치게 하고, 마음을 사로잡는 물건이나 도구, 예술 등이 탄생되었습니다. 인형도 그 중 하나라고 생각합니다. 기법, 기술이 몸에 익혀지면 그 후는 상상의 세계에서 마음껏 놀고, 내달리면 좋은 것입니다. 정신 없이 열중해서 자유롭게 자신의 이미지를 형상화하여 이 세계에 새로운 생명을 출연시켜 주세요.

이번의「요시다식 Ⅱ」도 편집의 오오무라 씨, 디자이너 타나까 씨의 도움이 있어 완성되었습니다. 그리고, 피그마리온의 스태프인 히즈끼 씨, 인형의상의 이이나레이꼬 씨도 협력해 주었습니다.

무엇보다 전 책인「요시다식」에의 독자 여러분의 지지가 있어서,「요시다식 Ⅱ」가 만들어졌다고 생각합니다. 감사합니다.

요시다 료

돌모아 [요시다식 구체관절인형 만들기II] 를 선택해 주셔서 감사합니다.

돌모아는 2002년 2월 22일 콜렉터블 돌 전문 인터넷 쇼핑몰로 탄생하였습니다.

'돌모아'는 Doll(인형) + more(보다, 좀 더)란 뜻으로 다양한 인형을 모으고 싶은 콜렉터의 마음을 담은 말은 한글로 모아(모으다)를 발음 나는 대로 표현한 이중적인 의미를 가진 합성어입니다.

돌모아에서 구체관절인형 및 다양한 인형관련 제품(가발, 신발, 의상, 안구, 속눈썹, 돌스텐드, 인형 가구, 인형 액세서리, 인형 제작에 필요한 다양한 재료 등)을 생산 및 판매하고 있습니다.

인형 콜렉터를 위한 세계적인 인형 개발사로 거듭날 수 있도록 노력하는 돌모아가 되겠습니다.

요시다식 구체관절인형 만들기II

2014년 08월 28일 1판 1쇄 발행
2020년 03월 10일 1판 2쇄 발행

주소 : 서울 송파구 가락로 240 203호 돌모아 (우편번호 : 05644)
전화 : (02) 3432 - 4993 (AM 10:00 ~ PM 15:00)
http://www.dollmore.com
http://www.dollmore.net
http://www.dollmore.jp
http://www.dollmore.cn/

Email : necking@dollmore.com
help@dollmore.net

파본은 구입처에서 교환해 드립니다.
항상 돌 콜렉터의 마음으로 최선을 다하겠습니다.